SECRÉTARIAT PARTICULIER

DANS LA MÊME COLLECTION

Mouammar Khadafi, *Dans le concert des nations*, 2004.

Mohamed El Hacen Ould Lebatt, *Facilitation dans la tourmente*, 2005.

Adrien Houngbédji, *Il n'y a de richesse que d'hommes*, 2005.

Collection « Guetteurs du siècle »

dirigée par Edmond Jouve

PAULETTE DECRAENE

SECRÉTARIAT PARTICULIER

Préface de Louis Mermaz

l'Archipel

www.editionsarchipel.com

Si vous souhaitez recevoir notre catalogue et être tenu au courant de nos publications, envoyez vos nom et adresse, en citant ce livre, aux Éditions de l'Archipel,
34, rue des Bourdonnais 75001 Paris.
Et, pour le Canada, à
Édipresse Inc., 945, avenue Beaumont,
Montréal, Québec, H3N 1W3.

ISBN 978-2-8098-0023-4

À Philippe,
à nos quatre fils,
en souvenir des épreuves
et des bonheurs partagés

Préface

Paulette et « monsieur »

J'ai aperçu Paulette Decraene pour la première fois au 21 de la rue du Mont-Thabor, au siège de l'UDSR. C'était au printemps 1955. Je venais d'adhérer au parti que présidait François Mitterrand. Elle travaillait depuis un an au côté du secrétaire général Joseph Perrin, un ancien du Mouvement des prisonniers de guerre dont le futur ministre avait été l'un des fondateurs.

Paulette Decraene, installée au fond d'un appartement sombre transformé en bureaux, rédigeait les comptes rendus des réunions, s'occupait du courrier, gérait les rendez-vous, évinçait avec douceur les importuns, recevait elle-même certains visiteurs. Parmi eux, plusieurs députés du Rassemblement démocratique africain apparentés au groupe parlementaire – Houphouët-Boigny, Modibo Keita, Hamani Diori –, avec lesquels elle garderait le contact par la suite.

Circonspecte, à la fois grave et souriante, elle découvrait à vingt-deux ans le monde et les gens à travers ceux qui venaient à elle. Elle avait un don particulier pour saisir le côté cocasse de bien des événements, comme il en survient tant sur la scène politique. Un rire à la sonorité métallique qu'elle s'efforçait de contenir pour ne pas vexer ses interlocuteurs saluait finalement le bon côté de certaines situations.

Le livre de Paulette Decraene s'ouvre sur la visite inopinée de François Mitterrand chez son père Léopold Moreau, en 1942, à Orléans. Les retrouvailles entre les deux anciens prisonniers du stalag IX C seront comme un prélude à l'avenir de l'enfant qui n'a pas encore dix ans.

Cette lointaine histoire est certainement à l'origine des liens très forts fondés sur une affection partagée. Elle explique aussi que Paulette Decraene, tout en ménageant la susceptibilité à fleur de peau de François Mitterrand, ait eu le privilège, dont elle ne se privait pas, d'user en sa présence de sa liberté d'expression. Parce qu'il avait confiance en elle, il appréciait sa franchise. « Mais, monsieur », répliquait-elle avec vivacité ou, selon, avec un brin d'inquiétude : c'était l'interjection d'une personne fidèle, mais libre.

En 1957, elle quitte la rue du Mont-Thabor au moment où Marie-Claire Papegay y fait une entrée fracassante, passant dans un élan impétueux au travers d'une porte vitrée, à la stupéfaction du comité directeur réuni ce jour-là. Les chemins des deux jeunes femmes se recouperont, puis se rapprocheront au fil du temps.

Lorsqu'on demande à Paulette Decraene : « Que faites-vous donc alors ? », elle répond : « Rien, je m'occupe de mes deux premiers fils. »

En 1959-1960, elle travaille de nouveau, à la Délégation du Niger, puis elle retourne à ses activités de mère de famille. Dans un établissement de Boulogne-Billancourt, elle apprend à des jeunes gens à lire les journaux. Un art !

Elle reste bien entendu en contact avec les anciens de l'UDSR, reconvertis au début de la Ve République dans la Ligue pour le combat républicain. Elle est présente aux réunions qui se tiennent au troisième étage du 25, rue du Louvre, siège du club qui se fédérera bientôt avec d'autres pour donner naissance à la Convention des institutions républicaines.

L'histoire de Paulette Decraene va se confondre désormais avec les lieux où elle s'installera, d'un quartier de Paris à l'autre. À partir des premiers jours de septembre 1965, la voici établie rue du Louvre, où elle participe à la première campagne présidentielle de François Mitterrand, agent de liaison entre le quartier général – qui dispose de quatre pièces – et le domicile du candidat, rue Guynemer, où les décisions se prennent. Elle y retrouve Marie-Claire Papegay, dans le minuscule bureau à gauche de la porte d'entrée, où elle se tient avec Lip, un basset hargneux, aux dents acérées, qui reste à ses pieds.

Paulette Decraene est vite de retour rue du Louvre où je prends part avec Georges Beauchamp, Charles Hernu et Claude Estier à l'organisation de la campagne. Le 25 est juste en face de la poste centrale, où l'on nous fait passer par-derrière après la fermeture des bureaux, le soir, pour apporter les sacs remplis de courrier. Philippe Decraene, le mari de Paulette, arrive du *Monde* nous donner un coup de main et s'exclame entre deux étages : « C'est souvent avec les moyens du bord qu'on démarre de grandes choses ! »

De 1965 à 1973, Paulette Decraene entre à la Société africaine d'édition et assure la rédaction en chef de *L'Afrique littéraire et artistique*. Mais elle trouve aussi le temps de participer aux activités de la Convention. À cette époque, ma femme et moi avons parfois le plaisir de la voir arriver chez nous, à Limours, avec ses fils. Paul-Antoine – quatre ans – est surnommé « l'enfant sucré », car il a le chic pour se coller un bonbon ou un Malabar dans les cheveux. Une fois, Paulette apporte à notre fils Pierre – deux ans – un perroquet rouge et vert à roulettes, qui fait un bruit terrible quand on le tire au bout de sa ficelle. Baptisé « Crincrin », il fera par la suite le bonheur de nos deux autres enfants. Il n'y a pas que la politique ! C'est un des charmes de Paulette Decraene de ne pas être rivée à sa mécanique et de savoir regarder ailleurs.

La vie du parti socialiste est rythmée alors par la tenue tous les deux ans d'un congrès. Paulette Decraene qui a accompagné un ami togolais à celui d'Épinay assiste à la réunion suivante à Grenoble, où elle prend la température. Elle devient « assistante » et atterrit Cité Malesherbes : c'est là que le parti socialiste fondé à Épinay prend la relève de la SFIO. Elle rédige des notes dont elle dit ne pas savoir très bien à quoi elles servent.

Avec la campagne présidentielle de 1974, elle se transporte à la tour Montparnasse. François Mitterrand manque l'élection, comme certains achoppent à un concours, pour un demi-point. Paulette Decraene n'arrêtera plus. À la fin de l'été 1974, elle quitte l'austère Cité Malesherbes pour les lumineux locaux du 7 *bis* place du Palais-Bourbon, au-dessus du jardin de l'Hôtel de Brienne : la voici secrétaire particulière du premier secrétaire. En août 1980, elle arrive 10 rue de Solférino, dans l'immeuble imposant et solennel où le parti socialiste établit son siège définitif. Autant d'occasions de décrire les lieux, l'atmosphère et les gens, ici une certaine routine et l'ennui, ailleurs une activité fébrile ou encore l'empressement auprès du premier secrétaire de ceux qui veulent se faire voir.

Mai 1981. Comme l'écrit joliment Paulette Decraene, elle a « juste traversé la Seine ». Elle partage avec Marie-Claire Papegay, Christiane Dufour et Joëlle Jaillette, la Nivernaise, un bureau qui donne sur le parc et communique avec celui du Président. Il arrive à leurs visiteurs de le voir ouvrir la porte, s'avancer très droit. Il s'informe d'une date, d'une demande de rendez-vous ou de son emploi du temps. Les secrétaires posent sur lui un regard interrogatif. Paulette Decraene, toujours la même, lui répond : « Mais, monsieur… »

Son livre nous fait pénétrer dans la vie quotidienne à l'Élysée et d'abord dans celle du Président, « arrivé tôt le matin ». Tout converge vers lui, mais, grâce au secrétariat particulier, il se protège, d'abord de la plupart de ses conseillers, privilégiant les notes et bannissant les réunions, tenant à l'écart avec rigueur les appels téléphoniques sur le *regis*, la ligne interministérielle. Ceux-ci aboutissent au secrétariat, qui sait comment sélectionner. Il évite aussi les déjeuners inutiles, sauvegardant du temps pour les promenades dans Paris certains après-midi.

Paulette Decraene consacre des pages amusantes ou mordantes aux entourages. Avec un humour enjoué ou une ironie moqueuse, elle dépeint, un peu à la manière d'un La Bruyère ou d'un Saint-Simon, mais avec moins de méchanceté que ce dernier, des conseillers attachés aux signes extérieurs du pouvoir et gonflés d'importance. Elle nous les montre « s'autocongratulant » le 8 mai, au soir du second tour de la seconde élection présidentielle, ou enclins à traiter de haut le secrétariat particulier, pourtant la principale voie d'accès au Président, ou encore cherchant avec obstination à se caser, lorsque le second septennat approche de son terme.

L'auteure accompagne le Président dans la plupart de ses déplacements à l'étranger. Elle s'amuse des fastes ou des mesures de sécurité plus qu'exceptionnelles qui entourent certains G7. Les voyages officiels en font une « Alice au pays des merveilles » – « jamais blasée », m'a-t-elle récemment confié, mais admirant à la fois la beauté des paysages et des villes et savourant le comique de certaines situations. Elle décrit, par exemple, l'embarquement à bord de l'avion présidentiel des élus qui sont du voyage, des ministres aux sans-grade, répartis ceux-là à l'arrière de l'appareil. Elle se rappelle les recommandations prodiguées par le protocole aux dames qui participent au voyage en Arabie Saoudite. Elle nous fait revivre une soirée à la Maison-Blanche où Reagan danse avec sa femme : « On se croirait à Blois avant-guerre. »

Ces tableaux de genre et ces chroniques se détachent sur un fond de grands événements dont l'évocation ramassée donne au récit sa densité. À travers les évocations des premiers ministres successifs et la sollicitude qu'elle apporte à Édith Cresson, devenue son amie, à travers le rappel des réformes, des batailles politiques, des soubresauts du congrès de Rennes, on sent le poids des enjeux.

Le second septennat voit de grands bouleversements dans le monde avec la chute du mur de Berlin, la réunification allemande et la liberté rendue aux pays de l'Est, bientôt le renversement de Gorbatchev, qui met fin à l'espoir d'une marche progressive vers la démocratie dans l'ancienne Union soviétique, la première guerre du Golfe, enfin la signature du traité de Maastricht créant la monnaie unique, qu'il faut mettre à l'actif de Mitterrand, Kohl et Delors.

Ce faisant, Paulette Decraene défend le bilan des deux septennats et s'élève contre des accusations qu'elle tient pour injustes. Elle émet parfois des réserves, faisant ainsi écho à une réflexion en creux de François Mitterrand, à la fin de sa vie : « Je me serai finalement moins trompé que d'autres ! »

La dernière année du septennat, « l'année des adieux » selon le très beau titre du livre de Laure Adler, est évoquée avec gravité. « Comme il est fatigué, écrit-elle. Combien de temps pourra-t-il se battre ? » Mais elle nous montre le Président faisant face jusqu'au bout à ses obligations internationales et veillant à partager certains moments privilégiés avec ceux qui lui sont proches. C'est ainsi que, pendant le G7 de Naples, il invite Paulette Decraene à un déjeuner qui s'improvise dans un restaurant au bord de la mer.

La dernière partie de l'ouvrage apporte un témoignage précieux sur la pensée du Président. Les grands travaux dans Paris témoignent de son attachement à la ville et de sa volonté d'y inscrire sa marque.

L'Afrique ? Il renoue avec l'ambition qu'il porta tout au long de la IVe République, quand il voulait rassembler dans une même communauté – des Flandres au fleuve Congo – des peuples enfin libérés du joug colonial. Au temps du gouvernement de Pierre Mendès France, il parla de l'Algérie dans les mêmes termes que son président du Conseil. Il veut également sur cette terre l'égalité des droits entre les deux communautés. Et l'on se prend à rêver de ce que serait devenue l'Algérie, si les réformes réclamées par Léon Blum avant-guerre et par lui dans les années 1950 avaient vu le jour. L'Algérie aurait sans doute fini par accéder à l'indépendance, mais nous aurions évité les horreurs d'une guerre fratricide. Les pieds-noirs n'auraient pas connu un exode définitif et les relations entre les deux pays seraient aujourd'hui étroites et chaleureuses.

Le voyage que fit le Président au mois de mai 1982, auquel j'ai participé comme Paulette Decraene, et qui commença par une matinée à Alger avant de nous conduire dans plusieurs capitales de l'Afrique noire, marqua ses retrouvailles avec ce continent, après le sommet franco-africain de Paris à l'automne 1981. La recherche d'une communauté franco-africaine et la construction de l'Europe auront été les deux axes forts de l'action politique de François Mitterrand.

Paulette Decraene nous fait également entrer dans l'intimité intellectuelle de François Mitterrand qui, toute sa vie, a voulu comme Montaigne fréquenter les grands écrivains des siècles passés et connaître ceux qui étaient ses contemporains, les recevant ou leur rendant visite, comme il le fit pour Albert Cohen à Genève ou pour Jules Roy à Vézelay. Elle relate ses préférences littéraires parce qu'elle en a parlé avec lui ou qu'il s'est laissé aller à une réflexion, à une confidence auprès d'elle.

L'un des derniers chapitres, « Les forces de l'esprit », est à mon sens le plus saisissant du livre. « François Mitterrand croyait-il en Dieu ? », demande-t-elle avant de poursuivre : « Il a douté toute sa vie. N'est-ce pas une des formes de la foi ? » En lisant ces lignes, comment ne pas retrouver chez le Président – et chez l'auteure – le même questionnement que chez Pascal ?

En de nombreuses pages, Paulette Decraene nous fait entrevoir les pensées et les sentiments de François Mitterrand, dont elle écrit avec beaucoup de justesse qu'« il ne livrait pas son intimité et ne cherchait pas à pénétrer celle des autres ». Une réflexion, toujours brève, une interrogation, un silence en réponse à ce qu'on venait de lui dire, un mot d'humour de sa part ou un imperceptible agacement, cela permettait de deviner plus qu'il ne voulait laisser paraître. Son « meilleur ami », Georges Dayan, qui se défendait lui-même en alternant ironie et moquerie, fut tout au long de sa vie digne d'être le confident, car il parlait souvent avec drôlerie, pour masquer ce qu'il savait ; mais savait-il tout ?

Cette invitation à lire le beau livre de Paulette Decraene ne serait pas complète si je ne saluais pas l'élégance de sa facture et le plaisir de la découverte qu'il nous apporte.

LOUIS MERMAZ

Avertissement

Ces pages ne prétendent pas être une biographie de François Mitterrand.

Elles sont tout simplement le récit d'une femme qui a travaillé pendant vingt-sept ans dans l'ombre d'un homme de pouvoir, qu'elle a connu lorsqu'elle avait neuf ans.

Ce n'est pas un livre politique, même s'il y est question de congrès, de motions, de parlementaires, de ministres, de sommets et de chefs d'État.

Ce sont les souvenirs personnels de quelqu'un qui a vécu des moments forts pendant quatorze années passées dans le lieu le plus prestigieux de la République, et qui raconte ce qu'elle a retenu de rencontres, de voyages, d'événements, sans prétendre tout dire ni pouvoir tout relater car elle était simplement « secrétaire particulière ». Et dans « secrétaire », il y a « secret ».

Quelqu'un qui ne peut donc pas dire, comme La Fontaine : « J'étais là, telle chose m'advint », mais : « Il était là, voici ce que j'ai vu. »

PREMIÈRE PARTIE

DE MORLAND À MITTERRAND

La première phrase qu'il me dit fut : « Va dire à ton papa que François Morland est là. » François Morland ? Un homme jeune – mais qui paraissait vieux à l'enfant de dix ans que j'étais –, un paquet plat sous le bras, portant imperméable et pantalons de golf – pièce vestimentaire qui ne figurait pas dans la garde-robe de mon père.

Ce nom m'était inconnu. Allais-je déranger mon père, en train de donner une leçon de maths à l'un des tapirs[1] qui assuraient la confiture de notre ordinaire ? Mais il y avait tant d'autorité dans son ton et tant de douceur dans son regard que je ne résistai pas. J'allai prévenir mon père qui eut un sourire radieux, expédia le tapir en lui fixant un autre rendez-vous et se précipita pour accueillir ce Morland qui devait être bien important.

Un nommé Morland

Je devais apprendre qu'il avait connu cet ami au stalag IX C. Ils y avaient eu de longues conversations

---

1. *Tapir :* élève peu doué, souvent paresseux, auquel on donne des leçons particulières pour le maintenir à niveau et l'aider à passer dans la classe supérieure.

sur la guerre, la famille, la France. Il ne s'appelait pas François Morland. Après plusieurs tentatives, il s'était évadé du camp de prisonniers. Son quartier général était à Vichy où des amis l'avaient accueilli et où le maréchal Pétain l'avait chargé d'une mission concernant les prisonniers. Il voyageait à travers la France et nous allions le revoir. Mais il ne fallait pas dire que nous l'avions vu.

Morland allait faire partie de mon imaginaire d'écolière, au même titre que les messages de Radio-Londres et les quelques collègues de mon père qui se réunissaient parfois pour fumer ensemble une pipe qu'ils bourraient d'un mélange de feuilles bizarres plus ou moins odorantes ; la feuille de noyer avait ma préférence, mais ce ne devait pas être très bon pour la santé. À cette époque, nous étions trois enfants à la maison et mon père échangeait ses cartes de cigarettes contre des tickets de sucre, pour nous aider à avaler les différents breuvages à base de vitamines que trouvait notre mère – grand remède à toutes les malnutritions, pensait-on alors. François Morland, lui aussi, fumait. Il avait vingt-six ans et semblait ne pas avoir de métier bien défini.

Au stalag IX C, mon père avait logé dans la même baraque que lui. Comme tous deux étaient originaires de la région Poitou-Charentes, ils avaient sympathisé. Leur amitié s'était bâtie au cours de longues conversations et de marches dans le camp de cette région de Thuringe qu'ils avaient la ferme intention de fuir rapidement. Les faux papiers de mon père étaient mieux réussis que ceux de François Morland : il partit donc le premier, presque légalement, comme « affecté sanitaire », ce qui ne signifiait pas grand-chose. Sinon que mon père rentra en train et arriva le 6 août 1941 en gare d'Orléans avant de rejoindre la maison, 21 rue Jeanne-d'Arc. Après quelques jours de retour à la vie normale, notamment à préparer la rentrée au lycée Pothier où mon père enseignait les mathématiques depuis octobre 1936, nous prîmes le train pour les Deux-Sèvres où nous devions retrouver la famille et où la vie était un peu plus facile qu'en ville.

Nous ne nous imaginions pas ce que serait cette guerre. Tous les adultes se souvenaient de la Première. Mon grand-père paternel avait passé trois années dans les Balkans. Je n'avais aucune idée de ce que cela voulait dire. Je savais que c'était loin. Mais jamais notre grand-père ne nous avait décrit l'horreur de ces combats impitoyables. Il m'a fallu lire *La Poudrière d'Orient* de Pierre Miquel pour comprendre le désarroi et le dépaysement de ces hommes arrachés à leur campagne, à leurs villages, à leur famille, sans y avoir été préparés. Ils ne savaient rien du climat, du froid et de la canicule qui les attendaient. Mon grand-père avait survécu. On lui avait décerné des médailles et, de sa cohabitation avec les soldats britanniques, il avait gardé le goût du thé…

En octobre, mon père, ma sœur et moi avions repris le chemin du lycée. Nous étions de nouveau une vraie famille. Mon père avait fait disparaître la photo sépia du maréchal Pétain (« J'ai fait don de ma personne à la France »), que tant de Français avaient accrochée sur un mur ou posée sur une cheminée ou un buffet, convaincus que « le vainqueur de Verdun » les sauverait de tous les maux. Ils avaient accordé leur confiance à ce vieil homme qui avait illustré leur histoire très proche. Vingt, trente ou même soixante ans après cet épisode de l'« État français », il m'a toujours paru indigne de voir en eux des traîtres et de mauvais Français. Il suffit de relire les écrits de François Mauriac en

1940, en 1942 et jusqu'à la Libération pour admettre que presque tous les Français ont cru, de bonne foi, que le Maréchal les protégeait.

Néanmoins, c'était la guerre. Les soldats, les officiers allemands, les « souris grises », les longs manteaux noirs de la Gestapo, les bérets des miliciens... Nous, nous ne devions pas chanter « Maréchal, nous voilà ! », faire attention à ce que nous disions, et surtout pas un mot sur la radio que nous écoutions : « Ici, Londres. Les Français parlent aux Français... » Certains messages personnels signifiaient quelque chose pour mon père.

La guerre, c'est difficile, cruel, imprévisible. Rationnements, arrestations, bombardements, visiteurs accueillis pour une nuit sur un méchant petit divan à rallonges qui meublait le bureau de mon père. Défense passive. Courrier perturbé. Galoches, chaussettes tricotées sur cinq aiguilles métalliques – dont je n'ai pas oublié le cliquetis – avec amour par ma grand-mère mais qui grattaient les jambes. Manteaux retournés. Sandales à semelle de bois articulée. Froid. Vitres gelées les matins d'hiver. Vent glacial sur la place de la cathédrale qu'il fallait traverser pour se rendre au lycée. Les soldats allemands passaient dans la rue en faisant claquer leurs bottes sur le pavé et chantaient des paroles que nous ne comprenions pas. Tristesse, pleurs, chagrin sans fin. Ma mère toujours en deuil. On n'ose plus rire ni même sourire.

Le père d'une compagne de classe a été arrêté, on l'a tué et on a renvoyé son cadavre dans une caisse à sa famille, parce qu'il était juif. Mais Jésus est juif. Que signifient tant de haine, tant de cruauté ? Pourquoi certains des élèves de mon père portent-ils cousue sur leurs vêtements cette étiquette jaune en forme d'étoile sur laquelle est écrit le mot JUIF ?

Mon père semblait s'occuper tout particulièrement d'eux. Jean-Marie Lustiger, qui portait cette étoile jaune, venait parfois à la maison, avec quelques-uns de ses amis, pour rédiger et polycopier, sur une drôle de boîte que leur prêtait mon père, un petit journal dont je n'ai malheureusement retrouvé aucun exemplaire dans ses affaires après sa mort, lorsque mes sœurs et moi avons rangé sa bibliothèque.

De la guerre, je garde des souvenirs divers. Des gens passaient, d'autres partaient vers des destinations que nous ne connaissions pas. Les Allemands avaient besoin de bras dans leurs usines d'armement. C'était l'époque du Service du travail obligatoire (STO) auquel essayaient de se soustraire de nombreux jeunes gens. J'aimais bien le remue-ménage occasionné par les « passages ». En général, ma mère s'efforçait d'améliorer les repas pour faire honneur à des hôtes qui n'avaient pas toujours bonne mine. On tapait dans les provisions envoyées par la famille des Deux-Sèvres. On mettait du beurre sur la table. On coupait des tranches dans le jambon sec suspendu dans le débarras et, au dessert, on sortait les petits gâteaux réservés d'habitude aux plus jeunes. Le jeudi après-midi, ma mère dissimulait dans son cabas à provisions les *Cahiers du Témoignage chrétien* que nous allions déposer dans des boîtes à lettres. Il semblait que toute notre vie tournait autour de cette sale guerre qui ne voulait pas finir.

C'était aussi le temps des arrestations, des départs vers l'inconnu. Le fils de mon institutrice avait disparu deux mois avant de passer son bac, laissant sur le bureau de sa mère un simple mot : « Je pars. » Il n'est jamais revenu.

Mon oncle préféré fut arrêté un matin d'août, à l'aube, dans sa maison des Deux-Sèvres. Deux gendarmes français l'emmenèrent à la prison de la Pierre Levée, à Poitiers. Pour quelle raison ? On ne disait rien aux enfants, mais je savais bien qu'il n'avait ni tué ni volé. Il avait caché des armes dans le fenil d'une ferme qui lui appartenait. Aussi longtemps qu'il fut à Poitiers, ma mère, chaque semaine, lui porta un paquet. Mais elle ne le vit qu'une fois entre août et février, date à laquelle il fut envoyé à Buchenwald. Je nous revois consultant un atlas et nous disant, réjouis : « Il est à la campagne, dans un pays de bois et de forêts, à côté de Weimar. Il ne sera pas malheureux. » Nous ne savions pas… Nous ne savions pas que nous ne le reverrions jamais et que nous ne saurions pas où il était mort.

J'ai attendu mon oncle pendant des années. Lorsque sortit le film de Henri Colpi, *Une aussi longue absence*[1], il m'arrivait encore de croire qu'il reviendrait. Georges Wilson, qui incarnait le déporté de retour après plus de quinze ans, me fit verser des torrents de larmes. Je me revois au Studio de l'Étoile, secouée de sanglots que rien ne pouvait arrêter ! Plus tard, j'ai demandé au président des Anciens de Buchenwald où avait bien pu mourir mon oncle. Sachant qu'il était horloger, il m'a répondu : « Peut-être a-t-il été envoyé à la mise au point des V2 et est-il mort dans un bombardement. » Depuis, je me dis qu'il est mort debout, en possession de ses moyens et qu'il n'a pas été écrasé sous le poids des tortures, des coups, de la faim.

Lorsque je suis allée à Weimar en 1991 avec François Mitterrand, nous avons voulu voir Buchenwald. Incapable d'entrer dans le camp, je me suis arrêtée à la fin de la ligne de chemin de fer. Je n'arrive pas à comprendre comment les citoyens de Weimar, qui ne pouvaient pas ne pas savoir, ont fermé les yeux sur ces convois qui passaient à portée de voix. Weimar, la

1. Palme d'or au festival de Cannes en 1961 *(NdE)*.

République de Weimar, Schiller, Goethe... et Buchenwald ! Comment comprendre ?

Pendant ces longs hivers de guerre, les distractions étaient rares. Le dimanche, mon père m'emmenait parfois au match de football. Il y avait deux équipes bien connues des Orléanais : on était pour l'OCO ou pour l'Arago. Je ne comprenais pas grand-chose à ces coups de pied dans le ballon, aux hurlements que poussaient les supporters de chaque camp lorsqu'un but était marqué. C'était plus drôle d'entendre les conversations de ceux qui venaient de loin, même si leurs propos me paraissaient mystérieux. Mon père, qui avait joué au football lorsqu'il était lycéen, puis étudiant, trouvait que c'était une manière saine de passer son temps et ne s'apercevait même pas que j'avais froid...

Les visiteurs d'une nuit, même si nous habitions un petit appartement, divertissaient la fillette que j'étais. François Morland passa plusieurs fois. J'attrapais des bribes de ses récits. Il y était question de voyages en bateau, en avion, de poursuites, de conversations, de Vichy aussi, où des amis lui avaient trouvé « quelque chose ». Il était contractuel au Commissariat au reclassement des prisonniers, dirigé par Maurice Pinot, qui menait une politique anticollaborationniste. Morland n'aimait pas Vichy, mais il avait pour Pétain du respect, celui que la France vouait au vainqueur de Verdun. Il était libre. Du moins le croyait-il. Très vite, il se rendit compte que Vichy était une « pétaudière » – selon sa propre expression – et qu'il n'y trouverait pas sa place. Dès janvier 1943, avec des amis, il créait un mouvement de résistance, le Rassemblement national des prisonniers de guerre.

Morland reste à Vichy jusqu'en juillet 1943. Le 10, en pleine salle Wagram, il ose attaquer publiquement André Masson, le successeur de Maurice Pinot, écarté par Laval. De justesse, il échappe à ses poursuivants, mais il est désormais considéré comme résistant. Quand bien même, en avril, il a reçu la francisque, décoration que le Maréchal remettait à ceux qui le servaient bien. Lui pensait que cette décoration le protégerait. Commencent alors ses voyages, ses rencontres : Londres, Alger, Marrakech, l'Écosse et enfin la Bretagne. Il voit le général de Gaulle, le général Giraud, Churchill et tous ceux de la France libre. En février 1944, il est à Paris et, en mars, il fonde avec Jacques Bénet, Philippe Dechartre, gaulliste, et Robert Paumier, communiste, le Mouvement national des prisonniers de guerre et déportés (MNPGD).

Très vite, des amis étaient venus le rejoindre. Il passait et repassait de plus en plus souvent. Mon père avait adhéré au mouvement, comme bien d'autres, tels Georges Beauchamp ou Jean Védrine. Puis Orléans fut bombardée, très lourdement. Nous descendions dans les caves du lycée juste en face de chez nous. Étions-nous conscients que ces caves étaient traversées par les conduites de gaz, d'électricité et d'eau qui approvisionnaient le bâtiment ?

Un matin de mai 1944, un collègue de mon père est arrivé à la maison : « On te cherche. Tu pars immédiatement avec ta femme et tes enfants. Je sais de source sûre qu'*ils* sont après toi. » En une heure, les valises étaient bouclées, dont celle contenant les affaires du bébé. Depuis le 8 novembre 1942, nous étions trois filles à la maison. Elle aurait dû s'appeler Victoire, cette petite née le jour du débarquement américain en Afrique du Nord… Dans une autre valise, des vêtements d'été. Ayant obtenu mon diplôme d'études primaires préparatoires (DEPP), préalable à l'entrée en sixième, j'avais reçu une bicyclette. Et il y avait le petit vélo vert, trop petit pour une enfant de dix ans.

Nous sommes partis pour la Sologne, où nous étions sûrs de trouver au moins une grange pour nous abriter un été...

C'était en 1944. Je revois notre équipage : une voiture d'enfant, deux valises et deux bicyclettes. Vite, traverser la Loire. Première étape : Olivet, le village des cerises. La saison était précoce et il y en avait partout. Les meilleures que j'aie mangées de toute ma vie ! À cause de ces cerises sur le bord de la route, un jour de mai où tout était terrifiant, j'ai gardé une prédilection pour « Le Temps des cerises » de Jean-Baptiste Clément, que chantaient les Communards. Deuxième étape : Ardon, où nous trouvons refuge auprès du curé du village. Ce grand résistant est protégé par sa soutane et sa connaissance de l'allemand. « Lorsque je me marierai, j'aimerais que ce soit à Ardon, dans votre église », lui ai-je dit un jour. J'ai tenu parole. Le 8 janvier 1955, c'est dans la petite église d'Ardon que je prendrai époux. Troisième étape : l'école de Jouy-le-Potier, où nous accueillit l'institutrice dont le mari devait mourir à Bergen-Belsen trois jours après la libération du camp.

Notre séjour en Sologne, à Jouy-le-Potier, se déroula dans la crainte et l'espérance. Les Américains avaient débarqué le 6 juin sur les côtes normandes. Donc, la guerre allait finir. Mon père s'était caché dans une ferme au nom prédestiné de « Champ perdu » où il avait été embauché comme ouvrier agricole. La nuit, il venait au village. L'institutrice nous avait trouvé deux pièces et un cabanon où ma mère pouvait faire la cuisine. On entendait passer les avions. On parlait de parachutages d'aviateurs blessés qui devaient absolument retrouver leur escadrille à Londres. Ils laissaient des cigarettes que personne n'osait fumer : et si les Allemands sentaient l'odeur des Player's ? Il y avait aussi ceux qu'il fallait enterrer discrètement : on préviendrait leur famille plus tard.

On pensait que les Alliés entreraient en France sans peine. Mais les Allemands étaient encore très forts et les batailles furent rudes et meurtrières de part et d'autre. Enfin, le 16 août, une rumeur emplit le village : Orléans était libérée après une nouvelle série de bombardements et d'innombrables coups de canon qui nous firent penser que nous ne reverrions jamais notre maison. Mon père, qui voulait en avoir le cœur net, enfourcha ma bicyclette. Pas une vitre de notre appartement, pourtant situé à trente mètres de la cathédrale dont les deux tours avaient été bombardées, n'était cassée. Tout était en ordre dans la maison. Nos voisins, lui avec son Stradivarius, elle avec ses partitions de piano, n'avaient pas quitté le couloir de l'immeuble durant les bombardements et les combats. Ils avaient survécu tant bien que mal dans le bruit et la poussière, mais n'avaient pas perdu une once de leur calme.

À la mairie, mon père apprit avec surprise qu'il avait été désigné pour faire partie du nouveau conseil municipal. Curieuse aventure pour un homme qui n'était pas du cru ! À cette époque, à Orléans, tout ce qui n'était ni beauceron ni orléanais était étranger. Les Solognots étaient tous « braconniers et maraudeurs », les gens du Val-de-Loire « fiers et prétentieux » – et pas riches, donc suspects ! Quant à ceux qui n'étaient pas nés dans « l'antique Orléans sévère et sérieuse » célébrée par Péguy[1], ils n'existaient pas.

Mon père regagna Jouy-le-Potier, après bien des difficultés pour traverser la Loire. Tous les ponts avaient été minés et ceux qui étaient encore debout

1. « Présentation de la Beauce à Notre-Dame de Chartres » *(NdE)*.

étaient considérés comme dangereux. Heureusement, l'été 1944 avait été très chaud : à certains endroits, on pouvait traverser le fleuve royal à pied sec. Mon père ne voulait pas rester enfermé dans ce village éloigné de tout et n'eut de cesse de nous faire rentrer. Évidemment, pas de voiture, pas d'autocar, mais une bonne charrette attelée aux deux chevaux du fermier qui faisait du pain blanc le dimanche et nous donnait de la crème fraîche que nous mangions avec les fraises cueillies dans les bois. Elle nous ramena dans notre petit appartement où nous retrouvâmes toutes nos affaires.

La vie reprit. Pendant quelques semaines, mon père fit partie du Comité départemental de libération censé remettre de l'ordre dans l'administration, éloigner les fonctionnaires qui avaient collaboré avec les Allemands, lutter contre le « marché noir ». Mon père eut tôt fait de constater que cette instance patriotique permettait d'exercer des vengeances personnelles et n'empêchait aucune malhonnêteté. N'ayant vocation ni à la mesquinerie, ni à la médisance, ni à la vengeance imbécile, il démissionna vite. Comme François Mauriac, il avait vu de la « suppuration » dans ce qu'on appelait l'« épuration ».

Nous n'avions pas encore appris le poème d'Eluard « Liberté, j'écris ton nom », mais nos cœurs criaient celui de la France et de la liberté retrouvée. Nous allions revoir tous ceux qui étaient partis. Juste un peu de patience. Dans notre joie, nous n'avions pas imaginé que les combats seraient rudes dans les Ardennes, en Alsace et que nous n'en avions pas fini avec les avis de décès !

Le frère de mon père, lui aussi, avait été arrêté et déporté en Allemagne. Nous savions qu'il était parti de Niort pour Compiègne en camion ; en traversant

Orléans, il avait jeté un petit mot qu'une jeune femme avait ramassé et glissé dans notre boîte. Il écrivait qu'il allait bien (c'était faux : nous devions apprendre qu'il avait été torturé) et qu'il partait pour l'Allemagne. Il passa treize mois à Dachau d'où il devait revenir marqué pour la vie. Jamais il ne nous a parlé de sa déportation, mais lorsqu'il mourut en 1997, la lettre qu'il laissa montrait qu'il avait pensé toute sa vie à ces moments douloureux. Il demandait à être enterré le plus simplement possible, sans sacrements, se doutant bien que cette requête serait mal reçue dans une famille catholique, sensible aux apparences et au qu'en-dira-t-on. Mais il voulait partir sans phrases ni bénédiction, comme ses compagnons de déportation qui n'avaient eu au moment de mourir ni curé, ni pasteur, ni rabbin pour les accompagner. Dieu reconnaîtra les siens…

Paris !

Lorsque je revis en octobre 1944 l'ami de mon père, il ne s'appelait plus François Morland, mais François Mitterrand. Il venait d'épouser une toute jeune femme à longue crinière châtain qui se nommait Danielle. Il l'avait connue pendant la guerre, au cours de ses déplacements à travers la France. Elle l'avait aidé et caché, il l'aimait et elle l'aimait. Je trouvais tout cela follement romanesque.

Le général de Gaulle, lui, ne l'aimait pas. Il l'avait pourtant désigné commissaire général aux prisonniers de guerre, en sa qualité de principal responsable du MNPGD. Il savait que Mitterrand était un homme courageux qui avait su prendre des risques quand il le fallait et avait participé à la libération de Paris – ce qui lui donnera l'occasion d'écrire une très belle page dans *Le Coup d'État permanent*, son meilleur livre[1].

Mitterrand passait. Il s'arrêtait pour déjeuner. Il tenait des réunions dans la région pour les anciens prisonniers et retrouvait toujours mon père avec plaisir. Avant d'entamer une carrière politique, il fut un temps éditorialiste à *Libres*, le quotidien des anciens prisonniers de guerre. Il fut aussi le secrétaire général de *Votre Beauté*, une revue du groupe L'Oréal où l'avait introduit son ami François Dalle, qu'il avait connu au « 104 » – ce mystérieux foyer pour étudiants provinciaux de bonne famille où la solidarité et les amitiés étaient telles que, aux derniers temps de son second septennat, François Mitterrand invitait encore régulièrement à déjeuner à l'Élysée certains amis du « 104 ».

Au début de l'automne 1945, François Mitterrand reparut avec sa femme. Je revois les larmes de Danielle coulant sur son petit visage triangulaire quand elle prit dans ses bras mon frère nouveau-né ; elle venait de perdre son premier enfant, Pascal, né en juillet 1945 et mort en septembre d'une de ces maladies de bébé que l'on ne savait pas encore nommer.

Lui était insatisfait et le disait à ses amis. Il avait vu l'Histoire en marche et compris ce qu'est le pouvoir. Il avait aussi mesuré son ascendant sur les hommes. Et puisque les élections législatives, prévues le 21 octobre, devaient avoir lieu quelques semaines plus tard, il allait entrer en politique. Mais quel parti choisir ? Le parti communiste ? Non, même s'il y comptait de fidèles amis. La SFIO ? Non plus. Le MRP ? Pas davantage, même si, dans un premier temps, cette formation pouvait apparaître comme celle de sa famille naturelle. Il choisit les radicaux et

1. *Cf.* document I, p. 285.

se présenta à Boulogne. Mais il est difficile de se faire une place de choix dans un parti et dans une circonscription où l'on ne vous attend pas. En fin de compte, il lui fallut attendre novembre 1946 pour être élu député de la Nièvre, sur un vague programme plutôt de droite, mais surtout grâce à son ascendant naturel et à son éloquence.

Entre-temps, il avait quitté le parti radical pour rejoindre l'Union démocratique et socialiste de la Résistance (UDSR). Dès janvier 1947, il commençait sa carrière ministérielle, Paul Ramadier l'ayant nommé ministre des Anciens Combattants. Il lui incombait de réinsérer deux millions et demi de prisonniers de guerre et de faire face à de nombreux conflits, notamment avec la CGT qui voulait avoir la haute main sur le ministère.

En 1948, il était ministre de l'Information. Ses tâches : mettre de l'ordre dans la presse écrite et le cinéma, qui avaient traversé la guerre et l'Occupation dans le chaos, la confusion, la collaboration ; mais aussi arrêter un statut pour l'Agence France-Presse, dont le rôle serait de « dire » la France.

En 1950, il devenait ministre de la France d'Outre-mer, chargé des colonies françaises d'Afrique noire (mais pas de l'Indochine ni de l'Afrique du Nord, relevant d'un autre portefeuille). Une « expérience politique primordiale, écrira-t-il, qui a commandé l'orientation de [sa] vie politique ».

Mes années de lycée se terminaient. Je militais dans le mouvement Jeune Europe. J'appartenais au « club Unesco » qu'avait créé notre professeur d'histoire. Le problème d'Israël me passionnait. Je ne comprenais pas les Britanniques. La déclaration Balfour avait promis l'établissement d'un foyer national juif en Palestine. Était-ce un leurre ? Alors que le plan de partage de la Palestine avait été adopté à l'ONU par la résolution 181, les Anglais traitaient les Israéliens en ennemis ; François Mitterrand nous avait raconté la tragédie du paquebot *President Warfield* – rebaptisé *Exodus* par ses passagers et connu sous ce nom dans le monde entier – qui avait quitté Sète avec 4 813 passagers à bord, avant d'être attaqué par les Anglais à dix-sept miles de Haïfa. Les passagers, répartis sur trois bateaux-cages, avaient dû rebrousser chemin jusqu'à Hambourg, en passant par Port-de-Bouc, dans des conditions sanitaires épouvantables, dépourvus de vivres et d'eau. Les Anglais avaient quitté la Palestine, sur laquelle ils avaient exercé leur mandat pendant plusieurs dizaines d'années, en emportant tout, depuis les fils électriques jusqu'aux machines à écrire, tandis que les Juifs arrivaient, démunis, avec leurs pauvres valises, dans l'espoir de créer un État avec des gens qui avaient souffert pendant des siècles. Tout cela, qui me semblait devoir se résoudre d'une manière simple, était difficile à comprendre. Décidément, comme le disait le général de Gaulle, l'Orient était bien compliqué, et non point désert comme l'avait écrit Racine[1].

En 1950, bac en poche, je quittai le lycée Jeanne-d'Arc où j'avais passé douze années scolaires. Il n'y avait pas de classes préparatoires à Orléans, hormis une « corniche » pour préparer Saint-Cyr, où les filles n'étaient pas encore admises. Il n'y avait pas d'université non plus. J'allai à Paris. Grâce à mon père, j'échappai aux foyers tenus par des religieuses et emménageai à la Maison des étudiantes, 214 boulevard Raspail. J'étais libre, libre de sortir sans dire où j'allais ni qui j'avais rencontré. J'étais une provinciale qui découvrait Paris avec méthode et passion. Il m'arrivait de prendre

1. « Dans l'Orient désert, quel devint mon ennui ! » (*Bérénice*, I, IV).

des autobus jusqu'au terminus sans l'avoir prévu, mais tout m'était sujet à émerveillement. Mon bonheur était immense. Seule la Loire me manquait, mais la Seine n'était quand même pas mal !

Depuis près de soixante ans, j'apprends cette ville et je lui suis de plus en plus attachée. L'été, l'hiver, à n'importe quelle heure, à n'importe quelle saison, elle me semble le plus beau des endroits où vivre. J'y ai mes repères. Quand fleurit le petit cerisier d'ornement devant le Petit Palais, c'est le printemps : les lilas du jardin du lycée Victor-Duruy ne tarderont plus à éclore. Les marronniers de la place de la Concorde sont déjà grillés ? Ce n'est pas encore l'automne, mais l'été qui se termine. Jamais je ne me lasse de la lumière sur la Seine, le matin, au petit jour ; rose ou grise, elle annonce la couleur de la journée. Et si, le soir, le Grand Palais se détache sur un rideau rouge prêt à s'ouvrir, c'est qu'il fera beau demain.

J'étais inscrite à la Sorbonne. Pour m'y rendre, je traversais le Luxembourg, qui devint mon jardin. Mon lieu de prédilection était la fontaine Médicis. Timide, je n'osais pas entrer dans les librairies, jusqu'au jour où je poussai la porte de la librairie Corti. José Corti lui-même s'intéressa à l'étudiante ignorante que j'étais. Il me fit découvrir Gérard de Nerval, Villiers de l'Isle-Adam et surtout Julien Gracq. Je tombai sous le charme du *Château d'Argol*. Aujourd'hui encore, je garde la même admiration pour les livres de cet auteur que je fais lire à tous ceux que j'aime. Un goût que j'allais partager avec François Mitterrand.

Danielle et François Mitterrand habitaient rue Guynemer. Je regardais leurs fenêtres en passant. Danielle m'avait bien dit que je pouvais venir les voir quand je le voulais, mais les fonctions et l'importance de son mari me paralysaient et je n'osais même pas composer leur numéro de téléphone. J'attendais que François Mitterrand, que j'avais rencontré chez mes parents, fixe lui-même le soir où je serais invitée à dîner. À l'époque, Danielle s'intéressait peu à la cuisine et ses menus n'étaient pas élaborés ; elle se contentait de reproduire ce que sa mère lui avait appris lorsqu'elle était adolescence. Pendant la guerre, comme beaucoup de Français, elle avait eu faim et elle pensait que c'était une chance de pouvoir choisir son menu. Les deux garçons, Jean-Christophe, né en 1946, et Gilbert, né en 1949, étaient couchés lorsque les adultes passaient à table.

Lors de ses passages à Orléans, François Mitterrand nous avait décrit la libération des camps de déportés et raconté comment il avait retrouvé Robert Antelme, le mari de Marguerite Duras. Il l'avait sauvé en le faisant emmener directement à Paris dans la voiture d'un de ses amis, car Antelme était trop faible pour traverser l'épreuve du retour à la vie imposé par les autorités sanitaires américaines. Il avait été témoin de choses inhumaines. J'en ai gardé un souvenir d'horreur qui ne m'a jamais quittée : il avait vu des abat-jour en peau humaine. Ma mère l'écoutait avec effroi. Chaque semaine, elle « montait » à Paris et se rendait à la gare d'Orsay ou à l'hôtel Lutetia, à la recherche de son frère ou de quiconque l'aurait vu ou connu. Elle revenait les yeux rougis d'avoir pleuré devant tant de malheurs.

En 1951, je vis souvent François Mitterrand à la maison. Le député maire d'Orléans, Pierre Chevallier, venait d'être nommé ministre. Sa femme lui avait dit : « Lorsque tu seras ministre, je te tuerai. » Comme elle le lui avait promis, elle l'abattit sans autre forme de procès dès qu'il fut rentré à Orléans, un dimanche matin d'août, avec son maroquin tout neuf. Il fallait donc un nouveau maire et un nouveau député, si possible de gauche modérée. Tout naturellement, François Mitterrand, alors ministre de l'Outre-mer, pensa à mon père. Celui-ci avait trois ans de plus que Pierre Chevallier et, comme lui, avait siégé au Conseil municipal de la Libération, avant d'être élu en 1947 sur la même liste. Il se fût aisément laissé convaincre si ma mère ne s'était refusée à être la femme d'un député. Dans sa famille, les politiciens n'avaient pas bonne réputation ! Peut-être eut-elle raison. François Mitterrand eut beau insister, elle ne se rendit à aucune de ses raisons. Claude Lemaître, alors sénateur du Loiret, aurait bien voulu, lui aussi, que mon père devînt le député d'Orléans, ce qui aurait renforcé son audience, notamment dans le monde enseignant et dans les cercles d'anciens combattants. La vie, ou plus exactement ma mère, en décida autrement, nous privant tous les quatre de belles occasions de nous amuser. Sans doute aurions-nous eu une adolescence différente, plus passionnante… mais comment le savoir ?

Qui se souvient de l'UDSR ?

Qui, aujourd'hui, peut donner le sens de ces quatre lettres ? L'Union démocratique et socialiste de la Résistance était apparue dans le paysage politique français en 1945, née de la volonté de résistants qui souhaitaient entrer dans l'administration tout en prolongeant les engagements pris dans la lutte. Elle prit la forme d'une fédération de mouvements issus directement et exclusivement de la Résistance. Lors de sa première réunion, le 25 juin 1945, toutes ses sensibilités, toutes ses tendances étaient représentées au comité directeur, des socialistes aux futurs membres du RPF (Michel Debré, André Malraux), tous, à l'exception du parti communiste. L'UDSR entendait réunir dans la paix les compagnons rassemblés dans la guerre : un objectif qui s'apparentait plus à l'utopie qu'au réalisme ! Elle serait, pour beaucoup, au mieux une formation élargissant les possibilités d'action des partis sur des objectifs communs, au pire une association d'anciens combattants, voire un simple club.

Cinq mois séparaient la création de ce jeune parti des élections à l'Assemblée constituante. Il n'existait alors que par le dynamisme et le savoir-faire de ses responsables : c'était insuffisant pour faire élire des résistants au Palais-Bourbon, en dehors des grands partis politiques. Les élections de l'automne 1945 et de juin 1946 furent la preuve qu'il n'existait pas de grand parti de la Résistance. L'UDSR avait été conçue comme le noyau constitutif d'un vaste rassemblement travailliste regroupant dans la paix ceux qui avaient été unis dans la guerre. De ce point de vue, ce fut un échec, notamment dû au fait que ce parti n'eut jamais le soutien du général de Gaulle.

Être résistant ne signifiait pas faire de la politique. Les résistants n'avaient pas vu que les anciens partis retrouvaient leur légitimité à travers ceux qui les représentaient au Conseil national de la Résistance.

En novembre 1946, le groupe parlementaire de l'UDSR à l'Assemblée nationale comptait vingt-trois députés et trois apparentés (François Mitterrand, René Capitant et Jacques Vendroux). Néanmoins, elle était représentée dans le premier gouvernement de la IVe République. Dès son entrée au Palais-Bourbon, l'UDSR apparut comme un parti tampon entre le parti communiste, la SFIO et le RPF. Son leader était alors René Pleven, un des principaux acteurs politiques de l'époque, après l'avoir été de la France libre. En 1950, il fut appelé à la présidence du Conseil. À sa demande, il nomma François Mitterrand au ministère de la France d'Outre-mer, dont la vocation était de veiller au destin des colonies françaises d'Afrique noire.

Ayant déjà effectué une longue tournée en Afrique avec des amis, François Mitterrand avait eu loisir de connaître et d'aimer ces pays et leurs populations. Mais à son arrivée rue Oudinot, l'Afrique noire était, depuis plusieurs mois, le théâtre d'incidents graves. Le Rassemblement démocratique africain (RDA), allié au PCF, était interdit et un mandat d'arrêt avait été lancé contre le député ivoirien Félix Houphouët-Boigny. Dès son installation, François Mitterrand se déclara favorable à une politique libérale. Relevant de ses fonctions le gouverneur nommé par Coste-Floret, son prédécesseur, il entreprit de remodeler le RDA en offrant à ses élus de rejoindre l'UDSR. La base de cet accord était claire : respect de l'Union française et rupture avec le PCF, garantie pour le RDA de conserver sa liberté de manœuvre. Félix Houphouët-Boigny, Jean-Félix Tchicaya et Mamadou Konaté siégèrent dorénavant à l'Assemblée nationale sur les bancs de l'UDSR, en attendant que Sékou Touré, Modibo Keïta, Hamani Diori, Maurice Yaméogo et quelques autres les y rejoignent.

En 1953, François Mitterrand prenait la présidence de l'UDSR, dont René Pleven refusait de devenir le président d'honneur. L'UDSR s'ancrait à gauche. Trois ans plus tard, alliée au Front républicain[1] pour les élections législatives, elle amorçait son déclin. Le douzième et dernier congrès de l'UDSR eut lieu en 1959. Nous n'étions pas nombreux pour entendre le

1. Coalition électorale de centre gauche composée de la SFIO (Guy Mollet), du parti radical-socialiste (Edgar Faure), de l'UDSR (François Mitterrand) et des républicains sociaux (Jacques Chaban-Delmas).

président d'un parti en sommeil. Mais, sous les tentures fanées de l'Hôtel Intercontinental qui, à l'époque, était passé de mode, François Mitterrand pensait déjà à l'union de la gauche, sans laquelle rien ne pourrait se faire.

L'UDSR ne fut jamais dissoute officiellement. Ses membres se regroupèrent dans la Ligue pour le combat républicain (mais oui, la LCR !) avant de se retrouver avec une cinquantaine de clubs, le 7 juin 1964, au sein de la Convention des institutions républicaines. De 1959 à 1965, François Mitterrand conserva néanmoins une garde rapprochée d'une douzaine de personnes qui devait lui permettre d'utiliser le nom UDSR pour réaliser l'unité de la gauche autour de sa candidature à l'élection présidentielle.

L'UDSR a joué un grand rôle dans ma vie. En juillet 1953, je venais de passer deux années à l'EHECJF (École de haut enseignement commercial pour les jeunes filles), école où je n'avais aucune raison d'être, moi qui voulais faire de l'histoire, de la géographie et de la politique. Je commençais à travailler... chez Bosc, draperies pour hommes, 6 rue Vivienne. J'avais choisi cette entreprise en raison de son adresse, à trente mètres du Palais-Royal, de Colette et de Jean Cocteau. J'y passai un été morose, bien décidée à ne pas retourner avenue Raymond-Poincaré faire de la sténographie ou de la comptabilité.

À Paris, l'atmosphère était étrange. Joseph Laniel était président du Conseil et tous les secteurs publics étaient en grève : plus de RATP, plus de SNCF, plus de PTT ! Rue Vivienne, mon patron se sentit mal. Il décampa pour la Côte d'Azur en me disant : « S'il y a des troubles, vous ferez fermer le rideau de fer. » Cet homme n'était pas respectable... Était-ce donc cela, le monde du travail ?

Mais je ne voulais pas retourner à l'EHECJF, où je n'aimais que les leçons de français, d'anglais et les cours d'« actualité » de Mme Milhaud-Sanua, la fondatrice de l'École, qui finit elle-même par dire à mon père que j'aurais été plus heureuse à la Sorbonne ou à Sciences Po. C'est elle qui m'a appris qu'on ne pouvait pas s'intéresser à la vie politique, culturelle, économique de la France sans lire *Le Monde* quotidiennement…

L'hiver ne fut guère plus gai que l'été. En janvier, je décidai de changer de travail. Embauchée à la Fédération française des tuiles et briques, je devais y rester quinze jours, après avoir travaillé un mois aux Huiles Labo, où ma « chef » ne me supportait pas et me fit rapidement virer pour comportement trop familier avec les employés. Je me contentais de leur dire bonjour, au revoir et de m'asseoir à leur table pour prendre le café dans un bistrot du coin !

Je ne voulais rien demander à François Mitterrand, dont les tâches me paraissaient trop importantes pour que je pense à le solliciter. Un beau jour du printemps 1954, pourtant, le hasard voulut que Joseph Perrin, alors secrétaire général de l'UDSR, téléphone à mon père. Au cours de la conversation, il lui confia qu'il recherchait une secrétaire. Et c'est ainsi, le plus simplement du monde, que je devins secrétaire administrative de l'UDSR, où je devais rester jusqu'en 1957. J'y fis la connaissance de gens avec qui j'ai travaillé jusqu'à la fin de ma vie professionnelle, notamment Louis Mermaz et Jacques Ribs, président de France Terre d'asile, dont je suis secrétaire générale.

L'UDSR était installée dans un appartement bourgeois, 21 rue du Mont-Thabor, dans le Ier arrondissement, à proximité de la Concorde, entre la Cour des comptes, le ministère de l'Intérieur et celui de la Justice.

Huit personnes y partageaient cinq bureaux. L'un était réservé à François Mitterrand, mais je ne l'y ai jamais vu travailler ou laisser ses dossiers. Il préférait la place Beauvau, la place Vendôme, l'Assemblée nationale, Château-Chinon ou encore son propre domicile, rue Guynemer. Il assistait à toutes les réunions du bureau et participait régulièrement aux séances de la Commission pour la construction de l'Union française, dont le secrétaire était Jacques Ribs, avocat natif d'Algérie, passionné par l'Afrique. François Mitterrand attachait beaucoup d'importance aux travaux de cette commission. Dans son esprit, elle préfigurait les grandes lignes de ce que devrait être l'Union française qui, pour lui, était le prolongement naturel de la France.

« L'Algérie, c'est la France »

Quelques semaines après mon arrivée rue du Mont-Thabor, j'assistai à un événement politique important. Le Président René Coty, élu en janvier 1954, à Versailles, après treize tours de scrutin, appelait Pierre Mendès France à la présidence du Conseil. François Mitterrand, lui, fut nommé ministre de l'Intérieur. Lors de son discours d'investiture à l'Assemblée nationale, Mendès France s'engagea à mettre un terme à la guerre d'Indochine, au plus tard le 20 juillet.

La défaite de Diên Biên Phù et les combats meurtriers d'une guerre qui n'en finissait pas révoltaient les Français, de plus en plus mécontents de voir leurs soldats tomber dans des pièges insoupçonnés. Combien avaient compris que la France avait aussi été libérée grâce aux troupes d'outre-mer et des colonies, lesquelles ne tarderaient plus à réclamer un jour leur indépendance ? Or, avec un entêtement extraordinaire et – nous apparaît-il aujourd'hui – bien peu réfléchi, les gouvernements français qui s'étaient succédé entendaient que l'Indochine reste à jamais française. Le général de Gaulle lui-même avait envoyé ses hommes en Indochine et l'amiral choisi pour mener cette mission, le dominicain Thierry d'Argenlieu, ne fut pas le moins aveugle ni le moins obstiné.

Depuis la libération de l'Indochine et le départ des Japonais à l'été 1945, on avait assisté à une sorte d'épuration dans la fonction publique venue de métropole et chez les riches colons dont les biens étaient convoités par leurs anciens subordonnés. De nouveaux fonctionnaires furent envoyés pour remettre de l'ordre dans un pays qu'ils ne connaissaient pas. En quelques mois, ils remirent en cause tous les accords passés entre la France et son ancienne colonie, ignorant les personnalités en place et décidés à faire obéir une population dont ils ignoraient tout : la culture, la langue, les coutumes. Le conflit était inévitable.

Il fallut deux ans aux Français pour comprendre ce qui se préparait. Le général Leclerc ne parvenait pas à faire entendre à Thierry d'Argenlieu que la négociation seule était possible. C'était aussi la conviction de Jean Sainteny, commissaire de la République pour le Tonkin et l'Annam du Nord et chargé des négociations avec Hô Chi Minh. Mais l'action courageuse et éclairée de ces deux hommes n'avait pas emporté l'adhésion du général de Gaulle, qui refusa de relever l'amiral. Ce fut le conflit.

Il fallait en finir avec cette « sale guerre ». L'opinion publique grondait. Mendès France se donna un mois pour réussir. Il résolut de réunir Français et Vietnamiens à Genève. Son combat était soutenu par *L'Express*, nouvel hebdomadaire dirigé par Jean-Jacques

Servan-Schreiber et Françoise Giroud, qui donnait la parole aux hommes politiques de la gauche non communiste et, plus spécialement, à « PMF ». *L'Express* était en lutte contre toutes les injustices, en particulier les guerres coloniales. Je me souviens du titre de *L'Express*, après la défaite de Diên Biên Phù, interpellant René Pleven, alors ministre de la Défense : « Varus, où sont nos légions ? » L'armée française était en train de sombrer dans un désastre sans précédent et les premiers téléspectateurs ne supportaient plus de voir des massacres sur leurs écrans. Quoi, les « Viêts » allaient avoir raison d'une des armées les plus puissantes du monde ?

Pour beaucoup, le « pari » de Pierre Mendès France et la formation de son gouvernement constituèrent un immense soulagement. Mais pas pour tous, comme on le vit quelques mois plus tard, lorsque le gouvernement Mendès France tomba sous un mauvais coup de la droite, opposée à toute forme de décolonisation et offensée à l'idée que les taches roses de l'Empire français puissent disparaître des cartes géographiques et des planisphères. Tel était l'état d'esprit de la plupart des Français : il ne fallait plus rien « lâcher ». L'Algérie, l'Afrique noire étaient encore françaises et devaient le rester…

Et pourtant, toujours grâce à l'action éclair de Mendès France, la Tunisie recouvra son indépendance. C'est lui qui sortit de prison Habib Bourguiba et l'installa comme président de la République tunisienne – mais il est juste de rappeler que, le premier, le gouvernement du Front populaire avait reconnu en lui un possible interlocuteur, grâce à Léon Blum, à ses ministres Maurice Violette, Pierre Viénot, ainsi qu'à Charles-André Julien, anticolonialiste de la première heure. Mais pas question d'aller plus loin ! Or, au

Maroc, on avait fait revenir le roi Mohammed V et sa famille d'Antsirabé, à Madagascar, où le général Guillaume, résident général de France, les avait exilés sans y avoir été autorisé par Paris. Décision qui, en 1953, avait amené François Mitterrand à démissionner, ce dont le roi Mohammed V puis son fils, le roi Hassan II, lui seraient toujours reconnaissants.

Lors du voyage officiel de François Mitterrand au Maroc, en janvier 1983, j'assurais son secrétariat, ce qui signifie que je faisais partie de la délégation française. Le roi Hassan II avait tenu à ce que cette visite de trois jours se déroule dans les meilleures conditions. Il se trouve aujourd'hui des esprits chagrins pour prétendre que ce séjour ne fut pas une réussite ; je crois au contraire qu'il fut parfait. Un matin, le roi me fit demander. Il me reçut dans son palais de Marrakech. J'étais si intimidée qu'au moment où parut le roi je m'avançai dans un des bassins, au ras du sol, que je n'avais pas vu ! Si bien que je me présentai à lui les pieds mouillés, laissant des traces de pas sur les mosaïques impeccables de la salle où il tenait à me remettre lui-même les cadeaux personnels qu'il destinait au Président. Tous les deux avons pris le parti de rire de ma mésaventure. Puis le roi a tenu à me dire que ni son père, ni lui n'avaient oublié l'attitude de François Mitterrand lors de la déposition du sultan par le général Guillaume.

Voilà pour le Maroc et la Tunisie. Mais que pouvait-on faire, en 1954, de l'Algérie ? Un million d'Européens vivaient là-bas et il n'était pas question de les rapatrier. L'indépendance ? Personne n'y songeait. Les « événements » de Sétif, émeutes suivies d'une répression sanglante en mai 1945, ne faisaient honte à personne ; et l'on avait oublié la longue marche des tirailleurs algériens qui, débarqués en

Provence en août 1944, avaient remonté la vallée du Rhône dans le dénuement, jusqu'aux Vosges glacées et à la poche des Ardennes, que les Alliés ne reprirent que grâce à la ténacité et au courage de ces hommes venus délivrer la France avec une bonne foi et un courage exemplaires...

L'UDSR, qui pressentait la fragilité de la situation algérienne, avait prévu une conférence à Alger en juillet 1954. Le Comité pour la construction de l'Union française souhaitait y réunir les composantes de la représentation nationale autour du thème de l'édification d'une République fédérale. Le choix d'Alger montrait la volonté de réaffirmer les liens entre les départements de métropole et ceux d'au-delà de la Méditerranée. La constitution du gouvernement de Pierre Mendès France et la tâche immédiate qu'il s'était fixée firent reporter cette réunion.

Soudain, dans la nuit du 31 octobre au 1er novembre 1954, des attentats éclatent en Algérie et font sept morts et quarante blessés. Les populations musulmanes d'Algérie veulent l'indépendance et plus rien ne les arrêtera. La France découvre qu'il existe outre-Méditerranée une hostilité à sa présence. En plus de cent vingt ans, des liens s'étaient tissés, inégaux mais nombreux. La lutte fratricide entre Européens et musulmans coûtera la vie à trente mille soldats français et à plus de deux cent mille Algériens.

Le gouvernement de Pierre Mendès France réagit immédiatement. Le 7 novembre, au cours d'une allocution radiodiffusée, François Mitterrand déclare : « L'Algérie c'est la France. Et la France ne reconnaîtra pas chez elle d'autre autorité que la sienne. Le seul arbitrage des différends entre les citoyens, c'est l'État... Il ne peut y avoir d'autre juge que lui et d'autre autorité que la sienne lorsque l'unité nationale est en jeu. »

Le 12 novembre, Pierre Mendès France prend la parole à l'Assemblée : « Il n'y aura aucun ménagement contre la sédition, aucun compromis avec elle… On ne transige pas lorsqu'il s'agit de défendre la paix intérieure de la nation, l'unité, l'intégrité de la République française. Les départements d'Algérie font partie de la République. Entre eux et la métropole, il n'y a pas de sécession concevable. Cela doit être clair, une fois pour toutes. Jamais la France, jamais aucun gouvernement ne cédera sur ce principe fondamental. »

Le même jour, dans le même lieu, François Mitterrand déclare : « Les mesures militaires ne suffiront pas à résoudre nos problèmes… Nous ferons tout pour que le peuple algérien, partie intégrante du peuple français, se sente chez lui, comme nous et parmi nous ! » Puis il répète : « L'Algérie, c'est la France. Des Flandres jusqu'au Congo, s'il y a quelque différence dans l'application de nos lois, partout la loi s'impose et cette loi est la loi française, celle que vous votez, parce qu'il n'y a qu'un seul Parlement et qu'une seule nation dans les Territoires d'Outre-mer, comme dans les départements d'Algérie, comme dans la métropole. »

Le président du Conseil et le ministre de l'Intérieur disaient donc la même chose : « L'Algérie, c'est la France. » Mais, pour la gauche, Mendès France demeurait le décolonisateur, tandis que Mitterrand apparut comme le chef de la répression. Au début de l'année 1955, PMF quittait la présidence du Conseil. Il avait réglé l'affaire d'Indochine, on n'avait plus besoin de lui. Son austérité, son intransigeance, sa politique d'ouverture déplaisaient. Ainsi, d'une crise l'autre, s'effilochait la IVe République, cahin-caha.

Les élections de janvier 1956 portèrent au pouvoir le Front républicain, agrégat de forces de gauche et du centre à laquelle participait l'UDSR. Le socialiste Guy

Mollet fut fait président du Conseil, tandis que François Mitterrand devenait garde des Sceaux. La tâche était lourde. L'Algérie représentait trois départements français. Les Algériens devaient avoir les mêmes droits que les Français. Sur ce point, il n'avait pas changé de politique, pensant toujours que « l'Algérie, c'est la France », ce qui sous-entendait l'éducation pour tous, la santé et la sécurité sociale pour tous, les mêmes lois pour tous. Algériens et Européens, tous devaient comprendre qu'ils étaient égaux et que la discrimination entre les deux populations était inadmissible. Mais la phrase fut extraite de son contexte, malaxée et utilisée avec la pire mauvaise foi par des hommes de gauche comme de droite. Je dus me fâcher avec des amis très proches qui ne voulaient pas comprendre que notre devise « Liberté, Égalité, Fraternité » était bonne pour tous les départements français, sans exception.

Puis il y eut les exactions que l'on sait, coups tordus et autres embuscades. Ce qui aurait dû se régler au niveau du ministère de l'Intérieur devint une opération de maintien de l'ordre, une guerre, avec tout ce que cela comporte de violence, de mensonge, de drames individuels et collectifs. Garde des Sceaux, François Mitterrand aurait peut-être dû démissionner. Il connaissait la situation. Il avait une réelle estime pour Jacques Chevallier, le maire d'Alger et, sans doute, pensait-il que « ça » s'arrangerait. C'était compter sans les chefs militaires envoyés en Algérie par le gouvernement, et sans les « pieds-noirs » dont certains détenaient un pouvoir économique qui leur permettait de parler haut et fort.

Lorsque, en juillet 1956, eut lieu l'expédition franco-britannique de Suez, François Mitterrand la légitima. Avant de rendre son avis, il avait réuni le comité directeur de l'UDSR, qui l'avait soutenu. Personne ne pensait que les Égyptiens seraient capables d'assurer seuls la navigation dans le canal de Suez ! Cette affaire, qui n'eut pas de suite militaire, humilia inutilement les Arabes.

Lorsque, en octobre de cette même année, l'avion marocain qui transportait le leader algérien Ahmed Ben Bella et ses compagnons fut détourné et ses passagers capturés, François Mitterrand dénonça fermement ce qu'il appela un « forfait » et un acte de « piraterie », mais il ne démissionna pas. En mars, il avait même cosigné un décret légitimant l'état d'urgence et qui aggravait la répression. S'en souvenant en 1994, il dira : « J'ai commis au moins une faute dans ma vie, celle-là. » Il regrettait de ne pas avoir quitté le gouvernement de Guy Mollet et d'être resté ministre de la Justice.

Le départ du contingent en Algérie touchait le pays entier. Toutes les familles avaient un fils, un neveu, un ami appelé ou rappelé. Je m'étais mariée en janvier 1955. Mon mari, journaliste à *Combat*, espérait faire des piges, tout en accomplissant son devoir de citoyen. Après trois mois passés au service de presse du ministère de la Défense, il s'était embarqué à Marseille, un matin d'avril 1956. Destination : Alger, puis les Aurès. Tous nos amis, anciens étudiants, n'étaient pas partis avec leur « classe » et ils s'en allaient « maintenir l'ordre ». Presque tous y laisseraient leurs illusions sur la mission civilisatrice de la France et, pour certains, leur vie. La situation était de plus en plus tendue. Attentats, guets-apens, poursuites dans les djebels, arrogance des pieds-noirs, arrestations.

Lorsque, le 6 février 1956, Guy Mollet s'était présenté aux Algérois pour tenter de leur tenir un langage raisonnable, on l'avait accueilli avec des cris hostiles et des jets de tomates. Il n'avait ni compris, ni naturellement apprécié et s'était empressé de rentrer à Paris. En novembre 1957, la présidence du

Conseil échut au plus jeune président qu'elle ait jamais eu, Félix Gaillard. Rien de ce qu'il entreprit ne semblait réussir durablement et, le 11 avril 1958, il démissionnait. Georges Bidault, pressenti, préfère renoncer à demander l'investiture du Parlement après les émeutes du 13 mai en Algérie. Le Président Coty fait alors appel à Pierre Pflimlin, qui a déjà occupé des postes importants et connaît bien la marche de l'État. Mais, entre-temps, le général Massu en a appelé à Charles de Gaulle, retiré à Colombey-les-Deux-Églises. Le 15 mai, le Général se déclare « prêt à assumer les pouvoirs de la République ». Le 26, il rencontre Pierre Pflimlin, qui démissionne le 28. Dès le lendemain, René Coty demande au Parlement d'investir Charles de Gaulle et le 2 juin, par 329 voix pour et 214 contre, l'Assemblée lui octroie les pleins pouvoirs en Algérie.

De Gaulle a la situation en main. À Alger, où il se rend aussitôt, il prononce les mots fameux et ambigus : « Je vous ai compris », qui rassérènent les Français d'Algérie mais ne changent rien à la situation. Dès lors, les malentendus et les compromis se multiplient. En octobre, le Général lance le « plan de Constantine » ; en novembre, après avoir dissous l'Assemblée, il organise des élections législatives au scrutin uninominal à deux tours et obtient la Chambre qu'il souhaitait ; en décembre, tandis que René Coty se retire sagement au Havre après cinq années agitées de loyal service, le Général est élu président de la République par un collège restreint de quatre-vingt mille notables – soit le nombre de grands électeurs qui désignent les sénateurs. Il prend ses fonctions le 3 janvier 1959. Nous sommes entrés dans la Ve République.

UNE SALE GUERRE

Ce retour du général de Gaulle, François Mitterrand l'avait envisagé. Il le voyait servir d'intermédiaire entre les partisans de l'Algérie française, les nationalistes algériens et le Parlement français. Mais tout s'est emballé. Le 31 mai 1958, lorsque le Général a reçu tous les chefs de parti, François Mitterrand lui a dit « non ». Devant l'Assemblée, lors du débat d'investiture, il dira brutalement : « [*En 1944*], le général de Gaulle [...] avait auprès de lui deux compagnons qui s'appelaient l'honneur et la patrie. Ses compagnons d'aujourd'hui qu'il n'a sans doute pas choisis, mais qui l'ont suivi jusqu'ici, se nomment le coup de force et la sédition. » Il n'admet pas que la venue du Général se fasse sous l'autorité des insurgés d'Alger. Il ne lui pardonne pas de ne pas avoir désavoué les comités de salut public algérois, ni de ne pas avoir remis à leur place Salan, Massu, Pascal Arrighi, Lagaillarde et les autres[1].

Pour Mendès France et Mitterrand, c'est donc « non à de Gaulle » ! Un « non » lourd de conséquences qu'eux-mêmes pressentent. François Mitterrand dit à ses proches : « Nous en avons pour vingt ans. » Pour la gauche, la traversée du désert durera vingt-trois ans ! « Non » à de Gaulle, c'est aussi « non » à la Constitution de 1958. Mais c'est aussi le « non » des électeurs de la

---

1. Le général Raoul Salan, commandant la 10e région militaire, rallié à de Gaulle après mai 1958, futur dirigeant de l'organisation clandestine OAS ; le général Jacques Massu, vainqueur de la « bataille d'Alger » (1957), préfet général pour l'Algérois, partisan du recours à la torture ; Pascal Arrighi, conseiller municipal d'Ajaccio, organisateur en mai 1958 d'une démonstration de force des parachutistes en Corse ; Pierre Lagaillarde, président de l'Association des étudiants d'Alger, membre du Comité de salut public, élu député d'Alger-ville en novembre 1958.

Nièvre aux législatives de novembre 1958 : François Mitterrand reprend la route. Politiquement, tout est à recommencer. Élu maire de Château-Chinon, conseiller général du canton de Montsauche, il entre au Sénat le 26 avril 1959. Position tranquille pour mieux repartir, croit-il.

Dans la nuit du 15 au 16 octobre 1959, le faux attentat de l'Observatoire manque tout compromettre. François Mitterrand s'est laissé embarquer dans une mauvaise affaire. Au lieu de s'en ouvrir à ses amis, il reste en tête à tête avec Robert Pesquet, individu douteux dont il aurait dû se méfier. Il joue le jeu d'un homme qui veut le piéger. On ne l'aime pas. On ne lui pardonne pas d'avoir été onze fois ministre entre 1947 et 1956. On l'accable de toutes parts. On lui reproche d'être pressé et ambitieux. On est jaloux de son charme, de ses talents.

Je me souviens de la stupeur suscitée par la nouvelle d'un attentat visant à toucher François Mitterrand. Je travaillais à la Délégation du Niger, où il ne comptait que des amis. Le 23 octobre, nous apprenons que toute cette affaire aurait été montée avec sa propre complicité ! Le comité directeur, après avoir entendu ses explications, lui exprime « sympathie et solidarité face aux calomnies ». Mais c'est François Mauriac qui, prenant la plume dans *L'Express*, lui apporte le plus grand réconfort. « Déshonorer un adversaire politique, c'est le seul assassinat payant pour ceux qui le haïssent. Dans cette bataille ignoble, tuer n'est rien, salir est tout. Mitterrand aura payé cher d'avoir été moins fort que ses ennemis eux-mêmes n'avaient cru. Et moi, je lui sais gré de sa faiblesse : elle témoigne qu'il appartient à une autre espèce que ceux qui l'ont fait trébucher et qui, sans doute, avaient deviné en lui cette faille secrète. »

Malgré ces phrases amicales, François Mitterrand est profondément meurtri. C'est son honneur qui est en jeu. Le Sénat lèvera son immunité parlementaire. Pour ses ennemis, quelle magnifique occasion de se débarrasser de lui ! C'est méconnaître sa ténacité et son goût du pouvoir. Les Nivernais, qui l'ont vu sur le terrain et connaissent ses qualités, sont fiers de l'avoir comme représentant. Aux élections législatives de 1962, ils lui rendront son siège de député.

François Mitterrand repart. Il ne s'arrêtera plus. Mais cette affaire, sur laquelle il n'a pu s'expliquer dans un procès et qui n'a jamais connu de conclusion définitive, lui pèsera toujours comme un fardeau. À la fin de sa vie, la blessure était encore là. Il n'avait pas oublié ceux qui lui conservèrent leur amitié et leur confiance, ni ceux – plus nombreux – qui se détournèrent de lui. Comme l'a écrit un de ses avocats, Me François Sarda, l'affaire de l'Observatoire fut « un piège réussi et un piège dénoncé ».

De Gaulle est aux commandes, mais la guerre se poursuit. Cette « opération de maintien de l'ordre » est coûteuse et impopulaire. Elle tue. Des Algériens, des Français. On commence à graver des noms sur les monuments aux morts des villages de France. Cinq cent mille soldats du contingent, un million d'Européens pourront-ils contenir neuf millions de musulmans arabo-berbères, sûrs de leur bon droit, décidés à obtenir leur indépendance quel qu'en soit le prix ? Au seul mot d'« autodétermination », prononcé par le général de Gaulle le 16 septembre 1959, des barricades se sont dressées à Alger, où de graves affrontements ont été évités de justesse. On est au bord de la guerre civile. L'Organisation armée secrète (OAS), composée d'irréductibles de l'Algérie française, multiplie les violences, affronte Paris, s'oppose aux combattants algériens du FLN (Front de libération nationale).

Le 23 avril 1961, un putsch tente de prendre de force le pouvoir en Algérie. Le général de Gaulle réagit immédiatement. Privés de l'appui du contingent auquel le chef de l'État a ordonné la désobéissance, le « quarteron de généraux en retraite » et « le groupe d'officiers partisans, ambitieux et fanatiques » sont arrêtés. L'armée rentre dans le rang.

En Algérie, la France est chez elle. Le FLN aussi. Des musulmans adhérant à l'Algérie française, il y en a. Mais, pendant des semaines, l'OAS terrifie Européens et Arabes, ne recule devant aucune forme de lutte et rend irréversible la rupture entre les deux communautés. Les pieds-noirs se croient toujours les patrons. Les Algériens continuent à vivre dans l'angoisse et la peur. En France, de plus en plus nombreux sont ceux qui se déclarent hostiles à ces combats meurtriers, aveugles, insensés, que chacun sait inutiles. Les rassemblements contre la « sale guerre » se multiplient, dans plusieurs villes de province comme à Paris, où une manifestation pour la paix en Algérie se transforme en émeute ; à la station de métro Charonne, le 8 février 1962, plusieurs personnes, dont un adolescent, meurent étouffées. Paris fera des obsèques grandioses à ces hommes et ces femmes qui ont simplement voulu dire « non » à la guerre. C'est une foule de plusieurs centaines de milliers de personnes qui se rend au cimetière du Père Lachaise, dans un silence impressionnant. Dans le cortège, je retrouve François Mitterrand. Pour la première fois, je le vois porter l'écharpe tricolore, qu'il n'a pas pour habitude d'exhiber à tout propos. Nous sommes émus. Jamais nous n'aurions cru que de tels incidents se produiraient à Paris. Il y a pourtant eu cette nuit d'octobre, l'année précédente, où la police parisienne a durement réprimé une manifestation silencieuse et pacifique d'Algériens. Il y eut des dizaines de morts, dont les cadavres furent jetés à la Seine ou enterrés à la sauvette dans les bois de Meudon. Je ne peux pas m'empêcher de penser que les 121 signataires du fameux « appel » ont raison[1].

Il faut en terminer. Après des semaines de négociation en février et en mars 1962, les représentants de la France et du GPRA (Gouvernement provisoire de la République algérienne) finissent par signer, à Évian, un accord de quatre-vingt-douze pages. Le cessez-le-feu intervient le 19 mars. Le 3 juillet, l'indépendance est proclamée. Il y a eu trop d'attentats, trop de haine, trop de morts. Les Européens s'en vont, avec quelques valises. Ils laissent tout derrière eux. Par centaines de milliers, ils regagnent la France où certains ont de la famille, mais où la plupart, qui n'ont jamais mis les pieds sur le sol de la métropole, ne connaissent personne. Certains auraient aimé rester dans ce pays où leurs parents, leurs grands-parents, leurs enfants et où eux-mêmes sont nés. La nationalisation de l'économie, en 1963, aura raison de l'attachement qu'ils portent à une terre qu'ils ont faite leur. Ils fuient un pays qui ne les retient pas, pour un pays où ils ne sont pas les bienvenus. Ils finiront par se faire accepter. Courageux, ils nous apportent leurs bras, leurs couleurs, leur gaieté. Plus une fête, dans le plus petit village de France, sans couscous ni merguez !

Quant aux harkis, ceux que la France avait convaincus de combattre à ses côtés pour que leurs enfants aient une vie plus heureuse, plus juste que celle qu'ils avaient eue, ils sont honteusement abandonnés dans des camps, d'où certains ne sortiront

1. Le « Manifeste des 121 », ou « Déclaration sur le droit à l'insoumission dans la guerre d'Algérie », publié le 5 septembre 1960 et signé de cent vingt et un intellectuels.

jamais. Eux aussi ont quitté leur pays, leur terre, leurs familles. Ils sont de nulle part et ne peuvent que rêver à leurs plantations d'orangers, à leurs champs de blé, à la Méditerranée dont ils finiront par oublier le « sourire innombrable »…

Affronter de Gaulle

La IVe République aura vécu douze ans. Née en 1946, elle a sombré en 1958. Dans l'indifférence des Français. Retiendra-t-on que ses dirigeants pansèrent et cicatrisèrent les plaies de la Seconde Guerre mondiale, qu'ils firent entrer la France dans l'Europe et entreprirent la décolonisation ? L'opinion publique a tendance à ne se rappeler que la valse des gouvernements, la rivalité des partis, les luttes de pouvoir entre ministres et tout ce qui n'aura pas été fait.

Président du Conseil doté des pleins pouvoirs depuis juin 1958, le général de Gaulle tire un trait en octobre sur la IVe République, fait adopter une nouvelle Constitution qui renforce le pouvoir exécutif et instaure la Ve République, dont il est élu président le 8 janvier 1959, pour sept ans. Le 22 août 1962, toutefois, un grave événement va venir modifier le statut et le mode d'élection du Président. Visé par un attentat au Petit-Clamart, le général de Gaulle prend conscience de la fragilité du dispositif qui l'a porté au pouvoir et décide de faire adopter par référendum le principe de l'élection du Président au suffrage universel. François Mitterrand vote « non », Pierre Mendès France aussi. Ils invitent amis et partisans à les imiter.

Pourtant, Mitterrand sait – et dit – qu'il sera candidat le moment venu. Il a quarante-six ans. C'est lui qui profitera de la modification en profondeur de la Constitution. Il a déjoué les pièges qu'on lui a tendus à plusieurs reprises. La pénible « affaire des fuites » est derrière lui : en 1954, ministre de l'Intérieur, il a confondu tous ceux qui s'étaient ligués contre lui, les Baylot, Dides, Baranès, Mons, Turpin, Labrusse et consorts. De cet épisode de sa vie publique, il ne gardera qu'un souvenir durable : l'attitude de Pierre Mendès France, qui ne lui a pas accordé instantanément sa confiance et qui l'a fait surveiller lorsqu'il a appris que les comptes rendus du Conseil de Défense étaient transmis par un ministre au parti communiste, et donc à Moscou[1]. Malgré les protestations de l'un et les multiples déclarations de l'autre, la relation entre les deux hommes en est restée durablement marquée.

---

1. En juillet 1953, *L'Observateur* divulgue le contenu des débats à huis clos du Conseil de la Défense sur la situation française en Indochine. Le 5 août, le président Auriol lance en plein Conseil des ministres : « Messieurs, il y a un traître parmi nous. » Le premier inquiété est Mitterrand, ministre délégué au Conseil de l'Europe, sur la foi du témoignage calomnieux du préfet de police Jean Baylot, antimendésiste. Edgar Faure, ministre des Finances, fut également soupçonné d'être à l'origine des indiscrétions. Le 27 mai 1954, après le désastre de Diên Biên Phù, c'est *L'Express* qui ébruite les débats du Conseil de Défense. Pierre Mendès France, président du Conseil, diligente une enquête militaire. Les regards se tournent de nouveau vers Mitterrand. En réalité, les auteurs des fuites sont deux fonctionnaires du secrétariat du Conseil de la Défense, Raymond Turpin et Roger Labrusse. Ce dernier, sympathisant communiste, transmettait copie des délibérés ultra-secrets, transcrits par le secrétaire Jean Mons, à André Baranès, pigiste parlementaire à *Libération*, qui lui-même les livrait au commissaire Jean Dides, farouchement anticommuniste, afin de s'en servir contre Mitterrand et Mendès France, accusés de faire le jeu du PCF. Vivement interpellé à l'Assemblée, François Mitterrand sera disculpé à l'automne 1954, et Dides et Baranès seront appréhendés.

L'insistance chaleureuse de Mendès France n'est-elle pas signe que, un jour, il a douté ?

En 1965, année de la première élection du président de la République au suffrage universel, François Mitterrand est prêt à tous les combats. Le piège de l'Observatoire, certes mal refermé, est oublié. Quels candidats oseront se présenter contre le général de Gaulle ? Qui, à gauche, prendra la tête du combat ? Dès janvier commencent les discussions d'appareils, dîners discrets et rencontres « amicales ». Les états-majors bruissent de déclarations de candidature. Des noms circulent : Mendès France, Daniel Mayer, Jean Rostand, Jules Moch, Benoît Frachon, Maurice Faure.

Depuis l'automne 1964, *L'Express* suggère et s'efforce d'imposer la candidature de l'énigmatique « Monsieur X », *alias* Gaston Defferre, dont Jean-Jacques Servan-Schreiber peaufine la préparation. Las, le 18 juin, le mystérieux candidat renonce à se dévoiler : Gaston Defferre n'est pas parvenu à réunir une coalition crédible de la gauche non communiste. Guy Mollet, patron de la SFIO, n'y est pas pour rien. François Mitterrand annonce lui-même cet échec lors d'une réunion de quelques anciens de l'UDSR. Est-ce la première réunion de la Convention des institutions républicaines ? Quoique j'y aie assisté, je ne saurais le dire. En quittant cette réunion, je n'imagine pas que François Mitterrand sera candidat à l'élection présidentielle. Je l'apprends à la radio, le 9 septembre. De retour de vacances, j'enseigne alors dans la nouvelle école fondée par mon ancienne directrice Mme Milhaud-Sanua, à sa demande. Immédiatement, je téléphone au secrétariat de François Mitterrand. Oui, je suis prête à travailler pour lui jusqu'au 5 décembre ! J'ai quatre fils, mais la campagne sera courte et je vais aménager mon emploi du temps. Je m'apercevrai par la suite que la chose n'est pas aussi simple que je l'avais imaginé !

Rendez-vous 25, rue du Louvre, dans le Ier arrondissement, juste en face de la Grande Poste. Le travail commence immédiatement dans un appartement bourgeois plus petit que celui de la rue du Mont-Thabor : troisième étage sans ascenseur, quatre pièces, une cuisine, une grande entrée. Selon les heures de la journée et les jours de la semaine, s'y entasseront entre cinq et trente personnes. Le matériel est vétuste. Nous disposons de trois lignes téléphoniques, de quatre machines à écrire et d'une ronéo qui n'est certainement plus cotée à l'argus : si l'on n'y prend garde, la réserve d'encre noire et grasse a tendance à déborder.

On ne peut pas dire que cette candidature soit accueillie avec chaleur. Dans son *Histoire de la République gaullienne*, Pierre Viansson-Ponté, à cette époque chef du service politique du *Monde*, se fait l'écho d'une critique largement répandue : Mitterrand est « le plus mauvais candidat possible ». On lui reproche d'avoir été de tous les cabinets de la IVe République. On l'accable aussi bien à droite qu'à gauche. *Le Nouvel Observateur*, après avoir songé à : « Mitterrand, jamais », se ravise et titre : « Mitterrand, pourquoi ? » Les préventions sont fortes à son encontre, mais on admet qu'il a le mérite d'assumer une situation que toute la gauche a laissé se créer. Dans *Les Temps modernes*, Jean-Paul Sartre écrit : « Après Defferre, Mitterrand. Si celui-ci est “le candidat de la gauche”, c'est seulement dans la mesure où il en exprime la déliquescence. [...] C'est un libéral au sens traditionnel du terme, qui s'oppose aux seuls pouvoirs institutionnels du général de Gaulle. » Dans certains cercles politiques, nombreux sont ceux qui se réjouissent, sur l'air de : « S'il veut y aller, qu'il y aille ! », tout en pensant *in petto* : « Cet ambitieux va se ridiculiser, nous serons enfin débarrassés de lui ! »

De ces douze semaines de campagne, je conserve des souvenirs chaleureux. Personne n'était assez naïf pour penser que François Mitterrand serait élu. Lui-même, pendant cette période, n'est jamais venu rue du Louvre. Quand il n'était pas en réunion ou en meeting, il travaillait chez lui, rue Guynemer, avec ses amis les plus proches.

La première conférence de presse a lieu à l'hôtel Lutetia. Y assistent des radicaux, des socialistes et quelques amis du candidat, d'anciens prisonniers, d'anciens préfets, sans oublier un observateur du parti communiste encore hésitant à soutenir un homme de gauche qui – loin s'en faut ! – n'est pas des leurs. La veille, François Mitterrand a reçu une lettre de Waldeck Rochet, secrétaire général du PCF, lui demandant d'exposer ses options. Il répond : « Au parti communiste, je fournirai tous les éléments d'information, sans négociation et sans programme. » Le PC, en retrait de la vie politique nationale depuis 1947, revient dans le jeu. Waldeck Rochet, lié à Mitterrand par une amitié vraie, nouée à Londres en 1943, annoncera donc le soutien du Parti à sa « candidature d'union des partis et organisations démocratiques ». François Mitterrand lui doit de pouvoir être le candidat unique de la gauche.

Le 4 novembre, le général de Gaulle annonce sa candidature. Sûr de lui, il pense, comme en 1958, qu'il sera plébiscité et traite par le mépris les inconscients et les insolents qui font campagne contre lui.

Le 21 novembre, une réunion de soutien à François Mitterrand est organisée au Lutetia, cette fois avec tous les chefs de parti. Toute la gauche est là. Assis côte à côte, on reconnaît Gaston Plissonnier, Georges Marchais, Waldeck Rochet, Guy Mollet et Charles Hernu.

Le candidat rédige une déclaration qui marque le départ de la gauche nouvelle. Les communistes demandent que le texte soit relu par Aragon. Il ne faut mécontenter personne. C'est moi qui me rends 58, rue de Varenne pour soumettre ces quelques feuillets à celui qui, pour moi, est avant tout l'auteur admiré d'*Aurélien* et de « La Rose et le Réséda ». Très intimidée, je sonne. C'est lui qui vient m'ouvrir. Il est en train d'écouter un microsillon de Johnny Hallyday. « Il ira loin, ce petit ! », me dit-il. Comment se douterait-il que Johnny ira jusqu'à Gstaad pour échapper au fisc du pays qui lui a tout donné ? Aragon lit le texte de Mitterrand. Et l'approuve. Je retourne à toute allure au Lutetia pour rapporter ces lignes, qui seront reproduites et largement distribuées à la presse.

Rue du Louvre, pas de concurrence. Personne ne pense au ministère qu'il occupera, aux hautes fonctions qui lui incomberont en cas de victoire. Nous nous disons : c'est un galop d'essai pour la prochaine fois. Un entraînement pour 1972. Car nous ne doutons pas des capacités et de la persévérance de notre candidat. Nous savons qu'il y aura une suite.

Lors d'une réunion d'anciennes élèves de l'EHECJF, je rencontre Édith Cresson, que son travail ne passionne pas. Comme nous nous estimons, sans être des amies proches, je n'ai aucun mal à la convaincre de venir remplir et cacheter des enveloppes pour le « candidat unique de la gauche ». Qui sait ? Peut-être ne serait-elle jamais entrée en politique si elle n'était pas passée par la rue du Louvre… Depuis, j'ai appris que, comme moi, elle aurait aimé faire Sciences Po, rue Saint-Guillaume ; si elle avait choisi l'EHECJF, c'était pour avoir très vite un métier et être libre. Elle l'a été. Trop, peut-être, à certains moments. Elle l'a payé cher – indûment.

La campagne est artisanale. Deux sortes d'affiches, un seul slogan : « Un président jeune pour une France moderne. » Envois de tracts et de programmes, des enveloppes par centaines, par milliers. Nous vivons dans une amicale complicité. De jeunes professeurs, des doctorants, des étudiants viennent rédiger des tracts, les plier, les glisser dans des enveloppes. C'est rue du Louvre que j'ai fait la connaissance de Stelio Farandjis, avec qui j'ai milité lorsqu'il était secrétaire général du Haut Conseil de la Francophonie ; là, j'ai retrouvé Annie et Louis Mermaz, Georges Beauchamp, Marie-Claire Papegay ; là, j'ai connu Laurence, Pierre Soudet et Paul Legatte ; là, j'ai gagné l'amitié de beaucoup de ceux et de celles avec qui j'allais partager des moments importants de ma vie.

Nous travaillons dans la hâte. François Mitterrand vole d'un meeting à l'autre, faisant vibrer les militants venus l'écouter. Seul candidat de gauche, il se soucie peu des autres prétendants. Jean Lecanuet, maire de Rouen, le « Kennedy français », est le candidat de la bourgeoisie bien-pensante qui refuse les méthodes expéditives du général de Gaulle et le traite de « bradeur d'Empire ». Marcel Barbu, atypique, voudrait faire entendre la « voix des sans voix ». La popularité de Pierre Marcilhacy, candidat du parti radical européen, ne dépasse guère les limites de la Charente.

Quant à la campagne de Jean-Louis Tixier-Vignancour, dirigée par Jean-Marie Le Pen, elle ne fédère que l'électorat d'extrême droite. Tixier est un extraordinaire tribun, qui a le sens de la formule et s'exprime avec chaleur et conviction, dans un français parfait. Ce talent oratoire, proportionnel à la hideur de ses propos, j'ai eu l'occasion de l'admirer au mois d'août : Tixier venait de commencer sa campagne par une tournée des plages. Mais François Mitterrand n'est pas moindre orateur. Lorsqu'il prend la parole à l'Assemblée, il fait salle comble ! Et il est bien rare qu'il lise ses discours. Il préfère s'appuyer sur ses notes et ses fiches, qu'il semble avoir rédigées hâtivement, sur un coin de table. Sa mémoire est parfaitement organisée et la perception qu'il a de son auditoire est telle qu'il sait dire ce qu'il faut au bon moment.

François Mitterrand connaissait bien les journalistes de la presse écrite, dont certains étaient proches de l'UDSR. En revanche, il se servait peu de la radio. Quant à la télévision, il la connaissait mal car elle l'avait toujours superbement ignoré. Ce fut pour lui l'épreuve la plus contraignante de cette campagne de l'automne 1965. Chacun de ses passages fut une épreuve. Le candidat remportait des triomphes dans tous les meetings et rassemblait sur son nom des dizaines de milliers d'électeurs mais, à la télévision il n'était pas convaincant, car elle ne le mettait pas en valeur. Elle lui renvoyait une image qu'il n'aimait pas et que son entourage, c'est-à-dire nous, n'aimait pas non plus. La caméra le gêne, l'intimide peut-être car il ne la maîtrise pas. Son ami Georges Dayan lui dit : « Attention, lorsque tu parles, on a l'impression que tu fais sans arrêt codes-phares avec tes yeux. » Et c'est vrai qu'il n'est pas agréable à regarder. Jean Lecanuet, lui, se donne l'air d'un homme moderne ; il s'était longuement entraîné avec ses « conseillers en communication », façon Kennedy. Même Barbu s'en tire mieux que le candidat socialiste, avec son air de clown triste, parfaitement approprié à son discours. Pierre Marcilhacy n'a aucun relief particulier. Tixier-Vignancour, très à l'aise, est en représentation. Mais le meilleur, incontestablement, est le général de Gaulle, qui se sert admirablement de cette technologie qui vient de faire irruption dans la politique. En 1965, la télévision n'est pas encore entrée dans tous les foyers et la France ne compte que 6 385 000 récepteurs. Or, grâce à la télévision, et quoique les postes soient encore énormes et les écrans petits, quelques événements ont pris une dimension mondiale : le mariage et le couronnement de la reine Elizabeth d'Angleterre, l'assassinat de Kennedy à Dallas, transmis en direct…

Le 4 décembre, ménage rue du Louvre : la campagne est terminée, il est temps de jeter les tracts, stencils, vieux crayons et autres buvards tachés, désormais inutiles. Nous nous donnons rendez-vous le lendemain soir, dimanche 5 décembre, au Cercle républicain, avenue de l'Opéra, où nous attendrons ensemble les résultats, dans l'amitié et l'enthousiasme.

Surprise ! De Gaulle n'obtient pas la majorité. Il est en ballottage. Avec 31,72 % des suffrages exprimés, François Mitterrand est admis au second tour. Lecanuet, 15,57 %, est loin derrière. Nous sommes heureux, sans arrière-pensée. Émus, aussi. François Mitterrand, qui n'a jamais été très démonstratif, a un geste affectueux pour tous ceux qui se sont mobilisés en sa faveur. Nous savons bien que, le 19 décembre, le général de Gaulle sera reconduit à la présidence de la République, mais notre devoir est de réunir le plus grand nombre de voix autour du candidat de la gauche. Nous avons deux semaines devant nous.

Dès le lundi 6, nous repartons pour quatorze jours de campagne. Partout, on réclame la présence de François Mitterrand, qui s'efforce de contenter le plus grand nombre… mais deux semaines, c'est court ! La ronéo à bout de souffle tourne nuit et jour. Comme par magie, les bénévoles semblent soudain plus nombreux. Le trésorier, Roger Chipot, fait le tour des amis pour récolter un peu d'argent. Des anonymes envoient des chèques, voire des billets glissés dans des enveloppes. Pour beaucoup de vieux militants, ce retour de la gauche, c'est comme si la famille revenait. Il faut tout faire pour gagner !

Le 19 décembre, le général de Gaulle est réélu. Oui, mais François Mitterrand a obtenu 44,65 % des suffrages exprimés. Il a désormais une stature de « présidentiable ». Ce soir-là, nous sommes réunis rue de Bellechasse chez Georges Bérard-Quélin, directeur de la Société générale de presse. Après une courte déclaration au Cercle républicain[1], François Mitterrand nous a rejoints. Les yeux fixés sur le petit écran, nous apprenons que le Midi a voté massivement pour notre candidat, qui arrive en tête dans vingt-quatre départements. Dix millions et demi d'électeurs ont voté pour lui, pour la gauche unie. Entre le 9 septembre et le 17 décembre, comme l'a écrit Claude Manceron, Mitterrand a gagné « cent mille voix par jour[2] ». Il a démontré que, unie, la gauche peut gouverner. Nous sommes au début d'un mouvement qui va ramener la gauche sur le devant de la scène.

La grande peur de Mai 68

Les élections législatives de 1967 ont lieu au printemps. François Mitterrand sait que la seule stratégie gagnante passe par l'union de la gauche. Il en a l'intime conviction. Gaston Defferre, bien qu'il l'ait vainement tentée, croit à l'alliance de la gauche non communiste et du centre. Mitterrand, lui, se méfie du centre : il ne lui fait pas confiance. Mais comment faire

1. *Cf.* document III, p. 289.
2. Claude Manceron, *Cent mille voix par jour*, Robert Laffont, 1992.

pour imposer les communistes sans lesquels – comme avec lesquels – rien n'est possible ? Un accord électoral peut séduire le PCF, moins puissant qu'il ne l'a été. Car il a perdu en crédibilité. La révolte hongroise de 1956, durement réprimée, la publication du rapport Khrouchtchev sur l'ère stalinienne, les témoignages d'écrivains, d'artistes qui ont fui le régime soviétique : tout cela a fait réfléchir les militants du parti de la Résistance, non du parti de la délation, de la répression et de la tyrannie. Quant à Waldeck Rochet, qui veut des responsabilités, il sait que son parti n'accédera jamais seul au pouvoir : le secrétaire général du PCF pèsera de tout son poids pour que soit conclu un accord électoral avec la gauche non communiste.

François Mitterrand doit d'abord se battre contre ses alliés politiques qui, pour la plupart, sont violemment anticommunistes. Pour avancer, il va s'appuyer sur des amis de longue date. Ceux de la Convention, bien sûr, et ceux de sa « famille » : Roland Dumas, Louis Mermaz, André Rousselet, Georges Beauchamp et quelques autres, peu nombreux mais solides – sans oublier Georges Dayan, l'ami de toujours, le meilleur qu'il ait jamais eu et peut-être le seul auquel il ait pu tout dire. Attachés par des liens qui dépassent la politique, ils ne le lâcheront jamais.

Le rassemblement s'opère en faveur de la Fédération de la gauche démocrate et socialiste (FGDS), qui fusionne le parti socialiste, l'UDSR, les radicaux-socialistes et divers clubs de gauche. En 1966, elle publie son programme et son accord de désistement électoral avec le PCF, au profit du candidat de gauche le mieux placé. Cet accord efficace permet à la gauche d'obtenir, à un siège près, le même nombre de députés que la majorité. Avec 46 % des suffrages exprimés, elle obtient le plus grand nombre de voix, mais d'habiles découpages donnent la majorité aux gaullistes, qui n'ont pourtant glané que 42,6 % des suffrages.

La gauche aperçoit le bout du tunnel. Elle commence à admettre que la stratégie mitterrandienne est la bonne. À coup sûr, elle remportera les prochaines élections ! Mais ce n'est pas la FGDS qui lui permettra de décrocher le pouvoir : trop d'individualités s'y opposent et refusent de coopérer. Il importe maintenant de réunir toute la gauche non communiste dans un grand parti capable de s'imposer à tous. Et pour commencer, conclure une plate-forme commune. C'est chose faite le 24 février 1968. Tous les espoirs sont permis.

Trop occupés à mettre en place leur stratégie d'union, les responsables de la gauche ne voient pas venir l'explosion de mai 1968. Ils n'ont pas senti le « ras-le-bol » de la jeunesse. Ils n'ont pas vu, comme l'a écrit Pierre Viansson-Ponté dans son éditorial du *Monde* du 30 avril, que « la France s'ennuie ».

À chaque jour de ce fameux mois de mai son lot d'événements, de manifestations, de désordres. De défilés en barricades, à Paris comme en province, les étudiants s'agitent et font voler les pavés. Ils sont peu à peu rejoints par les ouvriers et les employés. Les grèves gagnent tous les services publics. Les usines Renault cessent le travail à leur tour. Le 20 mai, la France compte vingt millions de grévistes. Plus de trains. Plus de transports publics. Plus d'essence.

Les journaux continuent à paraître, vendus par ceux qui les fabriquent, par leur famille et leurs amis : c'est ainsi qu'une semaine durant j'ai vendu *Le Monde* place Denfert-Rochereau. À la Sorbonne, à l'Odéon, dans les amphithéâtres des universités, on parle. Les étudiants des Beaux-Arts créent un atelier d'affiches qu'ils collent un peu partout. Les slogans s'étalent sur les murs. Certains sont drôles. Pendant des mois, on pourra lire sur le mur le plus haut de l'École des Beaux-Arts : « Aidez-nous, détruisez-vous. »

À l'ORTF, on s'agite. La télé, cet objet inutile que mon mari et moi avons acheté pour que nos quatre garçons puissent suivre les exploits de Jean-Claude Killy et des sœurs Goitschel aux Jeux olympiques d'hiver de Grenoble, se révèle soudain indispensable. Elle nous permet de suivre en direct les séances à l'Assemblée, les déclarations politiques et les interventions des professeurs et responsables de tous bords. Comme nous avons bien plus de vingt-cinq ans, nous ne comprenons pas grand-chose à ce mois de délire que d'aucuns appellent une « libération » ! Mais les leaders du mouvement étudiant sont plutôt sympathiques. Sauvageot, Geismar et Cohn-Bendit ne veulent la mort de personne, ils veulent le changement. Ils viennent d'entrer dans la vie des Français.

Pendant deux semaines, le gouvernement ne bronche pas et se contente d'envoyer la police au Quartier latin. Le 14 mai, le général de Gaulle est en voyage officiel en Roumanie où il doit rester jusqu'au 20 ; il rentre le 19 et, au cours d'une allocution télévisée destinée à calmer les esprits, déclare : « La réforme, oui ; la chienlit, non. » Cela n'émeut personne. Puis Daniel Cohn-Bendit est interdit de séjour en France. Les étudiants défient la police et défilent en scandant : « Nous sommes tous des Juifs allemands. »

Le samedi 25 mai, le Premier ministre, Georges Pompidou, réunit rue de Grenelle patrons et centrales ouvrières. Les discussions durent jusqu'au lundi matin à 7 h 15. L'entente ouvriers-étudiants se fissure. La CGT dit clairement « non » à l'aventure et accepte les propositions du gouvernement, en vertu du vieux principe de sagesse populaire : « Un tiens vaut mieux que deux tu l'auras. »

Mais l'ordre ne revient pas. Le mardi 29, de Gaulle disparaît. Il est parti pour Baden-Baden, apprend-on, trouver le général Massu. Que se disent les deux hommes ? On ne sait. Toujours est-il que, dès le 30 mai, le Président est de nouveau à son bureau, d'où il annonce la dissolution de l'Assemblée nationale et des élections anticipées au mois de juin. Entraînés par Malraux et les gaullistes historiques, un million de Parisiens remontent aussitôt les Champs-Élysées en clamant leur fidélité au Général. Beaucoup de ces manifestants sont d'autant plus arrogants qu'ils ont eu peur, peur d'un mouvement qu'ils ne comprenaient pas, peur pour leurs biens, peur aussi pour leurs enfants qui divaguaient dans les rues et refusaient de passer leurs examens. Mais les vrais gagnants de ces jours de folie furent les épiciers, qui écoulèrent aux bons Français, convaincus qu'ils allaient manquer de tout, leurs stocks de conserves, de pâtes et de sucre. Lorsque nous sommes arrivés en Dordogne pour les vacances, nos voisins nous ont considérés comme des rescapés et l'épicier n'avait plus une boîte de petits pois en réserve, dans un pays où tout le monde en fait pousser dans son jardin… La « révolution » se fit aussi dans les placards à provisions et dans les stocks des supermarchés !

Tout s'acheva comme on sait. L'essence retrouva le chemin des pompes, les Français firent le plein et filèrent à la campagne et sur les plages pour profiter du pont de la Pentecôte. L'Assemblée fut dissoute, des élections eurent lieu, la droite triompha (358 sièges sur 485 !) et la gauche perdit tout ce qu'elle avait gagné depuis 1965. Le parti communiste perdait trente-neuf sièges, la FGDS soixante et un et les centristes, quinze. Quant au PSU, il avait disparu. Pierre Mendès France a perdu son siège, François Mitterrand a conservé le sien, mais ni les étudiants, ni les syndicats ne se sont tournés vers ceux qu'ils appellent « les politiciens du passé ». À François Mitterrand, ils reprochent la guerre d'Algérie, sa présence dans tous les gouvernements de la IVe République, l'alliance avec les « staliniens ».

Comme les cinquantenaires de la méritocratie, François Mitterrand n'a rien compris à cette crise. Apprenant que de Gaulle avait quitté Paris, devant le vide des institutions, l'absence de discours et de concertation, il s'est déclaré candidat. À contretemps. Trop tôt, mais surtout trop tard. Fallait-il regarder passer sans rien dire ? Que voulaient-ils, ces enfants de bourgeois qui avaient la chance d'aller à l'université, dans les grandes écoles, aux portes des lieux de pouvoir, soutenus intellectuellement et matériellement par leurs parents ? Dans un premier temps, il ne les a pas pris au sérieux, comme d'ailleurs aucun des partis politiques, qui ne voulaient rien savoir de mouvements qu'ils n'avaient pas pu ni su imaginer.

Dans les médias, la droite, qui a failli perdre les élections un an auparavant, réussit à faire passer la démarche de François Mitterrand pour de l'aventurisme. Elle était pourtant fort démocratiquement correcte ! Mais aucune personnalité de gauche ne l'a soutenue. Lorsqu'il a demandé à Pierre Mendès France s'il pouvait compter sur lui au stade Charléty, où devait se tenir un meeting devant les ouvriers et les étudiants, l'ancien président du Conseil a décliné son invitation, obligeant Mitterrand à se décommander lui-même, au risque de paraître dissocier les actes et le discours. Dans ce contexte, sa déclaration est apparue comme celle d'un politicien et non d'un porte-parole de la gauche. Il lui faudra des mois pour effacer ce faux pas. À de tels incidents, on voit que Pierre Mendès France, qui, lui, était allé à Charléty, n'aimait pas François

Mitterrand. À la fin de sa vie, en 1982, quelqu'un lui demanda ce qu'il pensait du nouveau président de la République. « Mitterrand, c'est ça », répondit-il en mimant de la main le mouvement sinueux de l'anguille échappant à toute prise. Quant à lui, il avait toutes les qualités d'un homme d'État, sauf une : prendre le risque d'échouer.

Le référendum de 1969 allait pourtant déstabiliser les gaullistes. À la question alambiquée que leur posait le Général, les Français répondent « non ». 57,41 % d'entre eux refusent la disparition du Sénat et la décentralisation. Comme il l'a annoncé, de Gaulle abandonne le pouvoir, laissant la France à ses caprices et ses difficultés. À gauche, on ne fait pas assaut de candidatures. Avec raison, François Mitterrand pense que le moment de se lancer dans la course n'est pas venu. Le PCF désigne Jacques Duclos. Les socialistes proposent un « ticket » Defferre-Mendès France : l'un serait Premier ministre, l'autre président de la République. À droite, deux hommes briguent la magistrature suprême : Georges Pompidou, ex-Premier ministre du Général, et Alain Poher, président du Sénat. Tous ces choix ne sont guère excitants. Restent Michel Rocard, le plus jeune, venu du PSU, le révolutionnaire Alain Krivine, encore sous les drapeaux, et un certain Louis Ducatel, ingénieur et entrepreneur, inconnu qui le restera.

Le premier tour a lieu un beau dimanche de juin. Au second tour, Georges Pompidou l'emporte sur Alain Poher. L'ancien normalien, ancien professeur de lettres, ancien cadre de la banque Rothschild, ancien Premier ministre du Général, auteur d'une honorable anthologie de la poésie française, fume des Gitane et semble avoir les pieds sur terre. En mai 1968, il a d'ailleurs assez bien négocié les « accords de Grenelle » et renvoyé les travailleurs à leur travail, jouant de la chance que cette révolte n'ait fait aucun mort – ce dont on ne louera jamais assez le préfet Grimaud.

Jacques Duclos, cependant, n'a pas à rougir de son résultat, ni de sa formule « bonnet blanc et blanc bonnet », qui a fait rire la France entière aux dépens des deux candidats de la droite libérale. C'est peu après que le PCF quitte la place Kossuth, dans le IXe arrondissement, pour s'installer place du Colonel-Fabien, dans un immeuble dessiné par Niemeyer, l'architecte de Brasilia – peut-être le bâtiment le plus moderne de Paris à cette époque.

Et la gauche non communiste ? Elle est laminée et ne sait plus à quel leader se vouer. Gaston Defferre, authentique homme politique, se remet difficilement du petit score réalisé par le tandem qu'il formait avec Mendès France. La Fédération de la gauche a échoué : personne n'y croyait vraiment.

Après de Gaulle

Et la vie politique reprend, calme, terne, ennuyeuse. Elle se résume à quelques colloques sur des sujets abscons, quelques petites discussions entre amis et à la lecture d'une poignée d'hebdomadaires et du *Monde*, que son fondateur Hubert Beuve-Méry s'apprête à quitter. Comme beaucoup d'hommes de sa génération, lui aussi a été surpris par le mouvement de Mai ; il n'a pas compris les revendications de ces jeunes gens aux cheveux longs, à ses yeux des privilégiés.

À l'université, Raymond Aron poursuit son travail d'universitaire. Sartre joue les agitateurs. Le monde bouge, particulièrement en Inde et en Chine, mais l'Europe ne le voit pas. L'Afrique est maintenant formée de plus d'une quarantaine d'États indépendants.

L'Apartheid étrangle l'Afrique du Sud. Les États-Unis se débattent dans le guêpier vietnamien, où la plus puissante armée du monde est défaite par des soldats à bicyclette. Le président Kennedy, dont la popularité était grande en France et dans le monde, est mort sous les balles d'un tueur dont on ne veut pas savoir qui a armé le bras. La France chante avec Dutronc, Hardy, Sheila, Johnny et les autres. Les cinéphiles acclament Truffaut, Noiret, Sautet, Demy, Deneuve, Resnais, Trintignant, Anouk Aimée et les grands Italiens : Fellini, Antonioni, Bertolucci. On sort d'*Un homme et une femme*, qui a fait découvrir Claude Lelouch, en chantonnant « chabadabada ». Sans le savoir, nous sommes au cœur des « Trente Glorieuses » : trentenaires et quarantenaires vivent mieux que n'ont vécu leurs aînés, les machines à laver entrent dans tous les foyers et Noël donne lieu à une débauche de nourriture et de choses inutiles. Il n'est pas rare qu'un couple de cadres moyens possède deux voitures. L'été, partir en vacances est devenue chose commune. Les caravanes envahissent les premières autoroutes. Le Club Méditerranée est en pleine expansion. Les formules « tout compris » ont la faveur des cadres.

Quant à Georges Pompidou, Président plutôt débonnaire, il évite toute initiative susceptible de troubler la France des bourgeois et la France des ouvriers. La guerre d'Algérie est oubliée, les pieds-noirs n'ont qu'à se débrouiller. Quant aux harkis, tant pis pour eux : ils n'auraient pas dû se placer du mauvais côté. La société française apprend à devenir égoïste et ne veut surtout pas entendre parler de la souffrance et de la misère. Pourtant, nombreuses sont les associations qui s'efforcent de soulager le malheur de ceux qui n'ont « pas eu de chance ». Mais l'Abbé Pierre et les Compagnons d'Emmaüs, le père Joseph Wresinski et

Aide à toute détresse ne peuvent toucher qu'une frange de la « société de consommation ». Tout le monde veut toujours plus.

Un matin de novembre 1969, une nouvelle met en émoi la France et le monde : le général de Gaulle est mort à Colombey-les-Deux-Églises, dans la maison qu'il a achetée peu de temps avant la guerre, dans un pays qui lui ressemblait, austère et peu souriant. La Haute-Marne n'était pas loin des terres pour lesquelles il avait combattu pendant la Première Guerre mondiale. Cette mort tranquille, à côté de sa femme, dans son salon, alors qu'il faisait une réussite, laisse le pays incrédule : les Français, qui tous, peu ou prou, ont été gaullistes à un moment de leur vie, doivent se résoudre à murmurer : « *Sic transit gloria mundi.* » L'église de Colombey n'est pas assez grande pour contenir l'assistance qui s'est pressée, nombreuse et recueillie, pour voir le départ d'un grand homme. Ils sont tous là, les compagnons, ceux des bons et des mauvais jours et bien d'autres encore, fiers et heureux de pouvoir dire : « J'étais à Colombey. » Assistent à la cérémonie des chefs d'État et de gouvernement étrangers, mais une cérémonie spéciale est prévue pour les chefs d'État africains, qui doivent au Général et leur titre et l'indépendance de leur pays. Pour eux, un train spécial a été formé à la gare de l'Est ; ceux qui accompagnaient ces présidents émus n'oublieront pas les sanglots de Jean-Bedel Bokassa, loin alors de se douter qu'il finirait sa vie en exil en sombrant dans le beaujolais. Ce jour de novembre 1969, le futur Empereur de Centrafrique supplie son « papa » de ne pas l'abandonner.

La vie politique reprend sans histoire, jusqu'à l'explosion de l'« affaire Markovic », sordide manipulation impliquant des acteurs connus, qui éclabousse le couple présidentiel. Ceux que l'on n'appelle pas encore les « people » se ruent avec délectation sur ce scandale. Mais François Mitterrand, qui a lui-même souffert de la calomnie, refuse énergiquement de salir l'honneur des Pompidou – lesquels lui en seront toujours reconnaissants.

Depuis trois ans, le député de la Nièvre est en retrait de la vie politique. Depuis que ses amis ont été balayés par la tornade de mai 1968, il se sent un peu seul à l'Assemblée. Or, il sait qu'il lui faudra aller aux prochaines échéances électorales avec un grand parti derrière lui. Alors, il réfléchit. Il écrit. En 1969 paraît *Ma part de vérité*, un livre d'entretiens avec Alain Duhamel. Il explique, parle, écoute, veut convaincre. Il voyage. Enfin, il annonce sa présence au Congrès des socialistes, qui doit se tenir les 11, 12 et 13 juin 1971 à Épinay-sur-Seine, ville sans histoire de la banlieue parisienne. Il s'y prépare avec patience et intensité. Six tendances s'affrontent dans ce parti qui ressemble plus à une fédération de courants qu'à un solide parti unifié, quoiqu'il porte toujours le nom de SFIO : la Section française de l'Internationale ouvrière. À la droite du parti, les grandes fédérations du Nord et des Bouches-du-Rhône, emmenées par Pierre Mauroy et Gaston Defferre, se résigneront à suivre Mitterrand. Ils ont accumulé les griefs à l'encontre de Guy Mollet, discrédité, qui a subi trop de revers personnels et n'a pas su garder au parti sa force et son prestige : selon eux, il ne peut plus assumer la direction du mouvement.

La gauche du parti, c'est d'abord le CERES, essentiellement constitué de jeunes diplômés, appartenant à la fonction publique, qui ont adhéré à la SFIO par rejet du PCF. Pour eux, la « vieille maison », c'est quelque chose comme la maison des parents pour les adolescents qui ont quitté le domicile familial, mais qui reviennent y laver leur linge et chercher des provisions. À la Cité

Malesherbes, on leur donne un peu d'argent, un lieu de réunion et la possibilité de se faire entendre. Pour eux, Mitterrand est celui qui saura bousculer les communistes et leur parler de programme commun. Comme Mitterrand sait les écouter et comprend leur impatience, ils vont se ranger derrière lui.

Jean Poperen a quitté le parti communiste, où son frère Claude joue encore un rôle important. Avant d'être un des lieutenants de François Mitterrand, il soutient jusqu'au bout, loyalement, celui qu'il considère comme le légitime premier secrétaire, Alain Savary, homme estimable s'il en est, mais qui n'est pas un vrai politique : il ne fera pas le poids face à un homme déterminé à conquérir le pouvoir. François Mitterrand, pourquoi pas ? Les conventionnels vont l'aider à bâtir une alliance entre la droite et la gauche du parti, laissant le centre face à ses questions sans réponse.

Le 13 juin 1971, après un discours mémorable, François Mitterrand se rend maître du parti socialiste. Un peu par hasard, je suis dans la salle. J'y ai accompagné un ami togolais auquel on avait dit : « Tu dois aller à Épinay. Tu verras ce qu'est un grand leader politique. » Sachant que je connaissais François Mitterrand, il m'a demandé de l'emmener, de crainte qu'on lui refuse d'entrer. Nous arrivons au moment où commence son discours. Assis dans le fond de la salle, nous l'entendons expliquer ce qu'il attend de la formation politique qu'il veut pour la gauche et comment il entend l'amener au pouvoir.

Avant de regagner Paris, je vais saluer François Mitterrand et tous mes amis de la Convention. Leur bonheur d'avoir gagné fait plaisir à voir. Nous savons que nous venons d'assister à un moment important de l'histoire du socialisme. À la tête d'une équipe pour le moins hétéroclite qui regroupe Gaston

Defferre, Jean-Pierre Chevènement et ses amis, Pierre Joxe, protestant marxiste nourri de Saint-Just, Pierre Mauroy, né socialiste et donc ennemi des communistes, Georges Dayan, qui sera son médiateur chaque fois qu'il faudra expliquer et convaincre, François Mitterrand vient de conquérir le secrétariat du parti socialiste. Il aura bataillé plus de cinq ans pour réunir la gauche non communiste.

Le congrès d'Épinay bouleverse la donne politique. Avec une maîtrise et une intelligence remarquables, François Mitterrand s'apprête à faire de la vieille SFIO, que Guy Mollet ne contrôlait plus et qu'Alain Savary n'a pas su tirer de ses ornières, un parti jeune, neuf, attirant. L'espace d'un dimanche après-midi, à la salle des fêtes d'Épinay, un homme qui n'avait pas sa carte du parti le matin s'en est rendu le maître incontestable, sinon incontesté. Ceux qui ont assisté à cette séance ne l'oublieront jamais. Candidat naturel de la gauche aux prochaines élections présidentielles, disposant désormais d'une organisation de masse, Mitterrand peut accomplir de grandes choses. Son objectif : transformer un vieux parti essoufflé en « machine à rassembler tous les électeurs de gauche ». Il l'a dit : « Qu'allons-nous faire de l'unité ? Et surtout, comment allons-nous faire ? [...] Maintenant que notre parti existe, je voudrais que sa mission soit d'abord de conquérir. [...] Je souhaite que le parti prenne le pouvoir[1]... »

François Mitterrand va dépoussiérer la « vieille maison » de la Cité Malesherbes, garder près de lui ceux qui ont sa confiance et donner du souffle à une politique nouvelle, mobilisatrice. Il commence à préparer l'échéance présidentielle de 1976. Mais avant, il y a d'autres consultations électorales à gagner. Pour cela, il

1. Discours du dimanche 13 juin 1971 à Épinay-sur-Seine.

met au point un programme intitulé « Changer la vie ». Il est adopté en 1972 à Suresnes, le fief de Robert Pontillon[1] et de sa femme Majo, dont j'ignore encore qu'elle sera pour moi plus qu'une camarade ; plus de trente ans après, je porte toujours la croix qu'elle m'a donnée lorsque j'ai dû subir une grave intervention chirurgicale en 1976. Pour être anticléricaux (et comment leur donner tort ?), les socialistes n'étaient pas butés !

AU TRAVAIL !

C'est après ces deux congrès fondateurs du nouveau parti socialiste, Épinay et Suresnes, que je suis retournée travailler auprès de François Mitterrand.

À cette époque, je m'occupe à Paris de la Société africaine d'édition que possède et dirige Pierre Biarnès, le correspondant du *Monde* à Dakar. En 1966, il a fondé *Le Mois en Afrique*, dont le rédacteur en chef est mon mari. Puis, en janvier 1968, nous avons lancé le bimestriel *L'Afrique littéraire et artistique*, dont j'ai depuis la complète responsabilité. Nous sommes installés dans un petit appartement rue de la Banque, qui présente l'avantage d'être proche de la rue des Italiens où travaille mon mari, grand reporter au *Monde*, spécialiste de l'Afrique. Puis nous avons déménagé et trouvé un local rue de l'Échiquier où la Société africaine d'édition restera jusqu'en 1982, soit près de treize ans.

J'aime ce travail qui consiste à recevoir de jeunes auteurs, choisir des manuscrits, essayer de constituer

1. Robert Pontillon (1921-1992), ancien responsable aux relations internationales de la SFIO, ancien représentant en Afrique de la Radiodiffusion française, directeur de la SORAPOM, alors maire socialiste de Suresnes.

des numéros thématiques cohérents. Mais nous manquons d'argent. Chaque mois ou presque, nous devons retarder le paiement de l'imprimeur et les piges des journalistes sont rémunérées au tarif syndical. Nous faisons nous-mêmes le timbrage et l'envoi des revues. Mes fils et quelques-uns de leurs copains gagnent un peu d'argent de poche en mettant les revues sous enveloppes après les avoir timbrées, puis ils les enfournent dans des sacs que nous allons porter à la poste dans des caddies. Heureusement, la poste du boulevard Bonne-Nouvelle n'est pas loin !

Mon mari et moi nous sommes payés régulièrement, jusqu'au jour où les abonnements sont devenus denrée rare. Les chemises de courrier débordent de promesses, mais les listes d'abonnés ne s'allongent pas. On promet de nous aider, on trouve notre travail intéressant et même nécessaire, mais les « bons d'engagement », gages de prises d'abonnements par les institutions, tardent à arriver. Or nous avons acheté un appartement et mon salaire sert à payer les traites. Le jour où mon salaire n'est plus versé régulièrement, je décide de chercher un travail salarié ; je continuerai à m'occuper de *L'Afrique littéraire* en fin de semaine et pendant les vacances, mais le reste du temps il me faut absolument trouver trois mille francs chaque mois. Grâce à un ancien condisciple du Centre de formation des journalistes, je commence par trouver un emploi au service de presse de la régie Renault. Déjeunant avec Édith Cresson, je lui lance alors en riant : « Tu diras à Jacques que je vais travailler chez son concurrent ! » Son mari, en effet, avait un poste très important chez Peugeot. Édith me peint alors un tableau effrayant de cet univers d'horaires serrés, de rentabilité obligatoire, et me demande pourquoi je ne travaillerais pas plutôt au parti socialiste. « François Mitterrand cherche des gens de confiance, me dit-elle. Tu devrais aller le voir. » Le soir même, je lui téléphone.

François Mitterrand me reçoit le lendemain, avenue d'Eylau, chez sa belle-sœur Christine et son beau-frère Roger Hanin. Il a quitté la rue Guynemer et les aménagements de la rue de Bièvre ne sont pas terminés. Nous sommes en mai 1973, quelques jours avant le congrès du parti à Grenoble. Il me dit : « Venez au congrès. Si ça vous plaît, vous vous installerez à la Cité Malesherbes. »

J'avais assisté au Congrès de Suresnes. Je pouvais reconnaître quelques visages, mais je n'étais liée à aucun de ceux qui avaient rejoint les conventionnels. Avec Édith, qui a appartenu à la FGDS et travaille comme consultante dans une entreprise de conseil aux entreprises, nous partons donc pour Grenoble. J'y retrouve mes anciens amis de l'UDSR et de la Convention. Je fais aussi la connaissance de quelques militants bien décidés à suivre François Mitterrand, parmi lesquels Lionel Jospin et les principaux animateurs du CERES. J'assiste aux débats. Je retrouve une atmosphère que j'aime. À maintes reprises, nous avons croisé ceux de « Lip », venus vendre des montres sur un stand. Leur trésor de guerre. C'est une première : des ouvriers sont partis avec le produit de leur travail car le patron ne pouvait pas – ou ne voulait pas – les payer. L'autogestion serait-elle en marche ? En tout cas, c'est décidé : je n'irai pas chez Renault !

Avant de quitter Grenoble, je demande un rendez-vous à François Mitterrand. « Alors, ça vous a plu ? me dit-il. Vous voulez nous rejoindre ? Comment les trouvez-vous, tous ces socialistes ? » Je ne me démonte pas : « J'ai vu beaucoup de divas, mais je veux bien chanter dans les chœurs. » Je suis embauchée. Enfin, presque : il me reste à passer l'épreuve de la direction du personnel. Envoyée par le premier secrétaire, j'ai toutes les chances d'être acceptée. Raymond Vaillant me délivre un petit discours sur la nécessité du travail, du respect des horaires, de l'esprit militant, croyant sans doute que j'ignore tout d'un parti politique. Néanmoins, je l'écoute avec attention. Puis il m'assigne un bureau, plus exactement une chaise. Je viens d'entrer à la Cité Malesherbes et j'ignore où cela m'emmènera.

Ma première chance, en me présentant dans tous les bureaux, fut de tomber sur deux hommes exceptionnels. Ce sont eux qui vont m'enseigner le fonctionnement de la Cité. Ce qu'il faut prendre et ce qu'il faut laisser. Daniel Mayer et Albert Gazier seront, dans cette aventure, mes deux parrains, mes bonnes fées. Je leur dois d'avoir compris assez vite le mode d'emploi de ce lieu étrange, en pleine rénovation. Ma chance est qu'ils aient fait partie des plus fervents supporters de François Mitterrand à Épinay-sur-Seine.

À la Cité Malesherbes sont également installés les locaux du journal *L'Unité*. Claude Estier y veille jalousement sur son équipe : pas question de s'y infiltrer. Mais je viens pour être assistante, pas journaliste. Sans savoir exactement ce que cela signifiait, François Mitterrand m'a dit : « Vous ferez les notes que je vous demanderai. » C'est en octobre 1973 que l'on me confie un premier rapport. Il s'agit des résultats des élections cantonales d'octobre 1973, qui ont renouvelé le tiers des conseils généraux et vu basculer la Bretagne dans le socialisme.

À cette époque, Claude Estier avait une secrétaire très pittoresque, Rolande, que chacun connaissait à la SFIO. Un jour qu'il cherchait Estier, François Mitterrand était entré dans son bureau sans la voir. Avant qu'il eût tiré la porte, on entendit Rolande s'exclamer de derrière une étagère : « C'est ça, parle à mon cul, ma tête est malade ! » Rencontrant Estier dans l'escalier, François Mitterrand, qui était l'homme le mieux élevé du monde, lui dit simplement : « Il y a une espèce de furie dans votre bureau, je n'ai rien compris à ce qu'elle m'a dit. » Nous en avons ri des jours entiers.

Chaque mardi matin, nous nous réunissons rue de Bièvre, où je me rends avec Lionel Jospin, qui habite Sceaux où il enseigne à l'IUT. Nous faisons la route en 2 CV. En chemin, nous essayons d'imaginer ce que seront les mois et les années à venir. Au rez-de-chaussée d'un petit immeuble ayant appartenu à un loueur de diables et de voitures pour marchands des quatre-saisons, nous sommes une dizaine autour d'une table de salle à manger. Rien de luxueux ni de prestigieux : François Mitterrand n'habite pas un hôtel particulier comme on en voit sur le quai de la Tournelle. Un bel escalier, que j'ai toujours peur de dévaler, distribue de petites cellules qui n'ont rien de grandioses salles de réception. Sagement, les Mitterrand ont fait installer un ascenseur. Son bureau, niché sous le toit, est trop petit pour que dix personnes puissent s'y réunir. Dans le bureau de Marie-Claire, sa secrétaire, il n'y a place que pour un bureau et une chaise. Et partout, des étagères, des livres et encore des livres.

En pleine préparation des prochaines échéances électorales, François Mitterrand a demandé au petit groupe que nous formons de lui fournir de la documentation pour répondre aux interviews. Je suis chargée d'anticiper les questions d'un journal qui s'intéresse à la politique africaine qu'il entend mener s'il est porté au pouvoir. Ma « copie » ne lui paraissant guère documentée sur les questions économiques, il m'envoie chez Jacques Attali. « Vous le trouverez facilement, me dit-il, il est au Conseil d'État. Vous verrez, il est très bien, c'est Georges Dayan qui me l'a présenté.

Il est très intelligent et il sait tout sur tout. » Nous avons rendez-vous au café le plus proche du Conseil d'État. Jacques Attali me regarde comme une ignorante, mais, pour le premier secrétaire, accepte de se charger du pensum.

En campagne

Après quatre ans d'exercice du pouvoir, la maladie qui ronge le président de la République ne peut plus être cachée. Ses apparitions à la télévision donnent de lui l'image d'un homme fatigué au visage enflé. Deux collaborateurs doivent le porter pour lui permettre de marcher. On dit qu'il souffre, mais il fait preuve d'un courage remarquable. Et chacun de parier sur la mort certaine de Georges Pompidou. La seule question est de savoir quand.

Un soir de mars où j'ai invité à dîner Jacques Fauvet – directeur du *Monde* –, sa femme, François et Danielle Mitterrand, la conversation tombe naturellement sur la santé du Président. Fauvet dit à Mitterrand : « Pompidou va mourir au printemps et vous n'aurez pas eu le temps de réunir toute la gauche autour de vous. Il vous manquera deux cent cinquante mille voix et la droite vous battra. » Fauvet parti, Mitterrand lâche : « Pompidou n'est pas aussi malade qu'il le dit. Il vivra au moins jusqu'à l'automne. À ce moment-là, les deux cent cinquante mille voix qui me manquent aujourd'hui, je les aurai. »

C'est à Pâques, en Italie, où nous sommes partis en vacances, que nous apprenons la nouvelle. Elle s'étale en grosses lettres noires à la une d'un journal déployé par un passant, dans une galerie de Turin : « *E morto Pompidou.* » Jacques Fauvet avait raison. Georges Pompidou a lutté avec courage contre la maladie de

Waldenström, qui l'a emporté en quelques mois. Au grand désespoir de Pierre-Henri, notre troisième fils, il nous faut rentrer dare-dare à Paris, où Philippe doit recueillir pour *Le Monde* les réactions des chefs d'État africains. Dans la 304, nous écoutons les nouvelles avec étonnement : dès le 4 avril, Jacques Chaban-Delmas se porte candidat, alors que les Assemblées et le gouvernement sont encore en train d'honorer la mémoire du Président défunt. Celui qui se voulait « un homme simple » était avant tout un homme habile, qui avait mis en route les réformes que le Général n'avait pas osées. Ses cinq années de présidence ont plus compté que ce que l'on a pu en dire ou écrire. Il est inhumé à Orvilliers, le plus simplement du monde, après une messe chantée à Notre-Dame où se sont pressés tous ses pairs.

François Mitterrand aura pour lui une phrase qui le dépeint aussi : « Peut-être était-il plus grand qu'il ne fut. » Quant à sa candidature, elle ne fait aucun doute.

Le 7 avril, dix-sept candidats se sont déclarés, représentant toutes les couleurs de l'éventail politique français. Edgar Faure et Pierre Messmer ne font qu'un tour de piste avant de s'éclipser. Valéry Giscard d'Estaing entre en scène le 8 avril, en même temps que François Mitterrand qui annonce sa candidature depuis la Mutualité. Il sait que les communistes, le PSU, la CGT et la CFDT feront campagne pour lui. Le 18 avril, Roger Frey, président du Conseil constitutionnel, publie la liste officielle des douze candidats en lice.

Impossible d'installer un état-major de campagne à la Cité Malesherbes : il faut trouver un vaste espace dans un immeuble moderne et facile d'accès. François Mitterrand aime la tour Montparnasse, symbole de modernité : il n'est pas de ceux qui voudraient la raser ! Encore partiellement inoccupée en 1974, nous y investissons un étage où nous allons vivre des heures riches et heureuses.

Les socialistes sont confiants. Ils ont un bon candidat, les élections législatives de mars 1973 leur ont donné 20,84 % des voix, les communistes en ont obtenu 21,4 %. L'autorité de François Mitterrand, son charisme, lui permettent de faire entrer dans son groupe d'experts communistes, ex-gauchistes, trotskistes, jeunes énarques, intellectuels et idéalistes de tout poil.

Commencée début avril, la campagne durera jusqu'au 19 mai. Six semaines de travail, d'agitation, d'enthousiasme, de rencontres, de réunions, de meetings, de tracts, de lettres à des centaines d'associations. La presse de gauche soutient François Mitterrand. Même *Charlie Hebdo* ! Je me souviens d'une couverture montrant un dévoreur de sandwich, sous la légende : « Le couteau est dans le saucisson. » À cette époque, le PCF est encore le parti du « couteau entre les dents » ! Tout le monde veut gagner. Le socialisme à visage humain doit triompher.

François Mitterrand sillonne la France, mais il ne néglige pas le Morvan. Un matin d'avril, devant un noyer encore dénudé, je le vois donner une leçon de botanique – matière qu'on n'enseigne pas à l'ENA – à quelques jeunes gens fiers de leur importance. En Beauce, un ancien combattant qui a le cœur à gauche dit à mon père : « Tu ne voudrais pas qu'on vote pour un type qui a un château à Chinon ? »

La droite joue habilement avec la peur des électeurs et leur décrit un avenir épouvantable où la France, abandonnée par ses alliés, isolée, aurait perdu toute influence. C'est à peine si on ne prévoit pas l'ouverture de goulags pour les mal-pensants. Jusqu'au matin du 19 mai, affiches, tracts, journaux sont largement distribués, promettant des lendemains qui déchantent. Dans la Nièvre, des électeurs ont dit à leur député, passé les saluer : « Vous savez qu'on vote pour vous. Comme député, vous êtes très bien. Mais, comme Président, on ne veut pas de vous. Vous arrivez avec les Rouges et vous allez tout nous prendre. Vous ne nous paierez même plus nos retraites »… Nous ne pouvons pas imaginer que les Français puissent se laisser intoxiquer par de telles bêtises. Mais un soir, notre fils cadet, en cinquième au lycée Marie-Curie, à Sceaux, est rentré bouleversé : « Mais comment va faire François Mitterrand quand il aura toutes les maisons de campagne de France ? » Le père d'un de ses amis lui a dit qu'il les prendrait toutes s'il était élu ! Et de s'imaginer le président de la République confronté, comme nous dans notre petite maison, aux problèmes de toiture, de plomberie et aux pannes diverses… mais multipliés par des milliers !

La campagne est rude, mais exaltante. La « Tour » fonctionne vingt-quatre heures sur vingt-quatre, jour et nuit. Il n'est pas question de semaine de trente-cinq heures ! D'ailleurs, qui y pense lorsqu'il aime son travail ? Jacques Attali, sous le pseudonyme de Simon Ter, a réuni autour de lui des polytechniciens, des énarques, des économistes qui rédigent des notes sur tous les sujets imaginables. Nous écrivons aussi bien aux pêcheurs à la ligne qu'aux retraités de la SNCF, aux anciens combattants, aux propriétaires mécontents, aux déçus de toutes les promesses non tenues. Toutes les catégories de défavorisés sont passées en revue : veuves de guerre, orphelins, handicapés, chômeurs. Par moments, on en viendrait à croire que la France est le pays de tous les malheurs du monde. Mais c'est le propre d'une campagne électorale que de vous confronter au malheur. Le bonheur, seul le candidat a le droit d'en parler. Un monde juste, une France généreuse, des travailleurs heureux... Ce pays idéal qu'il décrit chaque soir, quelquefois à deux reprises, je me demande souvent s'il le rêve ou s'il le voit vraiment. C'est le devoir d'utopie, sans le soutien de laquelle la politique n'existe pas.

Le 17 mai, la campagne s'achève. Le dernier meeting a lieu à Toulouse, devant des dizaines de milliers d'hommes et de femmes qui croient à la gauche, à l'alternance. Nous sommes nombreux à accompagner François et Danielle Mitterrand. La foule qui se presse au stade dépasse ce que nous imaginions. Leur enthousiasme est impressionnant, leur fièvre, leur bonheur sont contagieux. Dans l'avion du retour, nous sommes certains que François Mitterrand sera élu dimanche, qu'il va récolter ce qu'il sème depuis des années. Pourtant, nous savons que le face-à-face télévisé avec Valéry Giscard d'Estaing n'a pas tourné à l'avantage du candidat de la gauche, que les sondages ne donnent pas vainqueur. Sur ma route, de la tour Montparnasse à Sceaux, les affiches « Giscard à la barre » sont partout. Nous savons que lui aussi rassemble des foules qui l'acclament.

Le samedi 18 et le dimanche 19 mai semblent ne devoir jamais finir, alors que les journées de la campagne passaient trop vite. Si le temps se mesure en heures de soixante minutes, il a des valeurs relatives. C'est très long d'attendre. S'il y a des moments où l'on souhaite que le temps suspende son vol, il en est d'autres où l'on voudrait qu'il l'accélère !

Le dimanche soir, lorsque j'arrive à la tour, l'atmosphère est lourde. Les sondages « sortie des urnes » ne disent rien de bon. À 20 heures, on sait de façon certaine que François Mitterrand ne sera pas le prochain président de la République. Nous sommes tristes et déçus, dépités aussi. Pourquoi les Français ont-ils choisi un homme qu'ils connaissaient à peine il y a deux mois ? Voulaient-ils vraiment un ministre des Finances à l'Élysée ? François Mitterrand aura cinquante-huit ans en octobre. Sera-t-il candidat une troisième fois ? Qu'allons-nous faire ? La gauche va-t-elle encore se démobiliser ? Nous sommes désemparés.

Notre candidat était le meilleur. Il a rassemblé 12 975 625 votes en sa faveur, mais Valéry Giscard d'Estaing en a eu 13 398 412, soit 422 787 voix de différence : il aurait donc fallu déplacer 211 394 voix supplémentaires. Jacques Fauvet avait raison.

Demain, 20 mai, François Mitterrand nous dira ce qu'il attend de nous tous dans les mois à venir. Ce jour est triste comme un lundi – ainsi que disent ceux qui s'ennuient au travail. Mitterrand ne prononce aucune parole d'amertume ; il se contente de dire qu'il était prêt et que nous gagnerons la prochaine élection. Nous sommes très émus. Les larmes coulent sans même que nous nous en rendions compte. Lui, sans doute, ne sera plus candidat, mais la gauche gagnera si elle reste unie, c'est sûr !

Le moment est venu de quitter la tour Montparnasse, où j'ai travaillé avec André Rousselet, Pierre Joxe et Édith Cresson dans la cellule administrative. Rousselet me charge d'aller déposer ce qui reste des comptes de campagne chez un de ses amis banquiers et de porter à Gaston Plissonnier[1], place du Colonel-Fabien, le reliquat et les factures des comptes PS-PC. Nous avons bien du mal à nous quitter, nous dînons les uns chez les autres : il est si difficile de reprendre le cours normal de la vie, quand nos habitudes

1. Membre du comité central, du secrétariat général et du bureau politique du PCF.

familiales ont été bousculées. Il nous faut pourtant regagner la Cité Malesherbes, dans le haut du IXe arrondissement, quartier sévère bâti par Haussmann, et retrouver les moquettes usées de la « vieille maison », ce décor démodé qui ne convient plus à ce que nous souhaitons faire de ce parti que nous voulons jeune, moderne et prêt à affronter d'autres combats. Et à les gagner.

Les vacances arrivaient. Laurence et Pierre Soudet nous ont prêté leur maison de Gordes. Ça nous changera de la Dordogne. Nous y viderons toutes nos déceptions. Le calme de l'abbaye de Sénanque, la chaleur sèche et odorante des chemins du Lubéron, les couleurs du marché d'Apt, le charme de L'Isle-sur-la-Sorgue et la douceur enfermée dans les vieux murs de la maison de Gordes agissent sur nous comme un baume. À notre retour, nous sommes prêts à repartir. Comment saurais-je que je m'apprête à vivre sept magnifiques années, qui viendront clore vingt-trois années d'attente ?

Nous avons sept ans devant nous. Sept années d'échéances, de projets, de découvertes, de rencontres, de surprises, d'échecs aussi et de déceptions. Et l'espoir, sinon la certitude que tout s'arrangera.

Secrétaire particulière

Oui, le printemps 1974 a marqué un tournant dans nos vies. Nous savons, nous sommes sûrs que nous pouvons gagner. Rien ne doit nous arrêter. Ces six semaines à la tour Montparnasse ont donné naissance à une équipe que les sept années qui viennent ne dissoudront pas. Une équipe qui ne réagit pas toujours comme un seul homme et qui poursuit des objectifs parfois différents, mais une équipe unie. Nous appartenons à la même famille : celle qui va tout faire pour gagner.

L'été se termine. Le 30 août paraît le dernier numéro de *Combat*, le fameux quotidien issu de la Résistance. Ce n'est plus le journal d'Albert Camus, mort en 1960, mais c'est encore un espace de liberté. Combien de journalistes ont appris leur métier dans les locaux vétustes de la rue Montmartre et de la rue du Croissant, dans l'enthousiasme et l'absence de contrainte ? Les conditions matérielles étaient difficiles et l'on a beaucoup vilipendé son directeur, Henri Smadja[1], en oubliant que ce patron de presse avait dépensé toute sa fortune pour donner leur chance à des jeunes gens passionnés par l'actualité, au point de vouloir lui consacrer leur vie. Mon mari fait partie de ceux qui ont appris leur métier dans ce quotidien atypique. Pour la gauche, la fin de *Combat* signifie alors la disparition d'un lieu d'expression libre.

François Mitterrand refuse de s'attarder sur l'échec de juin 1974. Il faut préparer les prochaines échéances et, pour cela, rassembler les différents courants socialistes au sein d'un grand parti de gauche assez puissant pour l'emporter. En octobre 1974, à l'hôtel PLM Saint-Jacques, se tiennent les Assises du socialisme. Michel Rocard, Robert Chapuis[2] et une partie du PSU, des membres de la CFDT comme Jacques Chérèque ou

---

1. Propriétaire du quotidien *La Presse* à Tunis, l'homme d'affaires Henri Smadja (1897-1974) s'était porté acquéreur de *Combat* en 1949.

2. Robert Chapuis (né en 1933), militant anticolonialiste au sein de l'UNEF, secrétaire national du PSU (1973-1974), député de l'Ardèche (1981-1988).

Jacques Delors, Vie nouvelle avec Philippe Farine[1], des groupes d'action municipale rejoignent, pour l'essentiel, la majorité du parti. Le premier secrétaire n'ignore pas que certains se rallient par opportunisme et que nombre de ces nouveaux partenaires ne l'aiment pas. Ils ont besoin de lui, comme il a besoin d'eux. Il faudra oublier les sentiments. Comme l'a dit un jour à mon mari le président Houphouët-Boigny : « La politique c'est l'art de l'oubli. » Lors d'une réunion avec la CFDT, je vois François Mitterrand, qui s'ennuie ferme, gribouiller de petits dessins pendant l'intervention d'Edmond Maire. Au moment de lever la séance, il se penche vers moi et me dit : « Vous déchirerez tout cela. Si on trouve ces papiers, ce sera encore retenu contre moi. »

Il n'y avait pas assez de place, Cité Malesherbes, pour loger tout le monde. Aussi le déménagement place du Palais-Bourbon est-il accueilli avec une grande satisfaction par ceux que ne liaient pas de longs souvenirs à la Cité. Je ne suis pas sûre que Guy Mollet, mort en décembre 1975, y soit jamais venu. Notre nouvel immeuble profite du parc de l'Hôtel de Brienne, entretenu par de jeunes appelés qui préfèrent sans doute soigner les arbres et les parterres de la rue Saint-Dominique plutôt que d'être en manœuvres à Mourmelon. Au début de l'été, l'odeur entêtante des troènes envahit les bureaux. Le premier secrétaire et ses collaborateurs occupent le dernier étage. Dans cet espace petit mais clair, nous travaillerons bien et beaucoup, sans jamais nous ennuyer. À deux pas de l'Assemblée nationale, proche de la rue de Bièvre et de Saint-Germain des Prés, le lieu est idéal pour

1. Philippe Farine (1917-2006), ancien député des Basses-Alpes (1946-1951).

François Mitterrand, qui s'y sent mieux que dans les locaux sombres de la vieille SFIO.

Personne n'a pu remplacer Marie-Claire Papegay, secrétaire à son domicile depuis 1961, qui savait tout ou presque de lui. Quant à Michèle Meunier, qui assurait son secrétariat depuis Épinay, elle a décidé de tenter d'autres expériences. Qui va lui succéder ? François Mitterrand a demandé à Laurence Soudet de lui trouver « quelqu'un ». Je me porte aussitôt candidate : le travail que je fournis ne justifie plus mon salaire, et la rédaction de notes certes régulières, mais dont j'ignore l'utilité, ne me satisfait plus. François Mitterrand a d'abord l'air surpris, mais je le crois plutôt soulagé. Et c'est ainsi qu'à la fin de l'été 1974 je m'installe à la place de Michèle Meunier, devenant la secrétaire particulière du premier secrétaire du parti socialiste. Il ne sera plus jamais question pour moi d'aucune autre tâche.

Mon statut de secrétaire particulière me donne le droit et le devoir, puisque j'en rédige les procès-verbaux, d'assister aux réunions hebdomadaires du secrétariat national et du bureau exécutif, où sont exposés tous les problèmes réputés insolubles. Il n'est pas rare que François Mitterrand y défende des convictions exactement inverses : c'est un jeu qui le distrait, mais aussi une façon de tester sa force de conviction et de démonstration. Lors de ces réunions passionnantes, assise entre François Mitterrand et Majo Pontillon, j'ai tout loisir d'observer les stratégies de ceux qui prendront les rênes du pays après 1981. Lorsqu'un exposé s'éternise, il arrive au premier secrétaire de nous demander pourquoi nous avons changé de coiffure ou quel est le dernier livre que nous ayons lu. Autour de la table, certains se demandent alors quel secret d'État nous sommes en train de partager…

À l'automne 1975, le suppléant du ministre Pierre Abelin[1], maire de Châtellerault, vient de décéder. Une élection partielle se profile. Où trouver un candidat socialiste de poids ? Au bureau exécutif, François Mitterrand expose la situation, indique qu'une circonscription est à prendre dans la Vienne, qu'elle n'est pas gagnable dans l'immédiat, mais qu'elle peut l'être en 1978, à condition de travailler. Il fait un tour de table, consulte les deux membres du bureau qui n'ont pas de circonscription, Michel Rocard et Gilles Martinet, mais l'un et l'autre trouvent de bonnes excuses pour ne pas devoir s'exiler à 300 kilomètres de Paris. Si on envoyait une femme ? Au parti socialiste, il n'est pas encore question de parité, mais de quotas : Édith Cresson est désignée. Le parti socialiste se mobilise. C'est une campagne difficile, au cours de laquelle la droite déploie tout son savoir-faire en matière de désinformation et de mauvaise foi. Pierre Abelin a appelé Michel Poniatowski et Jacques Chirac, Premier ministre, à venir le soutenir lors du meeting qui doit l'opposer à Édith Cresson, qui sera entourée de François Mitterrand, Pierre Mauroy, Louis Mermaz, Claude Estier et des socialistes de la région. La réunion, scandée par les discours d'orateurs connus et reconnus, se déroule dans un désordre épouvantable. À peine un responsable de la gauche a-t-il pris la parole, son micro est coupé et les injures volent. À Châtellerault, certains s'en souviennent encore ! Jamais on n'avait vu pareil tohu-bohu dans la petite cité poitevine qui, en fait d'agitation, ne connaissait que les grèves épisodiques à la tranquille Manufacture d'armes et cycles.

1. Pierre Abelin (1909-1977), député de la Vienne (1945-1958, 1962-1974), maire de Châtellerault (1959-1977), vice-président de l'Assemblée nationale (1973-1974), ministre de la Coopération (1974-1976).

Malgré tous les efforts de la droite pour la disqualifier et la bouter hors du Poitou, Édith Cresson obtint 47 % des suffrages et la majorité absolue à Châtellerault, avant de devenir, plus tard, députée de la Vienne.

En route !

Les élections succèdent aux élections. Aux cantonales de 1976, le PS devance le PC. Quatorze conseils généraux basculent à gauche. Aux élections municipales de 1977, la gauche progresse encore et réunit 52 % des suffrages. 157 des 221 villes de plus de 30 000 habitants ont une municipalité de gauche, plus qu'en 1971.

Une nouvelle génération d'hommes et de femmes arrive au pouvoir. François Mitterrand multiplie les réunions. Pendant les campagnes électorales, il n'est pas rare qu'il tienne plusieurs rassemblements dans la même soirée. Je me souviens du jour où nous avions fixé trois réunions entre 18 h 30 et 21 h 30. Il fallait commencer dans les Hauts-de-Seine, continuer en Seine-Saint-Denis pour terminer dans le Val-d'Oise. Mission impossible ! Ce soir-là, nous sommes arrivés au terme de la tournée après 23 heures. À l'époque, il n'y avait pas de téléphone portable, il n'était pas question d'être suivi heure par heure, mais les militants attendaient dans la fièvre et l'enthousiasme. Après son dernier discours, je raccompagnais François Mitterrand rue de Bièvre, tôt le matin.

C'est au cours d'une de ces campagnes qu'il finit par accepter d'avoir un chauffeur. Un soir où il devait prendre l'avion pour une réunion en province, il était monté dans ma Fiat 500 – une antiquité que j'avais rachetée à Édith Cresson, qui ne pouvait envisager de se rendre à Châtellerault à bord de ce tacot. De la place du Palais-Bourbon à Orly, il n'avait pas cessé de me dire : « Plus vite, je vais manquer mon avion ! » À plusieurs reprises, nous avions frôlé l'accident. En rentrant d'Orly à Sceaux, où j'habitais encore, émue par les infractions que j'avais dû commettre, la certitude m'habita qu'il était temps de demander à un maire socialiste de la région parisienne de mettre une voiture confortable et un chauffeur compétent à la disposition du premier secrétaire. Après avoir pris conseil de Georges Dayan, qui détestait se mettre en danger en suivant son ami dans ses équipées à haut risque, j'appelai Joseph Franceschi, maire d'Alfortville, attentif élu de terrain, raisonnable et réaliste. Je n'eus pas besoin de lui faire un long discours : « François Mitterrand monte avec n'importe quel conducteur dans n'importe quel véhicule et nous n'avons pas de premier secrétaire de rechange. » Et c'est ainsi que Pierre Tourlier se mit à suivre François Mitterrand comme son ombre.

Au congrès de Nantes, en 1977, Michel Rocard et ses amis revinrent avec le concept de « deuxième gauche », auquel François Mitterrand ne croyait pas. Le CERES boude toujours, mais j'ai le souvenir d'un congrès joyeux. Il fait beau et, bravant le ridicule, une feuille à la main, nous chantons tous d'une seule voix le bel hymne que Mikis Theodorakis a composé pour le PS. Ce chant nous accompagnera pendant des années, dans tous les meetings, toutes les fêtes de la Rose ; il est aujourd'hui remisé au magasin des accessoires. Peut-être quelques vieux militants s'en souviennent-ils encore ? Depuis, il n'a pas été remplacé par *L'Internationale*, mais par *La Marseillaise*. La grande vedette de ce congrès est Felipe González. Après la mort de Franco, le

20 novembre 1975, le roi Juan Carlos s'est immédiatement prononcé pour la démocratie. Le socialisme au pouvoir, c'est possible. Les Espagnols ont un roi et un chef de gouvernement socialiste.

Mais, le 23 septembre 1977, la négociation sur l'actualisation du Programme commun est rompue. Tandis que le parti socialiste se rallie tout doucement à la dissuasion nucléaire, le parti communiste en demande toujours plus ; il souhaite d'amples nationalisations et voudrait bien enrayer l'ascension de François Mitterrand. Mais la base, elle, croit à la victoire. Comment pourrait-on lui expliquer qu'il faut tout arrêter ?

Les élections législatives de 1978 donnent un coup de frein à la montée de la gauche : la majorité l'a de nouveau emporté. Les 6, 7 et 8 avril 1979 est convoqué le congrès de Metz. La ville n'a pas été choisie pour sa magnifique gare, mais pour des raisons électoralistes. Le parti socialiste est maussade. Certains contestent la stratégie du premier secrétaire et lui reprochent son « archaïsme ». Metz sera donc le congrès de la « rupture avec le capitalisme ». On ne peut pas dire que François Mitterrand goûte ce vocabulaire, mais il faut avancer. La situation internationale ne plaide pas en faveur de l'union de la gauche : révolution des œillets au Portugal, invasion soviétique en Afghanistan, censure de Soljenitsyne et des intellectuels en Europe de l'Est font douter les plus déterminés. Inlassablement, François Mitterrand poursuit son chemin. Il corrige, argumente, réaffirme ses propres convictions, dit et redit ce à quoi il croit : rien ne se fera sans l'union de la gauche, le parti socialiste doit être unitaire pour deux.

Au retour de Metz, l'atmosphère est un peu tendue place du Palais-Bourbon. Pierre Mauroy s'est isolé avec Gaston Defferre. Doutent-ils du bien-fondé de la stratégie obstinée du premier secrétaire ? Michel

Rocard persiste dans ses certitudes : il y a deux gauches, leur synthèse n'est pas possible. La « deuxième gauche » est hostile à l'union avec les communistes et croit possible le rapprochement avec le centre. Mais où est le centre ? demande François Mitterrand. Quelques années plus tard, dans ses *Mémoires interrompus*, il rappellera pourquoi rien ne put le faire dévier de sa stratégie d'union de la gauche[1].

Le 28 mai 1979, François Mitterrand est amputé d'une partie de lui-même. Georges Dayan, son meilleur ami, n'a pas survécu à l'opération imposée par l'état de son cœur, à l'hôpital Marie Lannelongue. C'est un immense chagrin. À qui se confiera-t-il désormais ? Bien sûr, il y a ses amis du « premier cercle », mais Georges Dayan était le seul à qui il pouvait tout dire. Pour nous aussi, cette disparition est une perte incalculable ; lorsque je n'arrivais pas à résoudre un problème, je savais qu'il était là. Il me disait : « C'est sans importance » ou encore : « Il faut faire quelque chose, je vais lui en parler », et j'étais délivrée de mes soucis. Costume de flanelle grise, chemise bleue, cravate en tricot bleu marine, chaussures Church's : en trente ans, je ne l'ai jamais vu habillé autrement. Dilettante à l'humour ravageur, il prenait très au sérieux la carrière de son ami. Il n'avait pas de bureau place du Palais-Bourbon, mais il était partout à sa place. Pourquoi faut-il qu'il nous quitte au moment où nous aurions tant besoin de lui, lui qui d'une phrase allégeait l'atmosphère trop pesante d'une réunion ? Ce que François Mitterrand ne pouvait pas dire, il le disait. Il était son double, son miroir. Il ne sera plus là pour veiller sur lui.

---

1. *Cf.* document VIII, p. 299.

DEUXIÈME PARTIE

VERS L'ÉLYSÉE ET AU-DELÀ

Durant l'été 1980, François Mitterrand expose son programme sous la forme d'un dialogue avec le journaliste Guy Claisse, publié sous le titre *Ici et Maintenant*[1]. Aidé de collaborateurs, et suivant le conseil de Régis Debray qui lui a recommandé d'être clair et concis, il élabore les fameuses cent dix propositions qui seront la colonne vertébrale de sa campagne présidentielle.

Rue de Solférino

Au mois d'août, une nouvelle fois, le parti socialiste déménage. Il s'installe rue de Solférino, dans l'ancien hôtel particulier de la famille de Broglie. Tout y est plus grand. Plus de jardin, mais une élégante cour pavée qui servira souvent, les soirs de consultations électorales. De grandes salles de réunion. Un vaste espace pour la documentation. Plusieurs bureaux pour la culture, d'où Jack et Monique Lang feront partir en direction des intellectuels et des artistes des centaines d'appels en faveur de celui qui veut « changer la vie ». Les militants pourront y prendre livraison d'affiches et de tracts sans passer par l'accueil.

---

1. Fayard, novembre 1980.

En janvier 1981, au congrès de Créteil, François Mitterrand transmet ses pouvoirs de premier secrétaire à Lionel Jospin et lui confie le parti. Il sait déjà ce qu'il demandera à Pierre Mauroy. Puis il décide de partir en Chine avec Gaston Defferre. Or, celui-ci a fait organiser par sa collaboratrice Hélène de Percin un voyage en Afrique auquel sa femme Edmonde Charles-Roux, lui-même, mon mari et moi devons prendre part pendant une dizaine de jours. Les billets sont pris, les hôtels retenus, les rendez-vous aménagés. Mais résiste-t-on à une proposition de François Mitterrand, lorsqu'il vous dit : « Naturellement, Gaston, vous venez avec moi » ? Ce voyage manqué, j'en ai reparlé maintes et maintes fois à Gaston Defferre. « Ce n'est que partie remise. Nous finirons bien par le faire, ce voyage ! », me disait-il. Il est parti avant d'avoir pu tenir sa promesse.

C'est l'hiver, mais on ne le sait pas. On ne pense qu'au printemps. La campagne mobilise toutes les énergies, toutes les imaginations, tous les rêves aussi. Tenir l'agenda est un vrai casse-tête. Toutes les fédérations veulent organiser des réunions publiques et des meetings. Chacun prêche pour sa paroisse et a une bonne raison d'exiger la présence de François Mitterrand qui, lui, veut aller à son rythme. « La force tranquille », c'est lui. Ces trois mots illustrent bien l'état d'esprit du candidat. Le slogan est né au cours d'une réunion rassemblant les têtes pensantes du PS autour du publiciste Jacques Séguéla, qui en a endossé la paternité – mais Jack Lang aurait pu la partager.

Le candidat n'a pas changé grand-chose à sa vie publique. Je me demande s'il ne préfère pas la place du Palais-Bourbon à la rue de Solférino : il y était plus au calme. De son bureau, il ne voit plus le grand platane de l'Hôtel de Brienne qui me rappelait l'arbre du *Roi sans divertissement* de Giono. Lorsqu'il arrive, il lui faut s'arrêter dix fois avant d'entrer dans son bureau pour saluer ceux qui l'attendent pour lui dire un mot ou se faire remarquer. La politique, c'est comme le cinéma : chacun veut participer au *casting* !

Une fois par semaine au moins, il se rend dans la Nièvre à la rencontre des « vraies gens ». Il aime recueillir l'avis des élus locaux, qui sont en contact quotidien avec le « terrain ». Lui-même est maire de Château-Chinon, président du conseil général de la Nièvre et député. Un « cumulard », c'est vrai et c'est sans doute pourquoi il ne s'est pas vraiment battu en faveur du mandat unique. À ses yeux, le mandat électif de maire est crucial, car il permet de « prendre le pouls » d'un pays, d'entretenir une relation claire et directe avec les citoyens. De comprendre leurs soucis, leurs espoirs. Il croit à la valeur du suffrage universel et respecte tous ceux qui en sont investis.

Lendemain de victoire

La « force tranquille » avance. Le socialisme est vraiment « une idée qui fait son chemin » dans toute la France. La rue de Solférino est un atelier où chacun a sa fonction, son emploi. Tous ceux qui se présentent sont accueillis et employés à l'aune de leurs capacités et de leurs disponibilités. Pas le temps de s'attarder à de vaines querelles : il faut gagner. Des militants viennent de province chercher du « matériel ». Certains nous apportent des spécialités gastronomiques de leur région. Ont-ils peur que nous tombions d'inanition avant le 10 mai ?

Les réunions se succèdent. Les meetings s'enchaînent. Pas une région n'est négligée. François Mitterrand est à l'écoute de la France. Il ne néglige personne, va lui-même à la rencontre des dirigeants de l'Internationale socialiste. Il va régulièrement à l'Assemblée. Depuis plus de trente ans, il en connaît tous les détours, toutes les chausse-trapes. Il aime y prendre la parole. Il se sait écouté et, naturellement, cela lui plaît. Il a une vision historique et culturelle du monde qui l'entoure. Il se promène dans Paris. Il est au courant de tout. Nous préparons une revue de presse qui ne lui sert à rien car il lit tous les journaux, écoute la radio, regarde la télévision. Rien ou presque ne lui échappe. Impossible de le surprendre. Il connaît les failles de ses adversaires, sait où il devra frapper. Il discute avec les journalistes, qui le respectent et qu'il respecte. Depuis 1965, il a appris à se servir de la télévision. Le 16 mars, l'émission « Cartes sur table » démontre qu'il est vraiment possible de « changer la vie » et que François Mitterrand s'y tient prêt. L'union de la gauche inquiète encore certains, mais il ne changera pas de stratégie. Ceux qui attendent avec lui sentent que le désir d'alternance est fort ; contre cela, Valéry Giscard d'Estaing ne peut rien.

Arrive le premier tour. Le dimanche soir, les premiers résultats tombent. Ils sont bons, conformes aux sondages. Encore deux semaines ! Le ton des médias change. De nombreuses personnalités se manifestent. La rue de Solférino ne peut plus contenir la foule de ceux qui ont toujours dit et su que le parti socialiste finirait par l'emporter, que François Mitterrand serait le prochain Président, qui veulent faire savoir qu'ils sont « là » et que l'on peut compter sur eux… De « généreux donateurs » feignent d'avoir oublié le premier tour. Sur ce chapitre, Pierre Joxe, le trésorier de la campagne, en sait beaucoup plus que moi. Le parti socialiste devient un endroit à la mode où il faut être vu.

Le candidat, lui, continue à sillonner la France et à recevoir des personnalités influentes. Il veut garder toutes les chances de son côté. Ses discours sont ceux d'un homme qui touche à son but.

10 mai. C'est aujourd'hui ou jamais. François Mitterrand vote à Château-Chinon. Au Vieux Morvan, dans cette région qu'il aime, les Chevrier l'entourent de soins attentifs. Au premier étage, dont Lionel Jospin a bloqué l'accès, sont réunis les hiérarques du parti. Au téléphone, on nous dit qu'il y a là une foule de gens que l'on n'a jamais vus. C'est bon signe, mais pas d'optimisme exagéré : je me souviens de mai 1974. Un grand silence règne dans les bureaux. Les premiers résultats officieux sont bons. Mais attendons.

20 heures. Graduellement, lentement, le visage de François Mitterrand apparaît sur les écrans. Rue de Solférino, une immense clameur retentit dans la cour du parti : « On a gagné ! » Dans le bureau du secrétariat où nous ont rejoints quelques amis, on pleure de bonheur. Ce moment, nous l'avons tant attendu. Nous avons entendu sa déclaration. François Mitterrand est heureux. Ému. Vingt-trois ans dans l'opposition. Depuis 1965, à maintes reprises, il a rêvé de ce moment. Aujourd'hui, nous le vivons avec lui. Cette fois, il a réuni 51,75 % des suffrages. J'appelle mes parents. Mon père est bouleversé : lui aussi a tellement attendu ce moment. Il se souvient du stalag et du portrait qui avait été fait de son ami, représenté sous les traits d'un empereur romain.

Et maintenant, tous à la Bastille, où la fédération de Paris organise une grande fête ! Sauf pour moi, qui suis obligée de rester à mon bureau, à attendre l'arrivée de François Mitterrand, dans la soirée. Mais mon fils aîné, qui votait pour la première fois, ira faire la fête avec ses copains de la Ligue communiste. Quant à mon mari, pessimiste par nature, il passe la soirée au *Monde* à collationner les résultats de toute la France, comme chaque soir d'élections. Rentrant à la maison, il nous dira : « Je croirai à la victoire lorsque le président du Conseil constitutionnel aura proclamé les résultats. »

À plusieurs reprises, on annonce l'arrivée du nouveau président. Quelques personnes passent une tête dans notre bureau qui jouxte le sien et en garde l'entrée. Coluche fait une brève apparition avec Jacques Attali. Des photographes que nous connaissons, des journalistes, quelques amis. Mais on ne peut pas encore leur donner de renseignements précis.

Et puis, vers minuit, François Mitterrand paraît. Il entre. Seul. Il ne dit rien. Nous non plus. Nous n'avons même pas le réflexe d'applaudir. Ce résultat, nous l'attendions. Il est à la fois normal et extraordinaire. Pas de champagne, pas de discours, beaucoup d'émotion. Quelques minutes ensemble, et puis : « Que chacun rentre chez soi. Demain, il y aura beaucoup de travail. » C'est tout, mais c'est inoubliable.

Une autre vie commence. Pour nous, « changer la vie », ça commence le 11 mai. Demain matin, le premier geste de François Mitterrand sera d'aller s'incliner sur la tombe de Georges Dayan, au cimetière Montparnasse. Autour de lui, nous sommes une douzaine à penser à celui qui aurait tant aimé être là. Le Président sait qu'il lui manquera toujours. Georges Dayan, parti depuis deux ans, a laissé un grand vide qui ne sera pas comblé.

L'équipe du président de la République ne peut pas rester au siège du parti socialiste. Nous nous installons dans un appartement proche, rue de Solférino. Cette « antenne présidentielle » est placée sous la responsabilité de Pierre Bérégovoy. Hubert Védrine s'occupe des relations internationales. Nicole Questiaux et

Jacques Fournier, collègues au Conseil d'État, planchent déjà sur les affaires sociales. Paul Legatte se charge des courriers les plus urgents. Michel Vauzelle et Nathalie Duhamel sont en relation avec la presse. Au secrétariat, Christiane Dufour, Joëlle Jaillette et moi-même continuons « comme avant » : nous ouvrons le courrier, le trions et répondons à tout ce qui n'est pas politique. Dorénavant, chaque mot compte.

Notre tâche la plus urgente est de préparer la cérémonie de passation des pouvoirs. Le protocole de l'Élysée s'inquiète de savoir comment se comporteront ces gens qui ignorent tout des usages. François Mitterrand a demandé qu'un déjeuner soit préparé à l'Élysée pour une centaine de personnes. C'est Danielle qui mettra le menu au point avec M. Le Servot, le chef de l'Élysée. La passation doit avoir lieu en début de matinée. Valéry Giscard d'Estaing transmettra à son successeur un certain nombre de consignes, notamment au sujet de la sécurité de la France. Le Grand Chancelier de la Légion d'honneur remettra au nouveau Président les grands cordons des ordres nationaux dans les salons de l'Élysée. François Mitterrand adressera un bref discours à la nation. Accompagné de Pierre Mauroy, qu'il a désigné comme Premier ministre, il se rendra ensuite à l'Arc de triomphe où il saluera quelques-uns de ses amis, après avoir déposé une gerbe sur la tombe du Soldat inconnu. Puis, il recevra sa famille, ses familiers, ses collaborateurs et ses amis, au cours d'un déjeuner auquel il a convié la veuve du Président chilien Salvador Allende, le Président sénégalais Léopold Sédar Senghor, et quelques personnalités de la culture et de l'art : Gabriel García Márquez, William Styron, Élie Wiesel, Julio Cortázar.

Melina Mercouri, elle aussi, sera de la fête. Voici quelques semaines, au cours d'une réunion d'intellectuels français et étrangers à l'Unesco, elle lui a offert sa montre, manière élégante de lui rappeler qu'un candidat à la présidence de la République se doit d'être à l'heure aux rendez-vous. Mais nulle crainte : l'agenda du nouveau Président est soigneusement calculé ; il a ses repères, et son emploi du temps, comme ses retards, sont parfaitement organisés ! Après le déjeuner, il se rendra à l'Hôtel de Ville où le recevra Jacques Chirac, le maire de Paris, qui, à sa façon, a contribué à son élection en n'appelant pas à voter Giscard. Enfin viendra l'heure de remonter la rue Soufflot jusqu'au Panthéon. Placido Domingo chantera *La Marseillaise* et l'Orchestre de Paris, sous la conduite de Daniel Barenboïm, donnera l'*Hymne à la joie* que l'Europe a adopté comme chant commun. François Mitterrand pénétrera dans les souterrains du Panthéon pour déposer une rose sur les tombeaux de Jean Jaurès, Victor Schoelcher et Jean Moulin.

Il pleut. J'ai laissé ma voiture rue Garancière. Mes vêtements sont transpercés. Cette pluie, nous la recevons comme le signe d'un renouveau.

À l'Élysée

Le 22 mai, nous prenons nos quartiers 55, rue du Faubourg-Saint-Honoré. Nous nous préparons à y vivre sept ans, quand bien même de sinistres augures prédisent que « ce pouvoir n'en a pas pour deux ans ». Nombreux sont ceux, en France et dans le monde, qui ne veulent pas croire à la durée d'un gouvernement de gauche. Je crâne : « Nous n'avons fait que traverser la Seine. »

François Mitterrand prend possession du bureau présidentiel, jadis occupé par le général de Gaulle et Georges Pompidou. Pierre Bérégovoy, nommé secrétaire général, occupe le bureau d'angle, à l'ouest du palais. Entre le Président et le secrétaire général, le conseiller spécial, Jacques Attali. À l'est, André Rousselet pose ses dossiers de directeur de cabinet. Entre lui et le Président, le secrétariat particulier. Quatre bureaux, une commode, une console entre deux fenêtres, surchargée de livres dès la première semaine, une armoire, une photocopieuse et deux IBM électriques, la Rolls des machines à écrire. La pièce est tendue d'un brocart vert un peu fané. Face à mon bureau, une tapisserie figure une scène de *Don Quichotte*, d'après un carton de Goya ; je ne l'aime pas, mais tout ici a sa place bien déterminée par un architecte des Bâtiments de France : impossible de rien changer sans son aval. Même le petit mobilier. Dès les premiers jours, j'ai demandé à l'intendant de changer ma lampe, car je n'y vois rien lorsque j'écris le soir. Décontenancé, il m'a répondu : « Mais, madame Decraene, c'est une lampe de directeur... » J'ai perçu dans sa voix une nuance de reproche qui voulait dire : pour vous, c'est déjà beaucoup ! À force d'insistance, mes collègues et moi finirons par obtenir des lampes dignes de ce nom.

La vue sur le parc est calme et apaisante. C'est ainsi que j'aime la campagne : un parc, une grille élégante et, au-delà, les Champs-Élysées. Jamais je ne pourrai me lasser de ce paysage qui permet de voir passer les saisons. Nous sommes au centre de la ville ; on entend battre son cœur et son murmure est rassurant. Le lieu est prestigieux, mais n'est pas fait pour une vie administrative. Le général de Gaulle avait pensé transférer la présidence au château de Vincennes, avant d'y renoncer : le lieu était trop excentré et hanté de mauvais souvenirs. Pour bien faire, il faudrait pouvoir aménager le plus beau monument de Paris – et l'un des plus vastes : l'Hôtel des Invalides. Mais là aussi, trop de souvenirs et un tombeau bien encombrant. Un président iconoclaste décidera-t-il un jour de s'installer dans un lieu vraiment moderne, adapté aux nouvelles technologies, et d'abandonner cette maison d'un autre âge aux souvenirs légers des siècles passés ?

Pour le moment, nous y sommes. Nous commençons par transformer en pièce de rangement pour nos dossiers la salle de bains attenante à notre bureau. C'est Mme Vincent Auriol qui l'avait fait aménager pour la venue en France de la princesse Elizabeth, peu après son mariage avec le prince Philip. Le lavabo et les robinets sont d'époque, la baignoire aussi : elle sera bientôt recouverte et surmontée d'étagères.

Pour monter dans notre bureau, nous avons le choix entre l'escalier d'honneur et un escalier presque dérobé que n'empruntent pas les visiteurs. Il mène directement aux appartements privés de la présidence. Pour aller du palier aux bureaux, il faut traverser le « salon doré », également surnommé « salle de bains de la reine », une petite pièce percée de trois portes et deux fenêtres qui peut à la rigueur servir de salle d'attente. Une baignoire transformée en banquette et trois chaises peuvent y accueillir les visiteurs très privés. C'est ravissant, mais ce n'est qu'un passage : pas question d'y installer un bureau !

Petit à petit, je m'habitue à cette maison où les soucis matériels se règlent facilement. Pas besoin de supplier pour obtenir un feutre, ni de courir à la papeterie la plus proche acheter les cartouches d'encre du stylo-plume présidentiel ! On peut même se faire apporter un café dans son bureau ou un plateau-repas à l'heure du déjeuner. Mais le Président souhaite que l'on n'abuse pas de ces facilités. Qu'il ait exigé qu'une de ses secrétaires l'accompagne dans tous ses voyages et soit traitée comme ses conseillers ne nous autorise pas à abuser des libéralités qu'offre l'Élysée.

Dans cette galaxie, François de Grossouvre occupe une place à part. Médecin, ancien du maquis de la Chartreuse, homme d'affaires converti dans l'élevage des charolais et des chevaux, il connaît le Président depuis des années ; quoique l'un de ses amis intimes, il ne le tutoie pas. À l'Élysée, il est chargé des relations avec ces services que l'on ne nomme pas. Il effectue des missions dans différentes parties du monde. Homme élégant et fin, il est le président du Comité des chasses présidentielles ; il est chez lui à Marly, à Rambouillet et à Chambord, où il aurait pu vivre tranquillement. Son goût pour le secret et les missions complexes le fait vivre dangereusement. Dans les derniers mois de sa vie, il était tourmenté par des « affaires » qui n'étaient probablement pas aussi graves qu'il le pensait. Il était triste, préoccupé en permanence, voyant le malheur partout. Amaigri, paraissant l'ombre de lui-même, il s'imaginait abandonné par ses amis et, le 7 avril 1994, n'y tenant plus, il se suicidait avec son arme, dans son bureau, à l'Élysée. Sur cette mort, on dissertera beaucoup...

Le matin, le Président arrive tôt. Il a déjà lu la presse. Il donne quelques instructions, demande qu'on lui cherche des numéros de téléphone que, souvent, il appellera lui-même. Il n'aime pas qu'on le « sonne », comme il dit, et ne répond pas au téléphone interministériel – le fameux Régis, signe évident de puissance qui permet d'appeler n'importe quel ministre, à n'importe quel moment. Il a fait transférer son numéro sur l'appareil du secrétariat et, dans les premières semaines, les ministres qui l'appellent ont la surprise de tomber sur une secrétaire. Ils devront s'y habituer. Pour lui parler, il faut passer par son secrétariat, lequel doit avoir suffisamment de discernement pour transmettre ou non la communication. Dans ce dernier cas, nous rédigeons des notes : « Untel vous a appelé pour vous parler de tel problème. C'est urgent ! Voulez-vous le rappeler ? » Comme nous le faisions au parti socialiste, en somme – à ceci près que l'en-tête a changé. François Mitterrand nous répond : « Il n'y a rien d'urgent, il n'y a que des gens pressés. Ça peut attendre. » Si c'est important, il le sent immédiatement et rappelle.

Il faut établir avec lui son emploi du temps. Tout ce qui est personnel est l'affaire de Marie-Claire Papegay, qui assure son secrétariat chez lui depuis 1961. Pour le reste, nous travaillons avec son chef de cabinet, Jean Glavany, avec les conseillers et le protocole. Et si le problème est trop délicat, André Rousselet s'en charge.

François Mitterrand a horreur des réunions. On y perd son temps et celui des autres, a-t-il coutume de dire. Aussi, on travaille beaucoup par écrit. Les conseillers envoient des notes au secrétaire général, qui les examine et les transmet ou non au secrétariat particulier, lequel les dépose sur le bureau du Président. Seul problème : le retour de ces notes. À celles qui sont claires, le Président répond clairement, d'une phrase écrite à l'encre bleue de son gros Waterman. À d'autres, il ne répond pas. Le casse-tête commence lorsque la note est affectée d'un « vu » laconique. Que faire ? Jusqu'où peut-on prendre des initiatives ? Il y a une perversité dans ces « vu ». Que signifient-ils ? Ne me dérangez pas avec ce genre d'affaire, réglez-la vous-même. C'est sans importance, laissez tomber. Que voulez-vous que je fasse ? Débrouillez-vous. Je m'en fiche ! Décidez vous-même… François Mitterrand sait que le rédacteur se cassera la tête à trouver la signification la plus adéquate : c'est une façon pour lui d'apprendre son métier.

Le matin, il travaille. Prépare ses discours. Reçoit. S'il n'a pas de déjeuner officiel, il les évite autant qu'il peut, préférant partager son repas avec des gens qu'il aime à voir : amis, écrivains, artistes, Nivernais, Charentais. S'il les reçoit dans la salle à manger privée, jadis aménagée par Georges Pompidou loin des salons officiels, quelle fête ! Ils peuvent parler et l'écouter librement, avec le sentiment de partager des secrets d'État. Mets, service : tout est simple. L'hiver, dans la pièce où est servi l'apéritif, il y a du feu dans la cheminée. On se croirait dans une vraie maison, mais c'est le président de la République qui vous reçoit.

Les journées sont parfois longues. « Ici, c'est les 39 heures en trois jours », lui dis-je un soir en riant. Mais personne ne se plaint. L'après-midi, il lui arrive de se promener dans le parc, mais le plus souvent il sort. Les gens sont étonnés de le croiser dans la rue, marchant avec un ami ou une amie, ou feuilletant des livres dans une de ses librairies préférées. Puis il rentre à son bureau lire notes et dossiers, signer son courrier et recevoir les ministres et ses collaborateurs les plus proches. Avant de partir, le soir, il regarde le bulletin d'information à la télévision, généralement au secrétariat, où reste toujours l'une d'entre nous jusqu'à son départ.

S'il ne rentre pas à la maison, il arrive à François Mitterrand de dîner au restaurant avec des amis, toujours les mêmes, d'aller au cinéma, plus rarement au théâtre car ce genre de soirée ne s'improvise pas. Les soirs de dîner officiel, il descend au dernier moment. Il lui arrive de demander si « quelqu'un veut dîner en bas ». Il insiste : « Mais si, restez ! » Lui fait-on remarquer que l'on n'est pas vraiment habillée pour une cérémonie, il se moque gentiment : « Ce n'est pas un concours de beauté ! » Il est vrai qu'à 21 heures, on n'a guère envie de rentrer chez soi pour se mettre en cuisine. Les femmes qui vivent autour de lui ont dû le lui dire plus d'une fois.

Sans être un long fleuve tranquille, la vie s'écoule sereinement. Au début, c'est chaque jour « la première fois ».

Première remise de décorations, exercice dans lequel le Président excelle et qui étonne toujours les récipiendaires et leurs accompagnateurs. Sans notes, François Mitterrand – qui a lu avant de descendre les fiches préparées à son intention – retrace le parcours et la raison de leur présence.

Première remise de lettres de créance, cérémonie à laquelle doivent se soumettre tous les ambassadeurs auprès de la République. À moins qu'il ne s'agisse d'un pays particulièrement important, le protocole suggère trois ou quatre ambassadeurs par séance.

Première soirée électorale : le Président a dissous l'Assemblée élue en 1978. Les 14 et 21 juin, la France est submergée par une « vague rose ». Les élections législatives confirment l'élection présidentielle. Le parti socialiste et la gauche non communiste obtiennent quarante sièges de plus que la majorité absolue. C'est trop. François Mitterrand lui-même s'en ouvre à Gaston Defferre. Comment l'opposition supportera-t-elle de tels résultats ? Le candidat de l'opposition à l'élection présidentielle a obtenu plus de 48 % des suffrages !

Premier 14 Juillet, première revue des troupes et première garden-party. Premier Sommet des pays industrialisés. Première Conférence Nord-Sud à Cancún. Premier voyage officiel à l'étranger, en Arabie Saoudite. Premier voyage officiel en France, en Lorraine. Premier sommet européen. Premier sommet franco-britannique.

On s'habitue petit à petit. On se plie aux exigences du protocole. Nous apprenons aussi que l'Élysée est une maison militaire. Le président de la République est le chef des armées. Après lui, ce n'est pas le secrétaire général, mais le colonel de gendarmerie qui commande la garde. L'intendant est militaire. Le chef des cuisines, ses assistants et ses aides sont des militaires. Le service médical est géré par des militaires. Le chef du garage et les mécaniciens sont des militaires. Les huissiers, les standardistes sont des militaires. Pas de cantine, mais un mess. Et même deux : celui des officiers et celui des hommes du rang. Nous avons accès au mess des officiers, ce qui signifie que nos tables sont recouvertes de nappes et de serviettes, que nous sommes servis et que nous pouvons recevoir des invités – à condition de prévenir la veille. Le tarif est plus élevé au premier étage qu'au sous-sol.

L'Élysée étant une maison militaire, rien n'est prévu pour le salaire des civils. Dans les bureaux, nombreux sont ceux qui sont détachés d'un ministère ou d'une administration. Ils ont choisi l'Élysée pour des raisons de convenance personnelle, certainement pas pour faire carrière car, bien souvent, leurs dossiers d'avancement restent bloqués dans leur administration d'origine. Mais nous qui arrivons du parti socialiste, de la vie civile ordinaire, qui nous paiera ? Il n'y a pas de budget pour le personnel de l'Élysée extérieur à l'administration. Il faut se débrouiller avec les ministères ou les grandes entreprises nationalisées. Pour ma part, pendant douze ans, j'ai été rémunérée par France Télécom : situation parfaitement anormale, et pourtant admise. Mais je suis à peu près sûre que François Mitterrand ne se souciait pas des problèmes d'intendance et n'a jamais su comment étaient rémunérés ses collaborateurs ! Il avait confié ces questions à Michel Charasse et à son directeur de cabinet, André Rousselet.

Le nouveau pouvoir se met en place. Dès le début de juillet, François Mitterrand presse le gouvernement de nationaliser de nombreuses entreprises et des banques. Puis il prend deux semaines de vacances. Chez lui, à Latche. Le 15 septembre, Gaston Defferre présente la grande loi sur la décentralisation. Le budget du ministère de la Culture est augmenté. Déjà, le Président pense au Grand Louvre. Le 17 septembre, après un discours mémorable de Robert Badinter, ministre de la Justice, garde des Sceaux, l'Assemblée nationale vote l'abolition de la peine de mort. Les tribunaux d'exception sont supprimés.

À l'Élysée, nous sommes très heureux de notre sort. Les journées semblent bientôt trop courtes. Toujours salariée de France Télécom, je m'apprête à prendre une décision que je n'aurais peut-être pas prise si je n'avais connu Jacques Dondoux, son directeur. Ancien élève de mon père, il prétend que c'est grâce à lui qu'il est entré à Polytechnique. Le jour où il m'invite à déjeuner, je viens de recevoir en matinée un appel de mes amis de Bussière-Badil, en Dordogne, où nous avons une maison. Le maire vient de décéder : pourquoi ne me présenterais-je pas à l'élection partielle ? Devenir conseillère municipale : je n'y avais jamais songé. Jacques Dondoux m'encourage : « Il faut absolument vous présenter. Vous verrez, dans les petites communes comme la vôtre, même les Parisiens sont utiles ! Je vais vous aider, on va s'occuper du téléphone de vos futurs administrés. » Depuis des années, en effet, Bussière-Badil est délaissée par France Télécom, en dépit de requêtes répétées, jamais satisfaites… Il me faut l'autorisation du Président.

« Quels sont les autres candidats ? me demande-t-il.

— Le fils du maire décédé.

— Oh, alors, attention à la prime au défunt ! Allez-y si vous voulez, mais ne vous faites pas battre. »

En compagnie de Bernard Bioulac, conseiller général du canton de Bussière-Badil et professeur de neurochirurgie à la faculté de médecine de Bordeaux, de deux conseillers municipaux socialistes du village, de mon voisin Louis Belly et du directeur de l'école, Bernard Chambras, je me présente dans chaque maison de la commune. « On ne vous connaît pas, me répond-on, mais on connaît vos garçons. » Mes quatre fils ont dû commettre un certain nombre de bêtises, mais aussi rendre quelques services. On me propose « un petit pineau », le redoutable élixir local, que fabriquent ceux qui ont encore le privilège de « bouillir ». Je leur réponds que je ne bois que du café.

Mes amis ne ménagent pas leur peine. Grâce à eux et à Jacques Dondoux, qui a tenu parole, je suis élue avec une belle avance sur mon concurrent. Le lundi matin, alors que nous partons pour la Lorraine, Gaston Defferre glisse au Président : « Votre secrétaire a été très bien élue.
— Heureusement », lui répond François Mitterrand, qui déteste que ses collaborateurs soient battus au suffrage universel. Certains l'ont appris à leurs dépens.

Premiers sommets

Des sommets, pendant ces années, nous en gravirons de nombreux. Sommets des grands pays industrialisés, sommets européens, sommets bilatéraux avec nos partenaires européens, sommets franco-africains, sommets de la Francophonie... Pas un mois ne s'écoule sans que nous ayons une pente à gravir, un col à traverser !

Voyages officiels, voyages de travail, voyages d'État : François Mitterrand se déplace beaucoup. Comme l'ont fait ses prédécesseurs et comme le feront ses successeurs. Il reçoit beaucoup également, des chefs d'État ou de gouvernement, des ministres, des chefs d'entreprise, des décideurs, des conseillers et des intellectuels.

La première grande manifestation internationale du premier septennat est le G7 – autrement dit, la réunion des représentants des sept pays les plus riches du monde : États-Unis, Canada, Allemagne fédérale, Royaume-Uni, France, Italie, Japon. Valéry Giscard d'Estaing avait souhaité que les grands pays industrialisés se rencontrent pour examiner la situation liée à l'interruption de la croissance dans les pays riches. La première réunion avait eu lieu à Rambouillet. Les Anglo-Saxons ont tôt fait de transformer ce qui devait être une petite réunion entre amis en une lourde machinerie. Les pays du G7 – devenu aujourd'hui G8, puisque la Russie est entrée dans la ronde – déplacent des milliers de personnes (journalistes, agents de sécurité, interprètes, secrétaires, chauffeurs, etc.) et leur efficacité est inversement proportionnelle à leur coût. Ce sont de véritables festivals de la frime et des faux-semblants. On y produit toujours les mêmes communiqués, pleins de réflexions savantes sur l'état du monde, de promesses pour le tiers-monde, de résolutions sans lendemain. Croient-ils, ces dirigeants, à l'efficacité de ces moments passés ensemble ? Cette imposture, me semble-t-il, ne trompe que les pays dans le malheur. Les autres ont parlé, échangé et profité d'une hospitalité qui ne leur a pas été mesurée. Cette année encore, le communiqué final ne différera guère de ceux des années précédentes et ressemblera à tous ceux des treize autres sommets de cette sorte auxquels j'aurai l'honneur d'assister. Quelle importance faut-il donc attacher à ce genre de manifestation ?

En 1981, c'est le Canada qui reçoit. Notre premier sommet aura donc lieu à Montebello, près d'Ottawa. Lorsque nous arrivons, première surprise, tout est sécurisé. Nous qui avons toujours vécu toutes portes ouvertes ignorons tout des portiques électroniques, des badges qui signalent notre passage, des insignes qu'il faut porter sous peine de ne pouvoir entrer dans sa chambre. Les délégations sont coupées en deux. Tout ce qui est presse et communication est à Ottawa. Michel Vauzelle, novice comme nous tous, se demande comment contenir les journalistes, très curieux de voir ces Français roses à l'ouvrage. Car nous sommes attendus avec curiosité et condescendance. Des socialistes ! Les Américains, qui n'arrivent pas à admettre que des ministres communistes soient au gouvernement, doutent fort des capacités de l'équipe française.

La police est partout. Au ciel, des hélicoptères quadrillent en permanence le domaine. Au sol, voitures banalisées, camions de police, petites voitures de golf sans doute destinées aux chefs de délégation en mal de verdure, motocyclettes de policiers. Dans l'eau, des hommes-grenouilles guettent le moindre mouvement suspect. Les policiers du Président français – qui, pour certains d'entre eux, assuraient déjà la sécurité du général de Gaulle en 1965 – ne disposent pas des mêmes moyens : ils sont éberlués devant le matériel déployé par leurs collègues américains. François Mitterrand sera obligé de renforcer sa sécurité. Et pourtant, il est persuadé, et le dit à qui veut l'entendre, que l'on n'empêchera jamais un individu déterminé de commettre un attentat.

À Montebello, l'équipe française est, d'emblée, entachée d'incompétence, ignorante et « pas à sa place ». Un ministre communiste dans la délégation : cela suffit pour que François Mitterrand soit accueilli avec froideur. Mais le Président se coule dans le moule qui lui a été assigné. En trois jours, il a le temps de faire savoir qu'il existe. Et à la fin du sommet, lors de la conférence de presse finale à Ottawa, il est devenu l'un des sept patrons du club ! En juin 1982, c'est la France qui accueillera le prochain sommet. Il a lieu à Versailles, chez le Roi-Soleil. Cela vous a un certain côté « camp du drap d'or ». Les Français ont retenu la leçon de sécurité reçue au Canada : tout le monde porte un badge, même Nil, le chien du Président ! Orchestré et mis en musique par Jacques Attali et son équipe – où l'on reconnaît notamment Jean-Louis Bianco, Pierre Morel, Ségolène Royal et François Hollande –, ce sommet doit démontrer que la France est véritablement une grande puissance. Réception et dîner dans la galerie des Glaces et dans la galerie des Batailles, aménagement des Trianon en suites présidentielles, l'Orangerie transformée en salle de presse… C'est presque trop. Trop de voitures, trop d'hélicoptères, trop d'argent dépensé ! Et peu de retombées pour les plus pauvres.

Pareilles démonstrations font surtout des jaloux. L'année suivante, en 1983, Ronald Reagan reçoit ses pairs à Williamsburg, en Virginie. Là, tout est charmant, mais faux. À la mesure de ce que savent faire les Américains en matière de reconstitution et de mise en scène. Acheter les mêmes chandelles que Scarlett O'Hara, manger les mêmes bonbons et les mêmes gaufres que les quatre filles du docteur March, dormir dans un lit à baldaquin… Nous évoluons dans une Amérique folklorique d'avant la guerre de Sécession, au milieu de boutiques style *Autant en emporte le vent.* Mais si les savons sont fabriqués à la main, les salles de bains sont ultramodernes et le confort digne d'un hôtel cinq étoiles ! De ce sommet, hormis le petit village toc de Williamsburg, je retiendrai la belle nuit de mai où je vis le soleil se coucher et se lever en attendant que les conseillers du Président aient terminé la rédaction de la contribution française au communiqué final. 1983 est aussi l'année où sont apparues dans les sommets les technologies de pointe qui nous permettent de communiquer, par écrans interposés, entre la salle des séances plénières et les bureaux des délégations.

Le sommet suivant aura lieu à Londres. La Grande-Bretagne sort d'une grève des mineurs qui a duré de mars 1983 à mai 1984. Pas d'excentricités ni de dépenses inutiles. Une réception, très fermée, au palais de Buckingham, une soirée à Covent Garden et rien d'autre. François Mitterrand, fidèle à ses habitudes, ne se laisse pas griser par ce grand rendez-vous, dont il connaît la vanité, et s'octroie une grande promenade à pied dans Hyde Park, suivi par quelques conseillers – toujours les mêmes – qui veulent être sur la photo…

En 1985, c'est l'Allemagne qui accueille le sommet. Là aussi, sobriété et simplicité. Service minimum. Un dîner, un concert, une chorale, de petits bureaux. Un temps détestable. Un buffet allemand. Pas de promenade dans Bonn, ni même la consolation d'habiter la belle résidence de l'ambassadeur de France à Ernich, au-dessus du Rhin qui, à cet endroit-là, semble tout droit sorti d'une encre de Victor Hugo. Trois jours laborieux.

Tokyo, 1986. Les cerisiers se dépouillent de leurs fleurs. Les Japonais sont déjà revenus des quelques jours de vacances qu'ils ont pris pour aller admirer leur campagne. Devant l'Hôtel Otani, où séjournent les collaborateurs du Président, les voitures sont recouvertes d'un voile rose, comme pour une fête. Je n'ai pas encore eu le temps d'aller bénir les mânes de Claudel qui, lorsqu'il était ambassadeur à Tokyo, a acheté la très grande concession de l'Ambassade de France, que nous arrive la nouvelle d'un grave accident survenu à Gaston Defferre. Il est tombé en rentrant chez lui, dans la soirée. On l'a trouvé quelques heures après sa chute, inanimé. Au fur et à mesure que passent les heures, notre angoisse va croissant. Les soins qu'on lui a prodigués à l'hôpital de la Timone sont demeurés vains et le professeur Sanmarco, malgré ses compétences et toute l'affection qu'il lui porte, n'a rien pu faire. Électroencéphalogramme plat. Aucune machine ne pourra le ramener à la vie. On l'a débranché, horrible expression. Sa femme, Edmonde Charles-Roux, vient de l'apprendre à François Mitterrand. Nous sommes tristes, tristes, car nous avions tous une réelle affection pour Gaston Defferre. Le Président, une nouvelle fois, perd un ami. À son retour, il se rendra directement à Marseille, où toutes les communautés de la ville viendront s'incliner sur le cercueil de celui qui les a bien servis. Égoïstement, je songe que jamais nous ne ferons notre voyage en Afrique...

En 1987, les Italiens accueillent le G7 à Venise. Jamais je n'étais allée dans cette ville mythique. Dans nos projets, c'était toujours pour « plus tard ». Je ne connais alors Venise que par les livres. J'ai lu Morand, Giono, Thomas Mann et quelques autres. Le photographe François-Marie Banier est un amoureux de Venise. Il a suggéré au Président d'habiter la maison d'un de ses amis, le comte Volpi, qui met sa villa à sa disposition pour la durée du sommet. Le Président logera donc à la Giudecca. Il y a une chambre pour l'aide de camp, une pour le médecin – qui est de tous les voyages – et une pour la secrétaire. Dans un premier temps, je regrette de n'être ni au Danieli, l'hôtel de George Sand et d'Alfred de Musset, celui où descendait Proust qui, au restaurant, appréciait le risotto à la seiche parfumé à la cannelle, ni au Gritti, ni au Cipriani, ces lieux que l'on dit magiques et qui se visitent dans tous les romans de la fin du XIXe siècle et du début du XXe. Je ne sais pas que je vais passer trois jours dans une très belle maison avec un jardin fleuri et la plus belle vue que l'on puisse imaginer sur la lagune. J'ai aimé chaque minute qu'il m'a été donné de vivre dans cet endroit. Le paradis doit être ainsi, simple, lumineux, calme et charmant.

Le matin, après le petit déjeuner, le Président nous déclare : « Profitons de ce que la ville est vide pour aller nous promener. » Nous voilà partis pour la place Saint-Marc. Un vaporetto nous attend au pied de la villa. Nous avançons lentement vers le Grand Canal, où seules patrouillent quelques vedettes de police, présence de Reagan oblige. Grâce à lui – ou à cause de lui –, les touristes ne peuvent pas aborder ni se promener librement dans la ville. De nombreux magasins sont fermés, tant pis pour les amateurs de souvenirs ! La voie est libre pour se rendre au Café Florian, où nous prenons un deuxième petit déjeuner. Il fait beau. Une brise légère parcourt la place. On oublierait presque que nous sommes là pour assister à la réunion des sept pays les plus riches du monde, discuter de problèmes insolubles, d'énergie, des malheurs du tiers-monde. Tout à l'heure, nous retraverserons le Grand Canal pour nous rendre à la Salute, où se tiennent les séances plénières. Je voudrais que jamais ne s'arrête cette traversée.

Pendant toute la durée de la conférence, j'essaie de profiter le mieux possible de cet endroit unique, avec la bénédiction du Président qui m'encourage à visiter plusieurs églises et me donne quelques repères dans cette ville qu'il connaît bien et qu'il aime. Je me promène dans les petites ruelles sombres et fraîches à la recherche de gravures anciennes, que je trouve ! Une visite est programmée à Murano pour voir travailler les verriers : mais j'aurais l'air d'une touriste et ne souhaite pas me joindre aux autres sorties organisées. Je préfère aller visiter le jardin du monastère, non loin de la villa, où me guide un moine francophone et francophile.

De la fenêtre de ma chambre, le spectacle est magnifique. Le matin, une brume qu'on pourrait toucher nimbe le paysage d'une lumière gorge-de-pigeon traversée d'éclairs dorés. Je suis loin, très loin du G7. C'est sûr, je reviendrai.

C'était notre septième G7. Le dernier. À la conférence de presse finale, assis à côté de Jacques Chirac, le Président fait un numéro éblouissant, ne laissant à son Premier ministre que la possibilité de l'approuver, sans pouvoir ajouter une seule phrase. C'est peut-être le dernier G7, mais François Mitterrand est toujours le patron !

Voyages, voyages…

Prendre l'avion m'était une véritable corvée. J'avais peur. J'y pensais des jours et des jours à l'avance. Une fois embarquée, je n'entendais que des bruits inquiétants, convaincue qu'un moteur allait tomber en panne, que l'avion s'écraserait et que je sombrerais dans la mort, laissant mari et enfants sur l'autre rive.

Mais je ne peux quand même pas m'empêcher de découvrir le monde parce que je meurs de peur en avion ! Je repense à Giraudoux : « Si tu veux découvrir le monde, ferme les yeux Rosemonde. » Les petites phrases comme celle-là sont bien utiles, mais comme on ne peut pas vivre les yeux fermés, j'ai fini par les ouvrir et j'ai pris l'habitude de l'avion. J'y suis même très heureuse chaque fois qu'il m'est donné de décoller. Plus de téléphone, plus de parafeurs, plus rien ! Lire. Manger. Dormir. Ne rien faire. Jamais je n'aurais cru, en traversant la Seine en mai 1981, que mes pas me porteraient aussi loin et que je prendrais goût aux voyages aériens ! Comment ne pas être sensible à la vue de Paris depuis un hélicoptère ou au charme de la vallée du Rhin ? Je ne parle pas allemand, je connais mal la culture germanique, mais j'aime aller du cœur de Bonn jusqu'aux jardins en terrasse du château d'Ernich, résidence de l'ambassadeur de France. Vu de quelques dizaines de mètres de surplomb, le cours du Rhin est magnifique en toute saison, quelle que soit l'heure du jour ou de la soirée.

Des voyages, il y en eut donc beaucoup. C'était chaque fois le même cérémonial. Départ du salon d'honneur de Roissy. Tapis rouge du salon à l'avion. La garde républicaine au garde-à-vous. À l'arrière de l'avion s'installent d'abord les petits, les sans-grade, puis les chargés de mission, les conseillers, les ministres et enfin, dernier derrière le chef du protocole, le Président.

À l'arrivée, la cérémonie se répète dans l'ordre inverse. Au bas de la passerelle attendent le Président du pays hôte ou le Premier ministre, les ministres, les ambassadeurs, les personnalités. Une petite fille se détache et tend un bouquet au Président qui l'embrasse avant de remettre les fleurs entre les mains de son aide de camp (si Danielle est là, c'est elle qui reçoit et garde les fleurs). Exécution des hymnes nationaux avant le passage en revue de troupes qui attendent depuis plus de trois heures. Selon le pays, la fanfare mobilisée pour la circonstance joue de la musique militaire ou des airs de musique locale. En Jordanie, on ne traîne pas sur le tarmac : on se retrouve au centre d'Amman avant d'avoir eu le temps de regarder autour de soi. En Inde, les soldats ont des coiffures sophistiquées et l'on remarque des joueurs de cornemuse, vestiges de la présence britannique. À Abidjan, la fanfare se souvient des airs militaires français et joue « Les Dragons de Noailles », avant d'attaquer « Sambre et Meuse ». Ces exercices musicaux ne laissent pas indifférent...

Pour son premier voyage, le Président s'est rendu à Londres. Avec Danielle, il a assisté au mariage du prince Charles et de Diana. C'est Marie-Claire Papegay qui l'a accompagné ; il y avait une telle affluence, un tel service d'ordre qu'elle n'est pratiquement pas sortie de la résidence de l'ambassadeur de France à Kensington. Comme 750 millions de téléspectateurs dans le monde et comme nous à Paris, elle a suivi l'ensemble des cérémonies à la télévision.

Du premier sommet franco-britannique auquel j'ai assisté, en septembre 1981, j'ai gardé un souvenir très vif. Le Mystère 20 du Président s'était posé sur un aérodrome militaire. En moins d'une demi-heure, nous avions atteint le cœur de Londres. La route était ouverte par des motocyclistes qui n'usaient ni de klaxons, ni de gyrophares. Tout s'était passé très vite, dans un silence impressionnant. Je me rappelais mon premier voyage de jeune fille au pair en Angleterre. Orléans, gare d'Austerlitz. Gare d'Austerlitz, gare Saint-Lazare. Gare Saint-Lazare, Dieppe. Dieppe, Newhaven. Newhaven, Londres. Après douze heures de voyage, je retrouvais des amis de mes parents qui ne m'avaient pas vue depuis douze ans ! Ma vie avait changé. Je goûtais la chance de pouvoir profiter des facilités que donne le pouvoir. Au dîner du soir, chez l'ambassadeur, j'étais assise au côté d'Alain Grenier, premier secrétaire à l'ambassade, fils du prof de philo de Camus, Jean Grenier, dont je venais de lire *Les Îles* et la belle préface de l'élève à l'œuvre du maître. Je dois sans doute à cette conversation avec le fils d'un écrivain que j'admirais d'avoir passé trois jours, quelques années plus tard, avec mon mari, dans l'une des plus belles résidences de France à l'étranger. Avec une immense gentillesse, Alain Grenier, ambassadeur de France à Lisbonne, et sa femme allaient nous faire découvrir une capitale que nous ne connaissions pas. Durant ce court séjour à Londres, en me promenant dans le quartier de Kensington, je découvris dans une foire à la brocante de l'argenterie qui, après avoir fait mon bonheur, ferait celui de mes belles-filles. Si, la première fois que je me perdis dans Londres, on m'avait dit : « Un jour tu y viendras avec le président de la République, tu auras une voiture avec chauffeur, tu ne pourras pas te perdre et tu achèteras de l'argenterie », j'aurais haussé les épaules en comptant les shillings dont j'avais besoin pour payer mon *fish and chips* et ma glace Wall's entre deux gaufrettes…

Nombreux furent les voyages du Président. J'ai fait partie de la « suite » de plusieurs. C'était toujours intéressant et enrichissant. Certes, voyager de cette manière ne relève pas de l'aventure, mais donne néanmoins de grandes joies. J'ai été heureuse de pouvoir contempler du balcon des voyages officiels d'autres paysages et d'autres mondes.

Dès le mois de mai 1981, le roi Khaled d'Arabie Saoudite avait fait savoir à François Mitterrand qu'il l'invitait à effectuer dans son pays une visite officielle. Ce devait être, en septembre, le premier voyage officiel du Président. C'est avec curiosité que j'émis le souhait d'assumer le secrétariat de ce voyage, malgré les mises en garde du protocole : pas de décolleté agressif, manches longues, tête couverte. En plus, je risquais d'être consignée dans ma chambre ou dans un bureau : pas question de se promener seule dans Taïf, la ville où nous reçoivent les autorités saoudiennes. J'enregistre. Je mets des livres dans ma valise. Je n'oublie pas *Les Sept Piliers de la sagesse* ; si on ne peut pas voir, on peut toujours lire...

À Taïf commencent les surprises. La première : un journaliste avec qui j'ai participé à une table ronde deux semaines plus tôt à Dakar est au premier rang. Entre deux salutations officielles, il m'invite à dîner au restaurant, le soir même. Il passera me chercher à l'hôtel. Dans la voiture qui m'y emmène, je suis assise à côté du conseiller commercial de l'ambassade de France à Riyad. Naïvement, je lui dis : « Évidemment, vous parlez arabe. » À mon grand étonnement, il me répond : « Non. Ici, c'est l'anglais qui compte. » Ce qui signifie qu'un conseiller commercial à l'ambassade de France de Riyad ne parle pas l'arabe, ne le comprend pas, ne le lit pas, ne l'écrit pas. L'homme qui représente les intérêts économiques de son pays ne peut pas lire les journaux, ni écouter la radio, ni correspondre de quelque manière que ce soit avec ses interlocuteurs. Je suis stupéfaite. Deuxième surprise de la journée.

Arrivée à l'hôtel, le service du protocole me fait savoir qu'un dignitaire saoudien cherche quelqu'un qui connaît la Sorbonne. Troisième surprise : je me retrouve dans une suite en compagnie de Saoudiens très cultivés, dont l'un est titulaire d'un doctorat ès lettres obtenu à Paris, à parler de la Sorbonne où je n'ai pas mis les pieds depuis 1968 ! Soudain, c'est l'heure de la prière. Je veux m'en aller. On me prie de rester. Je vois ces messieurs importants, tournés vers La Mecque, s'agenouiller sur des draps de bain et réciter leurs prières à haute voix. Je pense, moi aussi, que « Dieu est grand ». Cinq minutes après, la conversation reprend…

Au cours de ce voyage, j'ai peu travaillé pour le Président. Mais j'ai pu me promener dans la grande voiture américaine que les Saoudiens ont mise à ma disposition. Le chauffeur m'a amenée dans les souks acheter des montres pour mes fils. J'ai fait le tour d'une ville moderne et étrange où j'ai vu beaucoup de constructions neuves, beaucoup de voitures énormes à mes yeux d'Européenne. Le soir, sur les parkings, leur voiture derrière eux, les chauffeurs s'asseyent en rond, comme autrefois, sans doute, dans les caravansérails, pour fumer et parler en attendant de ramener leur patron à la maison.

Le roi Khaled a décidé d'emmener le Président voir le berceau de sa famille, ce qui nous vaut de passer un après-midi hors du temps à Dharan. Au départ de Taïf, les journalistes très excités admirent sur l'aérodrome, pour la première fois, les fameux Awacs, avions d'observation dont quatre suffiraient à espionner la France en permanence. Les racines de la famille saoudienne les passionnent moins que la dernière production des usines Boeing ! Puis nous montons dans de somptueuses limousines et roulons sur des tapis jusqu'au lieu de la réception, qui mélange mets orientaux et occidentaux. Après quelques rafraîchissements, on nous fait visiter un village où tout est simple et vrai. Des enfants se poursuivent entre les maisons, les femmes nous regardent le plus discrètement possible. On nous offre des dattes, des pâtisseries au miel, du lait. J'ai gardé le petit bol en bois qui me fut donné, garni de gâteaux confectionnés par une femme du village. L'après-midi s'achève dans la lumière orangée et soufrée du désert. Les Cadillac, les Chevrolet, le caviar et tout le monde occidental ont disparu. Nous étions dans les jardins de Dharan, un ailleurs surprenant de calme et de simplicité. Même la sonorité des voix s'est adoucie. Je me souviens d'avoir dit au Président, en le croisant dans une petite rue sablonneuse : « Ça devait être comme ça à Nazareth. » Il avait souri.

Malgré ces instants paisibles, cette première visite officielle n'était pas touristique. Il y fut certainement question de problèmes économiques liés à l'énergie, à la politique arabe de la France, aux relations de notre pays avec Israël qui, pour le Président français, n'étaient pas discutables. Mais je n'eus pas une note à dactylographier. Nous étions dans le monde de l'oralité. Souvent, je repense à ce voyage et à cet univers que je n'ai fait, à mon grand regret, qu'entrevoir.

Du 3 au 5 mars 1982, François Mitterrand est en Israël. Il est le premier président français à prononcer un discours à la Knesset – l'Assemblée israélienne. Je ne faisais pas partie du voyage, mais un photographe américain, Diego Goldberg, m'a donné un cliché pris au cours de cette cérémonie – cliché que j'ai un jour demandé au Président de me dédicacer, car il a pour moi une grande signification. François Mitterrand s'est en effet déclaré favorable à la création d'un État palestinien, sans ambiguïté. La quatrième des propositions de son programme indique clairement que la paix au Moyen-Orient sera fonction de « la garantie d'Israël dans des frontières sûres et reconnues », du « droit du peuple palestinien à disposer d'une patrie » et de « l'unité du Liban ». Qu'il s'adresse aux Arabes ou aux Israéliens, le Président français tient le même discours. Jusqu'à la fin du second septennat, il ne variera pas. Ce discours sera souvent commenté. Pour François Mitterrand lui-même, ce fut un moment très important ;

il est regrettable que certains de ses collaborateurs l'aient parfois oublié.

De France en Afrique

Le premier septennat a commencé avec la dissolution de l'Assemblée nationale et l'élection d'une nouvelle chambre où la gauche obtient quarante sièges de plus que la majorité absolue.

Pierre Mauroy est le Premier ministre d'un gouvernement de quarante-deux membres, dont quatre communistes. Dès juillet 1981, conscient de la brièveté des gouvernements de gauche dans le passé, François Mitterrand le presse de mettre en route le plus vite possible les réformes promises par le Programme commun et les cent dix propositions.

L'opposition n'est pas seulement nationale, elle est internationale. Les Américains s'inquiètent du changement en France. L'ambassadeur des États-Unis à Paris ne se prive pas de souhaiter que ce régime disparaisse rapidement et prétend qu'il faut tout faire pour cela. Evan Galbraith n'aime pas François Mitterrand. Il lui plairait certainement de convaincre le Président Reagan qu'il a les moyens de se comporter comme à Santiago ; mais la France n'est pas le Chili.

François Mitterrand ne se laisse pas déstabiliser. À Ronald Reagan, à Margaret Thatcher, il explique sa position face aux missiles soviétiques à moyenne portée braqués sur l'Europe. Pour lui, la paix n'est possible que si l'équilibre des forces est respecté. En novembre, le Bundestag vote le déploiement rééquilibrant des Pershing II. Le Président français accepte alors d'aller à Moscou, où il sera reçu en juin 1984. Au cours du discours qu'il prononce au Kremlin, il s'adresse directement au premier des dissidents, Sakharov, sans se laisser impressionner par Tchernenko, secrétaire général du PCUS. Il sait que certains Soviétiques attendaient et apprécient ses déclarations et veut montrer au monde occidental qu'il n'est l'otage d'aucune idéologie, d'aucune politique, qu'il est libre.

En 1981, la construction européenne est au point mort. Les exigences budgétaires de Margaret Thatcher sont inadmissibles : il faudra à François Mitterrand trois ans d'efforts conjoints avec Helmut Kohl pour, en juin 1984 à Fontainebleau, amener la « Dame de fer » à un compromis, coûteux certes, mais qui va relancer la construction européenne.

Il doit être sur tous les fronts en même temps. À l'intérieur, rien n'est facile. Les lois Auroux sur les droits des travailleurs sont votées en août et décembre 1981. Mais la reprise mondiale annoncée se fait attendre et le franc est dévalué de 8 % en octobre. Les finances publiques sont dans un état inquiétant ; le Président va devoir se résigner au plan de rigueur que lui imposent Pierre Mauroy et Jacques Delors dans le courant de l'hiver 1982-1983. Faut-il faire sortir la France du Serpent monétaire européen ? Des amis, comme Jean Riboud, P-DG de Schlumberger, le pressent de le quitter. Les notes succèdent aux notes, les visiteurs se relaient et, le 23 mars, le Président rend sa décision : la France restera dans le SME. Il rejoint la position de Mauroy, Delors et Fabius, ainsi que du directeur du Trésor. « Je n'ai pas voulu isoler la France de la Communauté européenne. » Ses collaborateurs, sous sa responsabilité, mettent en œuvre une troisième dévaluation, un deuxième plan de rigueur. Le socialisme a-t-il perdu ? Est-il impossible de « changer la vie » ? Le Président a choisi l'Europe.

L'Europe ? Oui. Mais aussi l'Afrique, qui tient toujours une place importante dans les préoccupations de la France. Les 3 et 4 octobre 1983, sommet franco-africain à Vittel. François Mitterrand a invité le Président ivoirien et le Président guinéen, Sékou Touré, dans le Mystère 20 qui l'emmène à Vittel. Ces trois chefs d'État ont beaucoup à se dire. Sékou Touré, ex-thuriféraire du président de l'UDSR, opposant au général de Gaulle, a fait savoir dans ses discours et dans ses écrits combien il déteste le premier secrétaire du parti socialiste ; il l'a accablé d'injures personnelles, a accusé son parti d'être celui « du déshonneur et de la trahison ». Mais il a tout oublié : le revoici au côté de la France. André Lewin, notre ambassadeur à Conakry, l'a-t-il persuadé que son pays a autant de chances de réussir que la Côte d'Ivoire ou le Cameroun, qu'il s'est trompé dans ses choix politiques et qu'il est temps de renouer avec les amis d'autrefois ?

Un été, en 1973 peut-être, le Président Félix Houphouët-Boigny nous avait invités, mon mari et moi, à Yamoussoukro, dans sa maison de famille. Le palais n'était pas encore construit. Il y avait là quelques-uns de ses plus anciens soutiens du RDA[1]. Ils se préparaient à se rendre à Fofana, village natal de Sékou Touré, pour « parler avec lui » et lui demander de rejoindre la Communauté. Au maire d'Abidjan qui avait dit : « On ne peut pas parler devant un journaliste », Houphouët-Boigny avait répondu : « Je connais Decraene. Si je le lui demande, il ne dira rien avant que nous soyons rentrés. » Tandis que nous déjeunions – saucisson de Lyon en brioche, ragoût de singe, frites, riz de Côte d'Ivoire, fromages de France, gâteau au chocolat et crème anglaise –, le Président ivoirien avait passé en revue

1. Rassemblement démocratique africain.

tous ses collègues. De Senghor, il disait : « Au Sénégal, ils ont de la chance, ils ont un poète. » Son ironie condescendante masquait sa jalousie : il savait que le Sénégal jouissait d'une faveur particulière en France, mais lui se demandait comment on pouvait préférer les arachides au café et au cacao. Pour lui, Sékou Touré était le frère qu'il faut ramener à la raison : « En Afrique, Decraene, quand il y a un fou dans la maison, c'est en lui parlant qu'on le guérit. » Le surlendemain, Houphouët-Boigny fit savoir à mon mari que la rencontre de Fofana n'avait abouti à rien. Sékou Touré n'était peut-être pas fou, ou bien les Ivoiriens n'avaient pas parlé assez longtemps.

Pendant l'heure que nous passons ensemble entre ciel et terre (prétextant un travail à me donner, François Mitterrand m'a assigné la quatrième place de son salon particulier), je repense à cette journée, aux relations chaotiques de ces trois hommes en les entendant deviser comme les meilleurs amis du monde. Mon mari, lui aussi, a connu bien des différends avec ces trois présidents. Sékou Touré ne l'appelait-il pas son « ennemi intime » ?

Ce sommet intéressant n'a malheureusement débouché sur rien d'important pour l'Afrique en général. Il n'a permis que d'utiles tête-à-tête. Le Président du Burkina-Faso, Thomas Sankara, est arrivé en tenue de combat : on lui a fait comprendre gentiment qu'il pouvait laisser son arme au vestiaire. Comme souvent, ces réunions permettent aux uns et aux autres de renouer des liens amicaux ou d'établir des relations personnelles, et c'est ce en quoi elles sont indispensables. Guy Penne, en charge de la cellule africaine à l'Élysée, s'y consacre avec grand talent ; son expérience d'ancien dirigeant de l'Unef et de la franc-maçonnerie lui a fait immédiatement trouver le ton juste pour parler à ces chefs d'État qui, pour la plupart, redoutent encore les « rouges »...

La découverte de l'Amérique

Des voyages officiels, au cours de ces années, il y en eut de nombreux : États-Unis, Allemagne, Chine, Japon, Inde, Israël... Je ne parlerai que de ceux auxquels je pris part et qui m'ont marquée. Et d'abord, les États-Unis. Ronald et Nancy Reagan ont invité Danielle et François Mitterrand pour une visite d'État. Le voyage, tel qu'il est prévu, doit les mener de Washington à New York en passant par Atlanta, San Francisco, Pittsburgh. Je me réjouis de passer une semaine outre-Atlantique. Mes notes témoigneront pour moi.

21 mars 1984. Le départ a lieu à 21 heures, de Roissy. Il n'y a pas grande différence entre le départ d'une colonie de vacances et celui d'un voyage officiel ! Même agitation, mêmes pépiements. Il y a ceux qui savent et ceux qui viennent pour la première fois. En Concorde, il faut moins de quatre heures pour atteindre Washington. Nous volons plus vite que le soleil. Nous nous posons sur l'aérodrome d'Andrews à 19 heures *local time.* Un cortège de limousines s'ébranle vers Washington. Pas assez rapides, les Renault Alliance démarrent avec quelque retard. Conduites par des étudiants qui ne connaissent pas Washington, il s'en faut de peu que nous ne nous perdions. J'arrive à l'hôtel après les autres. L'aide de camp me cherche partout ; le Président a besoin de moi. Jusqu'à 2 heures du matin (8 heures à Paris), nous allons travailler au discours qu'il doit prononcer au Capitole. Jacques Attali, Jean-Louis Bianco, Jean-Marie

Guéhenno[1], Hubert Védrine font des allées et venues de l'appartement du Président à ma chambre. À minuit, le Président nous demande l'heure et va se coucher : « Réveillez-moi à 8 heures. » Il est fatigué. Nous aussi. Si le bruit de ma machine à écrire ne me tenait pas éveillée, je crois que je m'endormirais.

22 mars. À 11 heures, nous devons être à la Maison-Blanche. Le Président et Nancy Reagan accueillent le Président et Danielle. Rendus méfiants par notre « promenade » de la veille, nous décidons de partir en avance. Heureusement ; nos chauffeurs ne connaissent pas la ville et c'est nous qui devons les guider. La cérémonie à la Maison-Blanche est un mélange de tradition et de cinéma. Ces fifres et ces tambours, combien de fois les avons-nous vus dans des films ? Il fait froid. Un vent aigrelet s'engouffre dans les rangs des officiels et des curieux. Nous n'avons pas envie de traîner dans les jardins de la Maison-Blanche, qui sentent le buis et la province. Dans douze jours, dix peut-être, les magnolias et les tulipiers seront en fleur.

Nous déjeunons à l'hôtel avant d'aller au Capitole entendre le Président qui doit s'adresser au Congrès. Avec une certaine émotion, nous montons les marches que nous avons vu gravir par tant de célébrités. Lorsque le Président entre, il est accueilli par des applaudissements convenus. En quarante-cinq minutes, il dit à cet auditoire tout ce qu'il croit devoir dire. Ils n'ont pas l'habitude qu'on leur parle ainsi, les sénateurs américains ! Mais ça n'a pas l'air de leur déplaire. À la fin, le Président est applaudi de longues minutes par tous les membres du Congrès, debout. Le public, lui aussi, applaudit à tout rompre.

---

1. Conseiller culturel de l'ambassade de France.

Cette première journée se termine par une soirée à la Maison-Blanche. Douze personnes seulement ont été invitées à dîner. Douze autres ont été ajoutées pour l'« après-dîner ». Nous aurons droit au dessert. À notre arrivée, on nous installe dans un petit salon. Un feu brûle dans la cheminée, deux jeunes femmes jouent l'une de la flûte traversière, l'autre de la harpe. Haydn, Mozart, Vivaldi nous accueillent chez Nancy et Ronald Reagan. Des invités américains sont là aussi. Nous nous mêlons les uns aux autres. J'apprends ainsi que Phyllis Oakley[1] me cherche, que les Barbour[2] ont quitté Madrid et que Peter Sebastian va peut-être être nommé ambassadeur des États-Unis à Tunis. J'ai connu tous ces diplomates à Paris, où ils étaient des spécialistes des questions d'Afrique de l'Ouest.

On nous offre café, digestifs, friandises. Ce n'est pas très différent d'une réception chez le préfet de région à Bordeaux ou à Nancy. Puis on nous fait asseoir car un spectacle est prévu, et quel spectacle ! Julio Iglesias chante en français et en espagnol – mais pas en anglais, nous dit-il, car lorsque son père l'a envoyé étudier en Angleterre, il n'a rencontré que des Françaises ! C'est un excellent professionnel. Je plains les trois filles qui, pour gagner leur vie, se trémoussent au rythme de ses chansons et reprennent quelques refrains.

Les Reagan remercient chaleureusement le beau Julio et, tandis que les Mitterrand s'éclipsent discrètement, ouvrent le bal. Mais oui, un bal. Comme à Blois avant guerre – ma grande référence en matière de bal !

---

1. Alors secrétaire d'État au Bureau de renseignement et de recherche (INR).

2. Walworth Barbour, ambassadeur américain en Israël de 1961 à 1973.

Le Président de la plus grande nation du monde danse avec sa femme et les femmes de ses ministres, sous les yeux ahuris de l'entourage du président de la République française !

23 mars. Ce matin, le Président rencontre les journalistes. Il est très en forme et sa conférence de presse est un succès. Une journaliste américaine, tout de panthère vêtue, lui demande comment il fait pour être à la fois « *happy, healthy and handsome*[1] ». Le Président, amusé et flatté, lui répond à peu près, de manière un peu trop raisonnable à mon goût : « Je ne fais jamais plus que je ne peux faire, je ne force pas ma nature. » Ce qui est faux. Comment capter l'intérêt si l'on n'a pas un peu de folie en soi ?

Nous nous rendons à Arlington en un long cortège. Des tombes à perte de vue. Çà et là, des stèles un peu plus hautes, de petits monuments : ce sont des tombes d'officiers. Choquante, cette inégalité dans la mort. Il fait froid, un vent puissant souffle et siffle entre les arbres. Comme indiqué sur les livrets distribués par le protocole, « les hymnes nationaux sont exécutés ». Nous allons jusqu'à la tombe de John Kennedy et nous arrêtons longuement devant le mur sur lequel sont gravés les noms de tous les Américains tombés au Viêt-nam.

Déjeuner de dames à Blair House, à l'invitation de Mme Bush, la femme du vice-président. Une quarantaine d'Américaines ont été invitées à déjeuner avec une dizaine de Françaises. Le progressisme de mes voisines est très relatif. Pour elles, socialisme et satanisme sont pratiquement synonymes. Ma voisine de droite s'indigne de ce que la proposition visant à instituer la prière obligatoire, quotidienne et matinale dans

1. Heureux, en bonne santé et beau.

les écoles n'ait pas été votée. Ma voisine de gauche est persuadée que la France, à cause de l'école laïque, est à feu et à sang. Comme elles sont bien élevées, elles ne disent pas à voix haute ce qu'elles pensent tout bas ; c'est dire que nous avons, malgré nos idées politiques, l'air de femmes convenables. Que je sois catholique, mariée avec le même homme depuis trente ans, mère de quatre enfants les rassure un peu sur le régime politique de la France. Et puis, nous sommes suffisamment bien habillées pour ne pas effrayer.

Après le déjeuner, nous allons visiter l'aile est du Musée national, œuvre de l'architecte Ieoh Ming Pei. Autant j'aime l'extérieur, autant l'intérieur me déplaît. C'est un capharnaüm dans lequel je ne me reconnais pas. Nous nous attardons devant quelques tableaux – mais qui, lors d'une visite officielle, peut vraiment regarder ce qu'il aime ?

Ce soir, dîner à la résidence de l'ambassadeur de France. La maison est belle. Le Président est de bonne humeur. Nous rentrons à l'hôtel pour boucler nos valises.

24 mars. La journée sera longue. Déjeuner à Atlanta, nuit à San Francisco. Comme nous sommes en visite officielle, le Président Reagan a mis un avion de l'US Air Force à la disposition de François Mitterrand. Nous faisons connaissance avec le fameux *Air Force One*, dont les Américains parlent avec respect et considération. Les hôtesses, des militaires, les stewards, des militaires, l'équipage, des militaires, sont aux petits soins pour nous. En fin de matinée, nous arrivons à Atlanta. Les abords de la ville sont compliqués : enchaînement d'autoroutes et de boulevards circulaires. Comment se retrouve-t-on dans ce labyrinthe ?

Nous descendons à l'hôtel Hyatt, magnifique gratte-ciel construit autour d'un patio d'où s'envolent littéralement quatre ascenseurs qui sont quatre bulles de plastique. Le maire, noir, a réuni un déjeuner de mille personnes. Son discours de bienvenue sonne étrangement familier à ceux qui suivent les rapports franco-africains. Il y est question de négritude, du rôle prépondérant de la France en matière de Droits de l'homme, de liens indestructibles entre les nouvelles républiques indépendantes et l'ancienne métropole. *La Marseillaise* est « exécutée » d'une manière originale et inattendue, avec de curieuses fioritures ; nos « féroces soldats » mugissent d'étrange façon !

Après le déjeuner, nouveau pensum pour le Président, passage en direct à la télévision. Le journaliste qui l'interviewe ne le lâche pas, tel un chien de chasse après sa proie. Dès qu'il est en terrain découvert, le Président, au lieu de courir, attaque à son tour. On sent que l'un et l'autre prennent plaisir à l'exercice. C'est du travail bien fait, sans vainqueur ni vaincu. Une fois de plus, j'admire l'efficacité, la culture, le travail de professionnel des journalistes américains.

Au musée, chef-d'œuvre de l'architecture américaine contemporaine, est réunie la colonie française. Que fait-on à Atlanta si l'on est français et si l'on ne construit pas le métro ? On est restaurateur – ou serveur. Tous se pressent au pied de l'estrade sur laquelle a pris place François Mitterrand pour dire quelques mots ; et l'on voit à quel point les travailleurs immigrés, ici aussi, sont inégaux.

Notre séjour à Atlanta s'achève à la Fondation Martin Luther King. Pour l'homme qui a dit au monde « *I had a dream* », on ralentit la cadence d'un voyage dont le programme laisse peu de temps pour le recueillement. Curieux mausolée, au milieu d'un bassin. Je me fiche pas mal de l'endroit où je serai enterrée, mais cette sépulture entourée d'eau me gêne. La terre mère me semble tellement plus confortable, plus sûre. Il fait chaud. Nous sommes en Géorgie, l'atmosphère est étouffante. Est-ce le lieu, la température, les personnes présentes, l'exposition qui transforme le hall de la maison en lieu de culte, l'attitude de Mme Luther King ? Quelque chose me déplaît dans tout cet apparat qui me paraît contredire la pensée du charismatique leader noir.

Nous arrivons à San Francisco dans la soirée. De la fenêtre de ma chambre, j'aperçois les lumières de la ville. Est-ce le Golden Gate Bridge, à droite ? La Porte d'or ! Quel beau nom – et quel beau site !

25 mars. Un dimanche ordinaire à San Francisco. Après une grande promenade autour de la Baie, déjeuner à Sausalito, à l'invitation de Danielle. Nous sommes une vingtaine dans une salle de restaurant qui surplombe la mer. À droite, San Francisco, à gauche, le Pacifique. Le printemps a déjà pris possession de la baie tout entière. Le soleil est là. Des centaines de voiles blanches courent sur l'eau, les bateaux sont de sortie jusqu'à l'automne.

Nos convives sont intéressantes. Cette petite dame ronde et blonde, volubile et sautillante, c'est Mme Salinger, mère de Pierre ; âgée de quatre-vingt-six ans, elle est très fière de ses palmes académiques. Elle n'arrête pas de rappeler ses souvenirs de Paris. Ginette Sagan-Topolino, elle, a introduit Amnesty International aux États-Unis. Cette Italienne qui résista au fascisme et fut délivrée par des résistants après avoir été condamnée à mort a une vitalité extraordinaire ; par quels hasards est-elle venue s'installer à San Francisco ? Dans l'après-midi, les invitées de Danielle tiennent absolument à nous faire voir la forêt de séquoias. Nous ne regrettons pas de les avoir suivies.

26 mars. Berkeley n'est pas du tout, mais pas du tout ce que j'imaginais. Je voyais un ensemble de collèges, un peu comme à Yale, alors que c'est une ville. Une ville d'étudiants où l'on trouve magasins, services administratifs, hôpital, salles de réunions. C'est inattendu et nous nous perdons. Nous qui nous pensions conviés au cœur de l'Université, quelque chose comme l'amphithéâtre Richelieu de la Sorbonne ! En fait, plusieurs cœurs battent – ou semblent battre – dans cet endroit. François Mitterrand s'adresse aux étudiants et remporte un vif succès. Sur place, nous retrouvons des universitaires français venus signer une convention avec des responsables des universités californiennes. Des manifestants arabes conspuent la France et les Français, brandissent des portraits de l'ayatollah Khomeiny en hurlant : « *Death to Mitterrand !* » Je me demande bien pourquoi l'on n'a pas laissé ce nuisible ayatollah sous son pommier à Neauphle-le-Château, où il s'était installé et où, heureusement, François Mitterrand n'a jamais voulu lui rendre visite. Habitués à de tels excès, les Américains ne bougent pas et se contentent de contenir les excités. Nous déjeunons dans un des plus anciens bâtiments de l'Université.

Après le déjeuner, au cours duquel Haroun Tazieff tient son auditoire en haleine en racontant ses histoires de volcans, nous partons pour Stanford. Les hélicoptères où nous prenons place me font irrésistiblement penser à la guerre du Viêt-nam. Le pilote a laissé la trappe arrière ouverte, ce qui nous permet d'admirer San Francisco et sa banlieue qui, par chance, ne sont pas noyés dans le brouillard et baignent dans une lumière vive qui souligne toutes les couleurs de cette ville au charme particulier.

À Stanford, séance de travail. Nous sommes au Center for Integrated Systems de l'université. Le bâtiment n'est pas terminé. On a installé à la hâte une petite salle où se tient une table ronde. Que peut l'État français dans la mise en application des recherches conduites à leur terme par l'Université ? Qui finance la recherche ? Quel industriel suffisamment désintéressé voudrait financer des recherches qui n'arriveront à terme que dans quatorze ans ? À la question du Président : « Comment voit-on, aux États-Unis, les logiciels français ? », il est répondu avec un certain mépris : « Les logiciels français ? Jusqu'à ce jour, on n'a même pas pu envisager de les importer. Le système universitaire français n'a aucun atout pour fournir de bons logiciels… » Les débats sont retransmis en français et en anglais à l'extérieur, dans une vaste salle inachevée. Au sol, du béton nu, au plafond, des tuyaux et encore des tuyaux. Le débat est concret mais ardu. On sent les conseillers du Président au bord de l'exaspération. Susceptibles, ils supportent mal l'arrogance des Américains.

Nous sommes au point précis du globe où se concentre le plus de matière grise au mètre carré. Les savants les plus déliés parlent de notre présent et de notre futur immédiat. Il est question d'intelligence artificielle, de logiciels, d'appareils on ne peut plus sophistiqués. Mais depuis ce matin nous avons bu plus d'un litre de café – et le café américain a des vertus diurétiques égales à celles de la queue de cerise. Moment difficile. Le docteur Gubler, qui suit le Président comme son ombre, découvre la solution en ouvrant la porte d'une cabane plantée au milieu d'un chantier. Je n'ai rien vu de pareil depuis qu'en 1961, à Bussière-Badil, j'ai juré de ne jamais remettre les pieds dans la maison que nous venions d'acheter aussi longtemps qu'une fosse septique n'aurait pas été installée. Le décalage entre les sujets abordés dans ce haut lieu scientifique et l'absence du confort le plus élémentaire est ahurissant.

Nous nous rendons ensuite chez le doyen Kennedy, qui habite une maison de rêve au milieu d'un jardin où éclate le printemps naissant avec une prodigalité d'odeurs et de couleurs qui nous ravit. J'aime la conclusion de cette journée, par le doyen lui-même : « L'ordinateur le plus important du monde, c'est l'homme. »

27 mars. Départ pour Peoria sous un soleil resplendissant. La Californie s'éloigne vite. J'annonce au Président la mort de Sékou Touré que je viens d'apprendre. Sékou Touré est venu mourir à Cleveland. Cet Africain, tellement africain, condamné à mourir loin de chez lui, voilà qui fait réfléchir. Cet homme a tant fasciné ses contemporains, amis comme ennemis. Je me souviens de D. qui, après avoir enduré dix ans les pires sévices au camp Boiro sans savoir ce qu'on lui reprochait, et qui n'avait plus qu'un quart de poumon, vouait au Président guinéen une forme d'admiration aussi forte qu'étonnante. Celui qui fut le symbole de la résistance à l'impérialisme, qui aura tenu son pays éloigné de tout ce qui pouvait s'apparenter au capitalisme, est venu mourir dans une ville industrielle des États-Unis. Une ville symbole du monde moderne et capitaliste. Une ville où, en ce début de printemps, il fait gris et froid, où la nature est hostile, une ville étrangère à tout ce qu'il était. Par quelle malédiction les deux nationalistes les plus connus en Afrique de l'Ouest dans les années 1960 sont-ils morts loin de chez eux, Kwame Nkrumah en Roumanie, Sékou Touré aux États-Unis ? Que pensent les Guinéens de la mort de « Silli », comme ils l'appelaient, loin de son pays ? Ont-ils du chagrin, des regrets ou bien éprouvent-ils un lâche soulagement en attendant des jours meilleurs ? Qu'il est tragique, le destin de ces chefs temporels qui ont cru pouvoir tout organiser, tout régenter comme ils le voulaient et qui ont échoué !

À Peoria, le Consul de France nous attend. Il ne comprend pas pourquoi le Président est venu se perdre dans le Middle West. Ce lieu sert un peu de baromètre aux candidats aux différentes élections. On dit en effet : « *How do they vote in Peoria*[1] *?* » Ce n'est pas la raison de notre présence ! La plaine que nous traversons est morne et grise, mais la terre est lourde et riche. Dans un mois, les blés de printemps la feront verdir et, dans quatre mois, elle sera sillonnée par les moissonneuses-batteuses. Nous arrivons chez John R. Block, secrétaire d'État à l'Agriculture et éleveur de porcs. Une visite de la porcherie et une promenade en tracteur sont au programme. Nous pataugeons dans la boue, mais une séance photo dans une porcherie, c'est excellent pour les hebdomadaires ! Discussion avec des syndicalistes. Quelle honte, ces pays riches qui se concertent pour produire moins afin que les cours ne chutent pas, tandis que deux milliards d'êtres humains crèvent de faim ! N'est-il pas là, le vrai scandale de notre époque ? Que penseraient les paysans de l'Inde qui voient mourir leurs enfants d'inanition, s'ils savaient que les paysans du Middle West sont payés pour laisser une partie de leurs terres en jachère afin de ralentir la production des céréales.

Nous déjeunons sous la tente. C'est comme le banquet de l'Amicale laïque de Bussière-Badil : même public, mêmes préoccupations, mêmes difficultés, mêmes joies. Seule la température extérieure est différente. Le Président fait « un tabac » ; il connaît son monde rural sur le bout des doigts. Mais il faut laisser Peoria car on nous attend à l'université Carnegie Mellon

1. Comment votent-ils à Peoria ?

de Pittsburgh. Le discours change : ici, il s'agit de technologie de pointe. Jean-Jacques Servan-Schreiber a préparé pour le Président un discours si ennuyeux que c'est miracle qu'il ne s'endorme pas lui-même en le prononçant. Quant à l'assistance... heureusement, elle a le loisir de penser à autre chose si elle le souhaite. Le Président décore ensuite un chercheur amérindien. La famille du décoré est là, sur son trente et un, astiquée, enrubannée, superbe. À Claude Gubler qui se demande pourquoi ce crochet par Pittsburgh, je réponds que le Président est venu décorer un travailleur immigré. Humour douteux, mais la journée a été longue. C'est fatigant de décoller, d'atterrir, de passer d'une limousine à une autre, de faire la conversation dans une langue qui n'est pas votre langue maternelle, alors qu'on n'a envie ni de parler, ni de manger. Aujourd'hui, nous aurons mangé sept fois !

Quand nous arrivons à New York, il est minuit passé et il neige.

28 mars. À l'Economic Club de New York, plusieurs centaines d'hommes d'affaires – des « décideurs » – sont venus voir à quoi ressemble le chef d'un État socialo-communiste. François Mitterrand appelle au dialogue, demande qu'on s'intéresse aux famines qui se multiplient, aux déserts qui s'étendent. Il parle de l'économie française avec franchise. Hier soir, Valéry Giscard d'Estaing a donné à New York une prestation jugée médiocre. Mme Giscard « était plus pincée que jamais », me dit un homme d'affaires français ; elle plaît moins que Danielle, qui ne se prend pas pour la présidente de la République, titre qui n'existe pas, mais tout simplement pour Danielle Mitterrand.

L'accueil réservé au Président français est critique, mais attentif. À mesure que se déroule le débat, l'attention se fait plus soutenue et c'est avec sincérité que les sept cents personnes réunies se lèvent pour applaudir François Mitterrand lorsqu'il quitte la salle. Il a répondu aux questions avec précision, concision et humour, sans se dérober, et a mis l'auditoire de son côté en donnant un tour personnel à ses propos.

La journée se poursuit par une brève visite à Edward Koch, le maire de la « Grosse Pomme » que le Président décore de la Légion d'honneur. Improvisation sur New York, qui fut la Nouvelle-Angoulême : « Né près d'Angoulême, je me sens donc ici chez moi », etc. Il est aussi question d'Hector St John de Crèvecœur, premier représentant du gouvernement français aux États-Unis d'Amérique et, bien sûr, de Benjamin Franklin.

Notre voyage s'achève en pleine tempête de neige. Les pilotes du Concorde supplient le Président de hâter son départ : ils craignent que les pistes de l'aéroport soient enneigées au point de ne pouvoir décoller. Moi, je reste à New York pour passer sept jours chez ma sœur, qui habite ici depuis vingt-neuf ans. La neige tombe en flocons serrés. En quelques minutes, le temps de reprendre sa voiture, nous sommes mouillées et glacées.

29 mars. La tempête de neige a fait rage toute la nuit, secouant arbres, toitures, poteaux. De l'école où elle enseigne le français depuis vingt-cinq ans, on a appelé ma sœur : les établissements scolaires sont fermés. Le pays vit au ralenti. À la radio, à la télévision, il n'est question que de météorologie ; les nouvelles du monde ne traversent pas la tempête de neige qui s'est abattue sur l'État de New York, le Connecticut et le New Jersey. L'œil du cyclone est précisément là où nous sommes. Les pilotes du Concorde avaient raison : même à New York, la nature a le pouvoir de changer la vie quotidienne.

« Scoop » en Nouvelle-Calédonie

Mercredi 16 janvier 1985. François Mitterrand prépare son intervention au journal de 20 heures. Il doit évoquer la situation en Nouvelle-Calédonie. Depuis plusieurs semaines, la situation se dégrade dans l'île, à Nouméa notamment. Caldoches et Canaques ne manquent aucune occasion de s'affronter. Les indépendantistes ont décidé le boycott des élections locales. Eloi Machoro, ministre de la Sécurité du « gouvernement provisoire », a été tué. Un jeune Caldoche a été assassiné. Il faut réagir.

Sur ses notes, le Président a écrit : « Scoop. » Ce mot n'appartient pas à son vocabulaire habituel. Que signifie-t-il ? Dans le nouveau salon de télévision de l'Élysée, Christine Ockrent commence son interview, puis demande à brûle-pourpoint :

« Comptez-vous vous rendre en Nouvelle-Calédonie ?

— Oui, répond le Président.

— Quand ?

— Demain. »

La grande journaliste a du mal à cacher sa stupéfaction. Et, le 18 janvier au matin, à bord d'un DC8 de l'armée de l'Air, nous quittons Villacoublay. Font partie du voyage Pierre Joxe, ministre de l'Intérieur, Michel Charasse, conseiller du Président, Paul Guimard[1], le général Saulnier, des gendarmes (nombreux) et moi. L'avion est confortablement aménagé : nous allons y passer deux fois vingt heures en trois jours ! C'est le

1. Paul Guimard (1921-2004), journaliste et écrivain, auteur des *Choses de la vie*, chargé de mission auprès du président de la République de 1981 à 1982.

général Saulnier, chef d'état-major particulier du Président, qui organise l'emploi du temps : temps de travail, temps de repas, temps de repos. Escale à San Francisco à l'aller, comme au retour.

L'arrivée en avion est un émerveillement, une succession d'images stéréotypées mais très belles : la mer turquoise, les atolls, les îles frangées d'écume. On comprend ceux qui ne veulent pas en partir ! Et pourtant, cette île reste celle où furent déportés Louise Michel et les communards en 1871. Je pense à la mère de Virginie Buisson, née ici, descendante de communard. Virginie a écrit un très beau livre, *L'Algérie ou la mort des autres*[1], qui raconte son adolescence dans l'Algérie en guerre ; elle aussi est attachée au « Caillou » : elle organisera à la fin des années 1990 une belle exposition au Sénat sur ces déportés dont certains sont restés dans l'île. Je pense enfin à Roselaine Doucet-Lenhardt, dont le grand-père, pasteur, a évangélisé les Canaques.

Un hélicoptère nous emmène de l'aéroport à la résidence d'Edgard Pisani, qui représente le gouvernement français dans la région. Les Caldoches le détestent en raison du paquet de réformes qu'il a apportées dans sa serviette. L'hélicoptère est le plus extraordinaire moyen de découvrir un pays. Il permet de comprendre la géographie, l'économie, la sociologie et la politique. On repère immédiatement où se situent les terres fertiles, les quartiers d'une ville, les bidonvilles et les îlots résidentiels. Quand on survole Nouméa, on voit deux ports de plaisance remplis de centaines de bateaux : il va de soi qu'ils n'appartiennent pas aux indépendantistes ! Les hommes politiques devraient plus souvent regarder leur circonscription du haut d'un hélicoptère.

1. La Pensée sauvage, 1978 ; « Folio junior », Gallimard, 1984.

Dans l'enceinte du Haut-Commissariat, ils sont tous venus, Canaques, Caldoches, Blancs, Mélanésiens. Ils sont pitoyables, ces Blancs qui arrivent ceints d'une écharpe tricolore pour parler haut au Président et exiger de lui « le respect de la Constitution ». Ils ont des biens qu'ils veulent garder. Ils vivent au soleil, dans le confort, à longueur d'année. Ils n'ont pas d'autre endroit où aller. Alors ils revendiquent, ils exigent. Après avoir reçu les délégations des élus, des partis politiques, des communautés, des syndicats, des autorités religieuses, des chefs coutumiers, le Président a-t-il avancé sa réflexion ? Il a probablement changé d'avis sur Tjibaou qui lui a semblé être un vrai chef. Se dit-il, comme Tocqueville en 1841 : « Et moi, écoutant tristement toutes ces choses, je me demandais quel pouvait être l'avenir d'un pays livré à de tels hommes et où aboutirait enfin cette cascade de violences et d'injustices, sinon à la révolte des indigènes et à la ruine des Européens[1] » ?

En quarante minutes, nous déjeunons et nous partons, toujours en hélicoptère, pour Poindimié, une communauté rurale. Nous survolons des terres peu exploitées : quelques cultures vivrières, des brûlis, des troupeaux, rien qui ressemble à de vastes exploitations. Le paysage est à la fois luxuriant et triste. Les maisons sont convenables et tristes. Les gens qui nous reçoivent, laids et tristes, nous accueillent avec des chants tristes. Une femme me demande : « Vous arrivez de France ? Vous auriez dû nous apporter la neige, nous souffrons tellement de la chaleur... » *Tristes tropiques*... En Afrique, si pauvre, si misérable que soit le village où l'on s'arrête, il y a des sourires, de grands rires sonores, de la musique, des danses. Ici, tout me

1. *Notes sur l'Algérie*, 1841.

semble s'accorder à ces rudes voix rauques qui ne racontent certainement pas le bonheur de vivre. Que disent-elles, ces voix ? Qui, parmi nous, hôtes de passage, le sait ?

Dans le soir qui tombe – tôt pour nous –, le brouillard, les nuages de pluie se répandent doucement sur l'île dont nous ne savons pas grand-chose. Le caillou ne nous a pas livré ses mystères. Que peut-on découvrir en dix-huit heures ? On ressent des impressions, de premières impressions – d'aucuns disent que ce sont les bonnes.

Le Président n'en a pas fini avec la Nouvelle-Calédonie. Après le retour de la droite au gouvernement en 1986, les textes de 1982 et de 1985, relatifs au droit foncier qui gouverne tout dans l'île, sont abrogés. Cette provocation entraîne des drames qui, au printemps 1988, aboutiront à la capture de neuf gendarmes gardés en otages dans une grotte de l'île d'Ouvéa. François Mitterrand voudrait négocier, mais Bernard Pons, ministre des DOM-TOM, déclenche l'assaut le 4 mai au soir, en pleine campagne présidentielle. Les otages seront libérés, au prix de la vie de deux militaires et de dix-neuf Canaques. Pierre Joxe, à ce propos, a écrit : « C'est pour moi le dernier épisode de la France coloniale. » D'après l'article 23 de la loi organique du 19 mars 1999, la Nouvelle-Calédonie a succédé au territoire d'outre-mer de la Nouvelle-Calédonie dans l'ensemble de ses droits.

De Fabius à Chirac

S'il est des moments heureux, des rencontres passionnantes, les épreuves ne manquent pas. La querelle scolaire resurgit. Le 4 mars 1984, les catholiques font savoir qu'ils refusent l'intégration de l'école libre dans le grand service public confié à l'Éducation nationale que prévoyait le Programme commun. Le recteur de la Faculté catholique, le cardinal Lustiger, bien qu'il soit un ancien de la « laïque » et compte de nombreux amis dans le monde politique, participent à la fronde contre la loi Savary. François Mitterrand est un ancien élève des « bons pères », mais ses enfants sont allés au lycée public. Il ne tient pas à casser l'unité du pays pour une histoire d'école. Il rencontrera les autorités religieuses du pays.

Le 24 juin 1984, près d'un million de manifestants protestent dans la rue. C'est un dimanche, le premier de l'été. Nombreux sont ceux qui profitent de cette marche dans Paris pour se promener en famille. Certains participants interrogés le lendemain conviennent qu'ils ne sont pas descendus dans la rue pour défendre l'école libre, mais séduits par la perspective d'une promenade entre amis dans un Paris ensoleillé.

Le 12 juillet, François Mitterrand demande le retrait de la loi et Alain Savary démissionne. Pierre Mauroy, solidaire de son ministre, se prépare à partir. Le 17 juillet, Laurent Fabius devient à trente-sept ans le plus jeune Premier ministre de la France. Député de Seine-Maritime depuis 1978, il est énarque, mais aussi et surtout normalien. On le dit méprisant, sec, arriviste, ambitieux. Je le connais depuis 1974. En 1978, il est devenu chef de cabinet de François Mitterrand, premier secrétaire du parti socialiste. J'ai travaillé avec lui. Son efficacité, sa capacité de travail, son esprit de synthèse sont stupéfiants. Le matin, il trouve une pile de dossiers sur son bureau ; le soir, il n'y a plus que deux ou trois feuillets écrits lisiblement, dans un français clair et accessible à tous. J'admire son intelligence et son apparente décontraction.

Je sais tout ce qu'on lui reproche. Le sang contaminé ? Un crime qu'il est injuste d'avoir fait peser sur lui, le premier chef de gouvernement à avoir imposé l'interdiction de transfuser le sang non chauffé. J'ai bien connu le professeur Jacques Ruffié. Ce savant, hématologue, professeur au Collège de France, résistant, homme d'honneur s'il en fut, a toujours trouvé honteux de faire endosser à Laurent Fabius un crime qu'il n'avait pas commis. On lui reproche d'avoir critiqué le Président lorsque celui-ci reçut le général Jaruzelski, alors Premier ministre de la Pologne, et d'avoir refusé de le recevoir à Matignon et déclaré : « Lui, c'est lui, moi, c'est moi. » Quel fils ne s'est jamais opposé au père en s'affirmant maladroitement ? Il ne me semble pas que François Mitterrand lui en ait voulu durablement.

Dès son arrivée à Matignon, Laurent Fabius se trouve confronté à la crise du *Rainbow Warrior*. Une semaine avant son entrée en fonctions, le 10 juillet, le navire du mouvement écologique Greenpeace a été coulé dans le port d'Auckland, en Nouvelle-Zélande ; il devait prendre la tête d'une flottille de protestation contre les essais nucléaires. Une bombe a explosé à bord. Un photographe portugais a été tué. C'est le début d'un feuilleton qui s'achèvera par la démission du ministre de la Défense, Charles Hernu, un vieil ami du Président qui, depuis le Front républicain en 1956, fut, auprès de lui, de tous les combats.

Le 23 juillet, la police néo-zélandaise inculpe un couple qui serait responsable du sabotage. Le 8 août, le président de la République ordonne « sans délai une enquête rigoureuse ». Le 14, la presse révèle que les services secrets français sont impliqués dans l'affaire. L'ordre de saboter le chalutier remonterait au mois d'avril. L'affaire n'en finit pas de rebondir. François Mitterrand était-il au courant de cette opération dont l'issue fut si détestable ? Je ne l'ai jamais su. Charles Hernu, qui s'était enfermé dans la dénégation, est contraint au départ, suivi de l'amiral Lacoste, patron de la DGSE. Cette affaire laissera dans les mémoires un souvenir amer.

Le 16 mars 1986, les socialistes perdent les élections législatives. La droite revient. Le RPR et l'UDF obtiennent la majorité, le Front national récolte 10 % des voix et entre au Parlement. François Mitterrand ne tergiverse pas : il nomme Jacques Chirac Premier ministre. Mais a-t-il seulement le choix ? C'est la cohabitation.

Le premier conseil des ministres, dans une atmosphère glaciale, est expéditif. Le programme du nouveau gouvernement est nettement de droite. Commencent de sourdes luttes. Le Président ne veut pas perdre des acquis gagnés depuis cinq ans. Il ne se laissera jamais distancer. Anticipant les attaques de la droite, il l'empêche d'empiéter sur son territoire. Dans les sommets internationaux, il ne permet jamais à Jacques Chirac d'être seul sur le devant de la scène. C'est lui le chef !

Pendant que se livrent des batailles autour de la loi sur l'enseignement supérieur et les ordonnances de privatisation, François Mitterrand fait le ménage chez les siens. Otages français du Liban, Nouvelle-Calédonie : il doit tout affronter et tout régler. En politique étrangère, il garde la main. Ses relations avec le chancelier Kohl sont excellentes. Ensemble, ils créent la brigade franco-allemande. Le Président clarifie la stratégie française de dissuasion nucléaire sur les armes de courte portée, mal admise par les dirigeants allemands. Et laisse Jacques Chirac patauger dans les projets américains de « guerre des étoiles », dont il a compris qu'elle ne mènerait à rien.

Il continue à voyager. Les 15, 16 et 17 septembre : voyage officiel en Indonésie. François Mitterrand est accompagné du ministre des Affaires étrangères, Jean-Bernard Raimond, d'Alain Devaquet, Pierre Méhaignerie et Alain Madelin, qui représentent le gouvernement, et de ses conseillers. C'est au cours de ce déplacement que l'on apprend l'attentat de la rue de Rennes, devant chez Tati. Le retour du terrorisme endeuille notre voyage. Le Président demande que la visite de Borobudur soit supprimée : nous nous contenterons de nous asseoir devant le monument pour écouter les propos savants d'un conférencier dont j'ai tout oublié. Curieusement, ce grand pays tant vanté ne m'a pas séduite. Est-ce le régime de Suharto qui ne me donne guère envie de m'attarder ? Même Bali ne m'enchante pas.

Au retour, nous faisons escale au Koweït. Un déjeuner de dames a été organisé dans un lieu étrange, une sorte de minaret qui, dans sa partie supérieure, est coiffé d'un restaurant tournant. Pendant la durée du déjeuner, nous effectuerons un tour complet offrant une vue panoramique sur ce pays qui n'existe que par le pétrole – pour le bonheur de quelques-uns et le malheur de beaucoup d'autres, comme le montrera en 1991 l'opération « Tempête du désert », orchestrée par les Américains mais dans laquelle l'Europe acceptera de jouer sa partition.

En avril 1986, François Mitterrand retrouve à Lisbonne son ami Mário Soares, président de la République portugaise depuis 1985. Son pays a adhéré à la Communauté économique européenne. Si Lisbonne et le Portugal tout entier ont changé, c'est à mettre au crédit de l'Europe. En mai, il est en visite officielle au Canada. Au retour, il s'arrêtera à Saint-Pierre-et-Miquelon. En juin, c'est le G7 à Venise. En juillet, il est en

Finlande et, du 2 au 4 septembre, au sommet de la Francophonie à Québec. Chaque fois, il emmène conseillers et amis et tâche de garder un peu de temps pour lui. Du 6 au 9 octobre, il est en Argentine et en Bolivie. Du 19 au 21, visite d'État en Allemagne, décidément devenue notre voisin privilégié. On sent que le président Richard von Weizsäcker et Helmut Kohl veulent contenter le Président français et lui faire oublier les désagréments de la cohabitation. Pour moi, le meilleur moment de ce voyage fut notre visite du musée de Düsseldorf, où est accroché un magnifique tableau de Bonnard. Les voyages officiels, s'ils ont un côté convenu, ont aussi des aspects très agréables. Une visite de musée réservée à cinquante personnes, quoi de plus jubilatoire ? On peut s'arrêter aussi longtemps qu'on le souhaite devant un tableau, aller à son rythme, écouter ou ne pas écouter le guide, jouir un instant de chefs-d'œuvre pour soi seul.

1987 n'a pas été une année bien passionnante. Peu de problèmes résolus. La cohabitation freine le mouvement. Mais l'opinion publique comprend bien que la droite ne peut pas donner ce qu'elle promet. En décembre, les étudiants sont dans la rue. Il y a un mort, Malik Oussekine, matraqué par la police. Les jeunes qui ne se sont jamais détournés de la gauche sont prêts à partir en campagne. La démission du ministre de l'Enseignement supérieur, Alain Devaquet, ne les fera pas changer.

À l'Élysée, on est inquiet. Le Président ne dit rien. Les conseillers se demandent de quoi sera fait leur proche avenir. Quand on a donné des ordres aux ministres, quand on pense gouverner, on ne peut pas accepter n'importe quel poste. On sait en outre que le Président n'aime pas qu'on le « lâche ». Difficile dans ces conditions de se découvrir et de s'engager

« ailleurs », même si l'on a reçu des offres « intéressantes ».

L'année s'achève avec le sommet franco-africain d'Antibes, qui se déroule sans éclat particulier. Chacun se demande ce que sera l'année 1988. François Mitterrand a-t-il désigné un dauphin ? Qui sera candidat à l'Élysée ? Qui souhaitons-nous voir y prétendre ? Pour qui voterons-nous ? Qui a le plus de chances d'être élu et de conserver la Présidence à gauche ? François Mitterrand doit se représenter, pense une partie de son entourage. Quatorze ans, c'est long, objectent d'autres. Quel âge aurait-il en mai 1995 ? Soixante-dix-huit ans ! Impossible. Mais qui d'autre ? Michel Rocard et ses amis sont prêts et affûtent leurs arguments. Certains pensent être en mesure de jouer les « troisième larron », être appelés en recours au dernier instant et, dans l'ombre, se préparent.

Et si François Mitterrand en avait assez de tous ces courtisans qui s'agitent autour de lui ? Il connaît leurs qualités, puisqu'il les a choisis, mais aussi leurs insuffisances et les mesquineries, assez pour souhaiter s'en aller. Il voulait la Présidence : 51,75 % des Français la lui ont donnée. Il a rencontré tous ceux qu'il souhaitait connaître, les chefs d'État et de gouvernement, les écrivains, les acteurs, il leur a parlé d'égal à égal. Il a relancé la politique européenne. La peine de mort a été abolie. La droite n'a pas pu toucher aux lois Auroux. Il a donné un statut à la Francophonie. Les « grands travaux » sont engagés et ne peuvent plus être remis en cause.

Certes, il reste beaucoup à faire. On n'a jamais fini quand on est au pouvoir. On espère toujours qu'une bonne année succédera à une année médiocre. Pour les politiques, comme pour les paysans, il y a de bonnes et de mauvaises années !

Au dernier conseil des ministres avant les vacances, François Mitterrand ne dit rien. Cette année, comme chaque année, il commencera par aller pêcher au lac Chauvet, en Auvergne, avec les parlementaires de la région. À Latche, il lit, reçoit des amis, leur parle, mais tait ses intentions. A-t-il pris une décision ? Il laisse son entourage évoquer son avenir, faire part de ses incertitudes à la presse.

À Paris, le rythme habituel reprend : voyages, visites, réunions, un temps pour la réflexion solitaire, dîners et sorties entre amis, inaugurations, cérémonies officielles. Laissera-t-il découvrir ses intentions dans son message de vœux, le 1er janvier 1988 ? Non, rien. Toujours rien. L'hiver se termine et soudain, le 22 mars, au journal télévisé, il annonce enfin que, « oui », il est candidat à un deuxième mandat, comme si cela allait de soi.

À l'étranger, la nouvelle n'étonne pas vraiment. Ce Président n'est pas si rouge que cela, il est même de rapport agréable. Avec lui, la France a belle image. La cohabitation ne lui a pas nui. Au contraire, cette situation est la preuve que la France unie peut exister et c'est un socialiste qui l'a montré. La France profonde, elle, n'est pas mécontente : elle tient François Mitterrand pour l'organisateur d'un scénario inédit dans la vie politique du pays. Oui, il peut se représenter. Toutes les chances sont avec lui. Et pourtant, c'est vrai, il est plus que septuagénaire…

Les éventuels candidats rengainent leurs ambitions et s'efforcent de faire bonne figure. Mieux vaut être bien placé pour les mois qui viennent, si l'on veut encore être sur le devant de la scène. L'équipe qui mène la campagne est installée avenue Franco-Russe, dans le VIIe arrondissement. Le slogan de cette nouvelle étape est simple : « La France unie. » Qui serait contre un tel programme ? À droite, Jacques Chirac et Édouard Balladur se livrent une bataille sournoise et fratricide qui marquera longtemps les esprits et laissera des traces encore visibles en 2008.

Dès le début de la campagne, François Mitterrand adresse une *Lettre aux Français* qui n'est pas son meilleur texte : c'est le Président qui écrit, non le candidat de la gauche. L'exercice est à la fois plus facile et moins passionnant que l'écriture d'un texte polémique. S'il retourne devant les électeurs, c'est pour être élu. Il va vers eux. À Paris, il les rassemble au Zénith, une salle nouvelle pour un public jeune – si jeune que j'en suis surprise. Tous sont attentifs, réceptifs. Nombre d'entre eux n'étaient pas nés en 1965, lorsqu'il fit sa première campagne. Certains vont voter pour la première fois. Ces jeunes se sont trouvé un père, un guide. Elle est là, la fameuse « génération Mitterrand ». Pour combien de temps ?

Le 8 mai 1988, François Mitterrand l'emporte avec 54 % des suffrages. Il est le premier président de la République deux fois élu au suffrage universel.

Les sept années qui viennent de s'écouler ont été intéressantes, pleines de surprises et de nouveautés. Il y a eu des erreurs, des méprises. Sept ans, c'est long et c'est court. Je ne voulais voir que les avantages d'une situation qui, tout compte fait, n'était pas désagréable. Nous avons cherché à nous montrer sous notre meilleur jour, sans s'attarder sur les inévitables mesquineries de la vie quotidienne. Il se peut que certains aient éprouvé des déceptions ; tel n'est pas mon cas. Quand je me retourne sur mon passé de petite provinciale, dont les grands-parents étaient des gens simples qui devaient tout à leur travail, dont les arrière-grands-parents n'avaient rien vu hors les murs de leur village des Deux-Sèvres, j'apprécie ce que le Président nous a donné, la route qu'il nous a fait parcourir.

Nouveau départ

Comme elle est différente de celle du 10 mai 1981, cette soirée du 8 mai 1988 ! Elle a lieu à l'Élysée. Le buffet est somptueux : ni sandwiches, ni merguez, ni saucisson ! Invités et membres du cabinet s'autocongratulent. Aucune émotion, c'est naturel. Tous ceux qui sont là ont gagné. Le résultat du Président leur est dû. En même temps, quel soulagement ! On a gardé le pouvoir et ses attributs : voitures, chauffeurs, motards, cocardes, gyrophares, secrétaires, téléphones, voyages, considération. Sept ans encore pour asseoir son avenir. En cette nuit de mai, combien pensent à dire « merci » à celui qui les a faits ? On s'habitue vite aux honneurs, à la facilité et l'on oublie comment on les a obtenus.

La cohabitation, c'est du passé. Le vieil antagonisme Mitterrand-Rocard va devoir s'apaiser. L'ancien secrétaire général du PSU est le premier Premier ministre du second septennat. Il est prêt. Il accepte dans son gouvernement des personnalités de centre droit que lui impose François Mitterrand, en vertu du fait qu'« il n'est pas sain qu'un seul parti gouverne ». François Mitterrand sait qu'il a perdu 10 % des voix à gauche et qu'il en a gagné 15 % à droite. Il souhaite l'ouverture pour retrouver la majorité perdue en 1986. Et il dissout l'Assemblée. Aux élections de juin, il manque quatorze sièges à la gauche pour obtenir la majorité absolue.

Michel Rocard fonce. Il crée le Conseil supérieur de l'audiovisuel (CSA), qui veillera à l'éthique des médias et au juste équilibre de l'expression politique.

Le nouveau Premier ministre a été élu dans une circonscription où il a vu la misère. Il juge inadmissible le dénuement qui casse l'espoir de trop d'hommes et de femmes, entretient le désespoir des jeunes et la délinquance. À l'unanimité, il fait adopter par l'Assemblée nationale le Revenu minimum d'insertion (RMI) et fait voter une contribution sociale généralisée (CSG) que paient tous ceux qui perçoivent un revenu régulier.

Dès le 26 juin, en nommant Christian Blanc haut-commissaire en Nouvelle-Calédonie, en remplacement d'Edgard Pisani, Michel Rocard s'attaque au problème néo-calédonien. Jean-Marie Tjibaou, Jacques Lafleur, Michel Rocard signent les « accords de Matignon » qui donnent un nouveau statut à la Nouvelle-Calédonie – statut qui sera ratifié par un référendum.

Le Président reste le maître des questions diplomatiques. En 1988, le G7 a lieu au Canada, à Toronto, où je ne verrai rien. Églises fermées, musées fermés. Difficile de sortir de l'hôtel. C'est le dernier sommet de Ronald Reagan, alors que François Mitterrand, lui, renoue avec une série de rencontres internationales. C'est son huitième G7. En 1989, la réunion aura lieu en France et coïncidera avec le bicentenaire de la Révolution française. Le Président français sera le doyen de la rencontre : ce sera « son » neuvième G7.

François Mitterrand s'intéresse toujours au parti socialiste. Depuis janvier 1981, Lionel Jospin en est le premier secrétaire. En mai 1988, il demande à entrer au gouvernement et devient ministre de l'Éducation nationale. Le Président aimerait que Laurent Fabius lui succède, mais les militants lui préfèrent Pierre Mauroy. Laurent Fabius devra attendre le Congrès de Rennes, en 1990. Michel Rocard, redoutant que Fabius, à la tête du parti, ne vienne troubler sa stratégie, s'arrange pour faire échouer le projet présidentiel – avec le soutien de

Lionel Jospin qui, en avril 1998, confiera à Jean Lacouture être entré dans une bataille qui n'était pas la sienne. Michel Rocard est allé trop loin, François Mitterrand se sent délié de toute obligation à son égard.

1989 est une année d'ombres et de lumières. Le système de financement des partis politiques donne corps à une loi votée en décembre 1989. Mal expliquée, elle n'est pas comprise du grand public et fait du gouvernement et du parti socialiste les responsables de combinaisons qui leur sont profitables. Des accusations sont portées contre Roger-Patrice Pelat, ami de captivité et de Résistance du Président. Inculpé de délit d'initié dans l'affaire du rachat par Péchiney de la société American Can, cet homme courageux et généreux a beaucoup d'argent. Il a, comme on dit, « le cœur sur la main », toujours présent pour aider ses amis dans les moments difficiles. Il a déjà subi une opération du cœur. Les accusations auxquelles il doit faire face l'ont-elles éprouvé au point de provoquer un malaise cardiaque ? Il meurt d'un infarctus le 7 mars 1989. Sa disparition nous affecte tous, il faisait partie de notre famille. Pour le Président c'est une épreuve ; il perd un ami de quarante ans.

En juin, sommet de la Francophonie à Dakar. L'atmosphère est tendue. Les Sénégalais sortent d'un conflit avec les Mauritaniens qui aurait pu dégénérer en guerre fratricide. Tous les Mauritaniens ont quitté le Sénégal. Ces expulsions seront ressenties lourdement par le petit peuple de Dakar. En effet, ce sont les Mauritaniens qui tiennent le petit commerce local. On va chez le Maure chercher un verre d'huile ou deux verres de riz, le sucre, le thé. C'est l'éternelle querelle qui, depuis les temps bibliques, divise les pasteurs et les agriculteurs. Les bergers maures laissent leur bétail s'avancer dans les cultures des paysans, à proximité du fleuve. L'eau est aussi source de querelles jamais terminées. À qui appartient le fleuve Sénégal ? En cette année 1989, les affrontements ont été très sérieux et certains témoins – dont la femme de l'ambassadeur de France – nous raconteront des scènes d'horreur auxquelles ils ont assisté. Des maisons ont été brûlées, des biens confisqués, on a compté des morts et il n'y a pas de recours possible. Les gouvernements, parfaitement alertés, ne veulent pas se laisser entraîner trop loin. Quelques bagarres, quelques morts de part et d'autre ne sont pas pour les gêner. Ils savent qu'ils n'ont pas les moyens de régler en quelques jours des antagonismes séculaires qui, finalement, permettent de stabiliser des situations conflictuelles.

On a d'abord craint que le sommet de la Francophonie ne puisse se tenir à Dakar. Puis tout s'est arrangé, du moins en apparence. Réunion passionnante, qui a établi le plurilinguisme dans l'ensemble francophone. Chacun possède sa langue et doit pouvoir la pratiquer. Le français est la langue commune, celle qui permet à 220 millions d'hommes et de femmes de communiquer. C'est une richesse qu'il ne faut pas laisser en friche. Ce qui enrichit la Francophonie, c'est la diversité des cultures. Ceux qui sont ici réunis ont, selon la belle expression de Jean Matthyssens, ancien directeur de la Sacem, ancien directeur de cabinet d'Alain Decaux, ministre de la Francophonie, « le français en partage ». Pendant le sommet, les Sénégalais offrent un beau spectacle qui raconte la tragédie de l'esclavage, avec des interprètes de talent comme Toto Bissainthe et Ismaël Lô.

Les lumières viendront de la célébration du bicentenaire de la Révolution, préparé avec intensité et fêté par la France entière. Jeunes, vieux, tous vont participer. Je suis en charge de la Francophonie. Avec la

Poste, la Défense nationale, l'aide de Michel Crépeau, le maire de La Rochelle et Jean-Louis Foulquier qui anime les Francofolies, nous avons mis sur pied une belle opération. La Poste a lancé un concours auprès des 10-14 ans : ils doivent écrire ce que représente pour eux la Révolution française. 1 789 copies seront retenues et leurs auteurs invités à Paris et aux Francofolies de La Rochelle. Pendant leur séjour à Paris, ils seront reçus à l'Élysée dans la soirée du 13 juillet et viendront chanter dans la cour du palais. Tout est prévu, ils ne resteront pas longtemps. Ils chanteront avec Bernard Lavilliers puis ils partiront pour La Rochelle célébrer la fête nationale.

Le 10 juillet arrive sur mon bureau une note signée d'un conseiller en communication déconseillant formellement au Président de recevoir ces jeunes, sous prétexte qu'on ne les connaît pas, qu'ils vont causer du désordre et que, dans la soirée du 13 juillet, le Président doit recevoir les chefs d'État africains : la cour doit être vide pour laisser entrer les voitures et circuler les officiers de sécurité. Mon sang ne fait qu'un tour. On ne va quand même pas priver 1 789 gosses d'un cadeau qu'ils attendent depuis le mois de janvier, sous prétexte qu'un « communicant » trouve que cette manifestation « manque de classe » ! Je me précipite chez le secrétaire général, qui juge mon indignation exagérée. Il faut comprendre : les obligations du Président, les circonstances... On trouvera bien autre chose pour les jeunes.

C'est plus fort que moi : sans reprendre mon souffle, je déboule dans le bureau du Président et plaide la cause de ces centaines d'enfants qui se faisaient une joie d'être reçus par le chef de l'État. Ils chanteront, puis ils partiront : en quoi cela peut-il déranger ? Ce n'est peut-être pas chic, mais c'est fort. Mon agitation amuse le Président. D'habitude, je suis plutôt calme ! Examinant le programme de ses jeunes invités, il m'assure qu'il n'y a aucune raison de supprimer cette manifestation plutôt intéressante à son goût. Quant au « conseiller en communication », il en fait son affaire. Ouf !

Le 13 juillet, tout se passe comme prévu. Les adolescents sont enchantés. Bernard Lavilliers est parfait. Le Président fait sortir sur le perron de l'Élysée les chefs d'État africains et tout le monde se met à chanter. Une soirée que ces jeunes invités d'un soir ne sont pas près d'oublier ! Auparavant, le Président a inauguré l'Opéra Bastille, en présence des chefs d'État et de gouvernement du G7 et de personnalités du monde culturel. Les deux mille six cents places du nouvel opéra étaient combles.

Le 14 juillet, après le défilé militaire, les invités se retrouvent dans les jardins de l'Élysée pour la traditionnelle garden-party, avant de se rejoindre place de la Concorde et sur les Champs-Élysées pour admirer l'immense défilé mis en scène par Jean-Paul Goude qui clôturera la journée. Toute la France est représentée dans cette immense parade. Les meilleurs groupes folkloriques ont été mobilisés. Il y a même des vielleuses venues du Limousin et d'Aquitaine, au nombre desquelles jouent deux amies de mon village de Dordogne. On ne sait ce qu'il faut admirer le plus, des couleurs, des sons, de l'organisation, des costumes, des fontaines lumineuses, des feux d'artifice, de la joie et de l'émotion évidentes de tous les participants ou de la voix opulente de Jessye Norman, drapée dans un immense drapeau tricolore, chantant *La Marseillaise* au pied de l'Obélisque de la Concorde. En cette nuit de juillet, il me semble que toute la France est unie pour quelques heures qui s'inscriront dans la mémoire collective.

Nouveaux voyages

Lumière ou ombre ? Le 9 novembre 1989, c'est la chute du Mur de Berlin avec ses conséquences : dans un premier temps, la réunification allemande, à terme, la fin du monde bipolaire. On entre dans l'année 1990. François Mitterrand continue son parcours. Il puise son énergie dans le travail, dans les rencontres et l'exercice de la fonction présidentielle qu'il portera au plus haut jusqu'à la fin de son mandat.

En janvier 1990, il est à Budapest. La Hongrie se débarrasse du communisme et retrouve son histoire. Les jeunes générations apprennent ce que fut l'Autriche-Hongrie.

Du 19 au 23 février, il se rend au Pakistan et au Bangladesh. À Islamabad, nous assistons à une séance du Parlement. Je constate avec surprise que les femmes élues portent des masques de cuir pour paraître devant leurs collègues masculins. Benazir Bhutto – qui se contente d'un léger voile blanc mettant sa beauté en valeur – brille encore de tous ses feux. Elle nous emmène à Lahore, dont la mosquée est une merveille d'équilibre et de grandeur, et pourtant ce lieu de recueillement très prenant a été le théâtre de massacres causant des centaines de morts, tous pakistanais. Nous nous y attardons et nous n'aurons pas le temps de visiter les jardins de Shalimar. Dommage !

Au Bangladesh, on ne peut qu'être étonné et admirer la résignation d'un peuple qui se bat chaque heure de sa vie pour survivre. Dans les deltas convergents du Gange et du Brahmapoutre, où l'eau affleure partout, des fours servent à cuire des briques fabriquées avec le limon déposé sur les rives des fleuves.

Tandis que les uns sortent les briques des fours, d'autres les cassent à coups de marteau. Ces débris serviront à construire des remblais pour contenir les fleuves en crue, pendant la mousson. Toutes ces opérations se déroulent dans le silence, sous un soleil de plomb. Il y a ici des gens qui passent leur courte vie à répéter ce mouvement perpétuel. Pendant ce temps-là, des experts discutent sur le meilleur moyen de réguler le cours des fleuves : grand barrage ? petits barrages ? Ils réunissent des commissions *ad hoc* qui ne décideront jamais rien. Jamais je n'ai senti les limites de la technique et du pouvoir des hommes avec autant de force qu'au bord de ces fleuves qui ont l'air d'une mer.

Du 15 au 19 mai, le Président visite la Polynésie française. Il faut rassurer ceux qui craignent les essais nucléaires passés et à venir et montrer aux Polynésiens que leur sécurité est aussi importante que celle des Auvergnats ou des Picards. Néanmoins, dès qu'il le pourra, en avril 1992, François Mitterrand décidera l'interruption des coûteuses expériences nucléaires, devenues inutiles puisque l'Est et l'Ouest ont cessé de se considérer comme ennemis.

Au mois de juin, il se rendra aussi dans l'océan Indien et passera trois jours à Madagascar. Il y constatera que la décision du Président Ratsiraka de suivre l'exemple coréen n'a pas été une heureuse initiative pour les Malgaches qui vivent, pour la plupart, dans un dénuement qu'ils n'auraient jamais dû connaître.

1990 est l'année du fameux sommet de La Baule, où j'ai passé jadis des vacances heureuses. La grand-mère de mon mari y possédait une villa, à cinq cents mètres de la plage. Du jardin, nous voyions la mer. Comme je regrette cet endroit magique, depuis qu'elle s'en est séparée ! Mes enfants m'ont dit : « Ne retourne jamais à La Baule, de chez grand-mère on ne voit plus la plage. » Je ne les croyais pas. Aujourd'hui, je vois l'horrible mur de béton qui a défiguré « la plus belle plage d'Europe ». Et c'est Olivier Guichard, un baron du gaullisme, qui a laissé faire cela !

Le mois de juin est exécrable. Le Président reçoit les chefs d'État au Castel Marie-Louise où lui-même, avant d'élire domicile dans les Landes, il y a bien longtemps, emmenait sa famille en vacances. Je vois les Présidents africains sortir de leur tête-à-tête avec le Président français plus ou moins troublés. Il leur a dit ce que la France attend de l'Afrique et ce que l'Afrique doit s'attendre à apprendre de la France. Au cours du discours de clôture de ce sommet franco-africain, François Mitterrand pressera ses collègues africains de mettre en route le multipartisme et la démocratisation. Dans la *Lettre de l'Institut François-Mitterrand*, le Président Abdou Diouf rappellera les propos tenus par le Président français lors de cette conférence souvent critiquée : « C'est votre intérêt d'aller à la démocratisation, mais chacun à son rythme. » Et de préciser qu'il savait parfaitement que ce ne serait pas facile et qu'il faudrait adapter la nouvelle politique au contexte culturel, historique et géographique de chaque pays. Sur le plan formel, apparaîtront toutefois des résultats tangibles : nouveaux journaux, nouvelles radios, nouveaux partis politiques ; mais, en même temps, le fait ethnique s'accuse. Riches ou déshérités se regroupent derrière le représentant de leur région. On vote pour l'homme plus que pour une politique ou un projet de société. Il reste un énorme travail à faire en matière d'éducation.

Même en Afrique, la chute du Mur de Berlin a eu des répercussions. Jusqu'en 1990, l'Est et l'Ouest rivalisaient dans des domaines aussi essentiels que l'éducation et la santé. Les mécanismes de la mondialisation ont privilégié les pays où le niveau de formation était plus élevé, et on a laissé les Africains à la traîne, ce dont certains États ne sont pas encore relevés.

Impossible d'oublier le Rwanda et le Burundi, où l'incompréhension de ce que devait être le multipartisme allait engendrer une horrible tragédie. Ces deux États d'Afrique centrale, pays montagneux essentiellement ruraux, ont été sous domination allemande avant de connaître la colonisation belge. Rien ne semblait devoir les vouer au génocide où ils furent précipités. Le 6 mai 1994, l'avion qui transportait les présidents rwandais et burundais est victime d'un attentat. La mort d'Habyarimana provoque une longue série de massacres, d'une ampleur jamais égalée, et une désorganisation totale de l'État rwandais. C'est dans ce cadre que sera exécuté le génocide des Tutsis et des Hutus dits modérés. À partir du 7 avril, le projet génocidaire est exécuté par le « Hutu Power », constitué en gouvernement intérimaire. Entre avril et juin, huit cent mille personnes, selon l'ONU, plus d'un million selon d'autres sources sont sauvagement exécutées. Ont péri au Rwanda tous ceux qui avaient une carte d'identité portant la mention « Tutsi ».

On peut penser que la France n'avait pas imaginé une pareille tragédie. On savait que Tutsis et Hutus n'avaient jamais fait bon ménage. Les Tutsis avaient tendance à traiter les Hutus comme une main-d'œuvre corvéable à merci. Les Hutus, agriculteurs par tradition, par résignation, acceptaient cet état de fait. Opposition classique des pasteurs et des agriculteurs, qui réglemente les rapports sociaux ; peut-être n'a-t-on pas souhaité en savoir plus. À l'Élysée, malgré les avertissements répétés d'officiers supérieurs qui connaissaient mieux le terrain que les diplomates, on n'a pas pris la mesure de l'incompréhensible tragédie en gestation. Le déploiement des forces françaises de l'Opération

Turquoise ne parviendra pas à excuser l'attitude de la France.

En juillet, le dixième G7 de François Mitterrand a lieu à Houston, Texas, dans le fief de George Bush, chez les cow-boys et les pétroliers. Le Président Bush insiste sur les aspects texans traditionnels et offre à chacun des présidents un costume complet de cow-boy. Dans une ville aussi riche que Houston, les trésors ne manquent pas. Je vais revoir la collection Ménil, dont une grande partie a été exposée au Grand Palais sous le titre « La rime et la raison ». Je revois avec plaisir la très belle collection d'objets africains, pour la plupart venus du Nigeria, ainsi que les tableaux de Cézanne, Klee, Picasso, Pollock et tous les autres réunis par une famille riche et cultivée. Pour plaire au Président, une réception amicale est organisée au musée, plus convivial qu'un salon d'hôtel, si luxueux soit-il.

À la fin de l'été, après quelques jours dans le Vaucluse et deux semaines à Latche, c'est la rentrée. Premier voyage, l'Islande. Après être passé par Oslo pour une conférence sur les droits de l'enfant où la charmante et touchante Audrey Hepburn intervient, elle aussi, pour demander le soutien des grands à la cause qu'elle défend, le Président répond à l'invitation de Vigdís Finnbogadóttir, présidente francophone et francophile de l'Islande. Nous passons une soirée et une courte journée dans ce pays de lacs et de volcans, d'eau et de feu où nous n'avons même pas le temps de faire une promenade.

Nouvelle Europe

Tout va vite. Trop vite, peut-être. Le 12 septembre 1990, il n'y a plus qu'une Allemagne. Européens,

Russes et Américains se sont mis d'accord. Les problèmes de frontières, de statut et de sécurité sont réglés. Le Président a-t-il eu des hésitations sur le bien-fondé de la réunification allemande ? Il en a compris l'intérêt et a aussi perçu les difficultés induites. Mais que va-t-il se passer en Europe de l'Est ? Gorbatchev n'a pas les moyens de s'opposer à la réunification. Il ne peut pas non plus garantir par la force le maintien des régimes communistes du glacis soviétique. Alors, il laisse faire. Dans un premier temps, tous les États du Pacte de Varsovie rompent avec le communisme.

Sur la Yougoslavie, Helmut Kohl et François Mitterrand ne sont pas d'accord. Aussi longtemps que Tito a pu maintenir le couvercle sur la marmite yougoslave en fédérant Serbes, Croates et Bosniaques, on a oublié ce pays. Mais le chef est mort sans avoir préparé sa succession et la marmite a explosé. Le Président français ne croit pas à l'autodétermination immédiate de ces peuples imbriqués, que les Allemands croient possible et soutiennent. Il existe une tradition d'amitié franco-serbe qui remonte au XIXe siècle. Français, Anglais et Allemands reprennent les vieilles querelles qui les ont opposés avant même la Première Guerre mondiale. Heureusement, les Grecs et les Turcs n'entrent pas directement dans le champ des affrontements.

En juin 1991, Slovènes et Croates proclament leur indépendance. Bosniaques et Macédoniens les imitent quelques mois plus tard. Les Serbes, implantés dans tout ce qui fut et qui n'est plus la fédération yougoslave, ne l'admettent pas. C'est la guerre. Une guerre acharnée, meurtrière, entre Serbes et Croates, qui se terminera par la victoire des premiers. Des massacres qu'on croyait impossibles en cette fin de XXe siècle, dans une Europe qui en a tant vu, sont perpétrés en Croatie et en Bosnie.

Le Président français croit de plus en plus à l'Europe. Il fera tout pour que la France y occupe une place prépondérante. Dans son esprit, la réunification allemande ne peut se faire en dehors des institutions européennes. En décembre 1989, le chancelier Kohl a donné son accord à la monnaie unique. En avril 1990, la Communauté s'est transformée en Union européenne. Autant de mesures qui renforcent le Président français dans sa certitude de poursuivre les bons objectifs. Il ne manque pas un sommet européen et attache autant d'importance aux sommets bilatéraux qu'aux sommets des Douze.

En juillet 1991, le G7 se réunit à Londres. Gorbatchev a été invité à s'y joindre : désormais, la Russie participera aux rencontres des « Grands ». John Major est le nouveau Premier ministre britannique. Il succède à Mrs Tchatcher, mais il n'a ni sa force, ni son autorité. François Mitterrand avait beaucoup de considération pour la « Dame de fer », dont il admirait l'énergie et la détermination.

Anne Lauvergeon est le nouveau « sherpa » du Président. Jacques Attali est maintenant en charge de la Banque européenne pour la reconstruction et le développement (BERD), dont le siège est à Londres. La délégation française travaille dans une relative décontraction et prend le temps de profiter de l'été anglais en faisant une longue promenade avec le Président dans Hyde Park. Les Anglais n'ont pas préparé de manifestations populaires à l'occasion de ce sommet. Une soirée musicale, un dîner très privé et un feu d'artifice tiré des berges de la Tamise marqueront l'événement, rien de plus.

Avant la chute du Mur de Berlin, François Mitterrand avait prévu de se rendre en Allemagne de l'Est. L'évolution de la situation ne le fait pas changer d'avis :

nous irons à Berlin-Est et dans les nouveaux Länder du 18 au 20 septembre 1991. Les routes sont dans un état comparable à celui des départementales françaises au lendemain de la Seconde Guerre mondiale. Tout est terne, les maisons, les rues ; les gens sont mal habillés. Au château de Sans-Souci, près de Potsdam, tout est à réhabiliter, mais on n'a pas le droit de marcher avec des talons aiguilles. Même les jardins sont sombres. À Dresde s'affairent architectes et ouvriers pour reconstruire ce qui peut l'être ; tous les efforts se portent sur la cathédrale, dont les pierres ont été recherchées, retrouvées, numérotées. La cathédrale s'élèvera comme elle s'élevait avant que la ville ne soit détruite par les bombes au phosphore larguées par l'aviation britannique. Les trésors du musée sont entassés dans un gigantesque bric-à-brac au milieu duquel on perçoit quelques splendeurs. À Weimar, enfin, en Thuringe, qui fut le siège d'une éphémère République, le marché de ce matin d'automne ressemble à celui de Pithiviers ou de Bergerac. Le régime présidentiel était austère et rude, mais l'assemblée était élue au suffrage universel. Entre 1918 et 1930, on pouvait espérer que dans la ville de Goethe et de Schiller naîtrait une démocratie capable d'irriguer les dix-neuf États qui la constituaient. Comment croire, alors que Buchenwald est si près, que pas un Allemand ne se soit révolté contre le système concentrationnaire, assassin de la liberté ?

On a reproché à Mitterrand ce voyage en RDA. L'annuler aurait probablement eu des conséquences plus funestes pour la France que de laisser aller les discussions telles qu'elles étaient prévues. Il fallait entendre tout le monde !

Le sommet des pays francophones a lieu en novembre au Trocadéro. C'est une occasion pour resserrer des liens amicaux et diplomatiques, redire l'estime portée aux anciens, accueillir les nouveaux, rédiger des motions qui débouchent sur des décisions sans grande envergure. Les Français s'intéressent-ils à ces manifestations ? Pour les Parisiens, les réunions internationales, comme les visites de chefs d'État, signifient d'abord difficultés de circulation, rues barrées, retards. Ils suivent le cours d'événements qui, pensent-ils, ne les touchent pas, à la télévision ; pour la plupart, ils s'en désintéressent complètement.

En décembre 1991, c'est la réunion de Maastricht. Dans cette petite ville aux confins de la Hollande, de la Belgique et de l'Allemagne, qui fut assiégée en 1673 par Louis XIV et où mourut d'Artagnan, les Douze vont, dans la douleur et la durée, accoucher d'un texte prévoyant l'union économique et monétaire, la monnaie unique, une politique étrangère et de sécurité commune.

La journée du 10 décembre n'en finit pas. Minuit, 1 heure, 2 heures, la réunion s'éternise. Nous buvons du café en mangeant des sandwiches. Les Italiens, décontractés, ont l'air de spectateurs. Je leur demande ce qui les rend si paisibles ; ils me répondent : « On ne s'inquiète pas, Mitterrand s'occupe de tout… » Chers cousins italiens, quand je pense que vous avez bombardé ma rue, à Orléans, en 1940 ! Ah, il avait raison, Prévert : « Quelle connerie, la guerre ! » Ici, à Maastricht, les Douze s'emploient à ce qu'elle ne recommence jamais en Europe. Nous quittons Maastricht au petit matin. Les efforts de François Mitterrand, Helmut Kohl et Jacques Delors, les trois principaux artisans de ce traité, ont été couronnés de succès. Les Douze viennent de poser les fondations de l'acte « le plus important depuis le Traité de Rome ».

L'année se termine avec un sommet européen à Rome, les 14 et 15 décembre. Tout le monde est plus ou moins distrait par la recherche de cadeaux de Noël. Un conseiller du ministre des Affaires étrangères a promis à sa femme de rapporter des draps brodés. Mon amie Marcelle Padovani, correspondante du *Nouvel Observateur* à Rome, m'emmène au Centre de la presse étrangère où Berlusconi donne une de ses premières conférences de presse. Devant un parterre de jolies femmes envisonnées, il prépare sa conquête du pouvoir et le lancement de Forza Italia. Je n'imagine pas un seul instant qu'il deviendra le « patron » de l'Italie.

Nouveaux défis

Tandis que se bâtit l'Europe, l'Occident se trouve confronté à d'autres défis. Le 2 août 1990, l'Irak annexe le Koweït. Que faire, sinon exiger le retrait immédiat et inconditionnel des troupes irakiennes ? Saddam Hussein ne peut pas mettre le monde devant le fait accompli ! George Bush, Margaret Tchatcher, Helmut Kohl, Mikhaïl Gorbatchev et le Président égyptien, Hosni Moubarak, s'opposent à cette mainmise sur un territoire indépendant. Avant de se lancer dans la guerre, les Nations unies, le 29 novembre, fixent un ultimatum à Saddam Hussein : le 15 janvier, les troupes irakiennes devront être retirées du Koweït. Faute de quoi, ce sera la guerre.

La France, qui peut et doit peser sur le règlement des problèmes du Proche-Orient, est prête. L'opération Daguet engage douze mille hommes et cinquante avions. Elle est approuvée par l'Assemblée nationale par 523 voix pour et seulement 23 contre.

Le 17 janvier 1991, Saddam Hussein, demeuré sourd à tout appel, commence la guerre. Elle ne durera pas mais marquera l'opinion publique. Pendant que se déroule cette opération militaire au Moyen-Orient, baptisée « Tempête du désert » par les Américains, François Mitterrand se sent soutenu par les Français. Il est maître du jeu, tant à l'intérieur qu'à l'extérieur.

Depuis le désastreux congrès de Rennes, Michel Rocard est condamné. La guerre du Golfe terminée, François Mitterrand peut changer de Premier ministre. Chaque année, pour commémorer le 10 mai 1981, est donné à l'Élysée un dîner auquel sont conviés quelques amis et collaborateurs du Président. Le 12 mai 1991, Édith Cresson fait partie des convives. Jean Védrine, père d'Hubert, Jean-Marie Burguburu, futur bâtonnier de Paris, Régine Deforges, mon père et moi sommes à sa table. Michel Rocard et sa femme sont présents. Il sait que ses jours sont comptés à Matignon, mais il ignore l'échéance. Édith Cresson a été son ministre des Affaires européennes en 1988 ; elle a démissionné en 1990, jugeant qu'elle n'avait pas la liberté nécessaire pour mener la politique qu'elle souhaitait. Elle est retournée vers le secteur industriel et le commerce extérieur, qu'elle connaît bien. Depuis plusieurs mois déjà, François Mitterrand lui propose de devenir Premier ministre. Elle résiste. Elle aime ce qu'elle fait. Le commerce extérieur et l'industrie sont ce qu'elle connaît le mieux. Elle respecte les chefs d'entreprise et ils le lui rendent bien. Elle finira pourtant par céder, sans ignorer qu'elle devra affronter des épreuves. À l'issue de ce dîner, au cours duquel elle a eu un aparté avec le Président, elle sait qu'elle doit se tenir prête.

Le 15 mai, après avoir provoqué et reçu la démission de Michel Rocard, François Mitterrand nomme Édith Cresson Premier ministre : « Mme Cresson, déclare-t-il, m'est apparue comme la plus apte à muscler davantage encore notre économie et porter nos industries au plus haut, avant l'ouverture du grand marché unique, le 1er janvier 1993. » Dans un premier temps, cette nomination a les faveurs du pays. Une femme à Matignon, c'était vraiment un changement ! 73 % des sondés sont pour. Mais Édith Cresson doit compter avec tous ceux qui lui dénient toute légitimité et voient dans son arrivée rue de Varenne le fait du prince. À l'Élysée comme au parti socialiste, sa nomination passe mal. Pour tous ceux qui s'estiment plus dignes qu'elle de la fonction, la pilule est amère. Un ancien directeur de journal avait dit à mon mari : « La vie vous apprendra que c'est la jalousie qui mène le monde. » C'est la jalousie qui a détruit Édith Cresson. « Ils » s'y sont tous mis, les amis d'hier comme les conseillers de l'Élysée qui auraient dû la soutenir. Pas un jour sans qu'une note ne me passe pas sous les yeux, soulignant les « maladresses », les « décisions catastrophiques », les ridicules « affaires de détail », le « manque d'inspiration » ou les « extravagances » du Premier ministre.

Les « éléphants » du parti socialiste, même s'ils savent qu'ils n'étaient pas « premier-ministrables », envient Édith Cresson, qu'ils considèrent comme une usurpatrice. Toute la presse de gauche est contre elle. C'est si facile, quand on veut démolir quelqu'un, de scinder, triturer des phrases, de les monter en épingle ! Quelques exemples : Édith Cresson a fait la « une » de la presse avec une déclaration sur les Japonais, qu'elle aurait traités de « fourmis ». En fait, évoquant un jour, dans une conversation qu'elle pouvait croire privée, les problèmes économiques internationaux, elle a souligné les différences entre les conditions de vie et de travail au Japon et en France, et conclu que les Japonais travaillaient comme des fourmis. Même chose pour « l'homosexualité des Anglais ». Édith Cresson est parfaitement bilingue, elle a une vaste culture britannique et à un journaliste anglais qui affirmait que ses compatriotes préféraient la compagnie des hommes à la compagnie des femmes, elle a répondu que ce trait s'inscrivait en effet dans la culture anglaise, qui fait une large place à l'homosexualité.

Et je ne parle pas du « Bébête-Show ». Il est des téléspectateurs qui s'en amusaient. Personnellement, je pense que c'est avec de telles émissions qu'on a abaissé la vie politique en France et qu'on en a fait une activité de deuxième zone ; on a tué la *res publica* pour faire rire. Mais la vie politique, ce n'est ni drôle ni amusant, c'est quelque chose de sérieux et qui mérite considération. Quant à l'article imbécile de Claude Sarraute dans *Le Monde*, quel monument de vulgarité dans le journal d'Hubert Beuve-Méry ! Ce jour-là, j'ai compris et admis que *Le Monde* n'était plus *Le Monde*, qui m'avait tant appris, tant apporté…

Édith Cresson n'avait jamais eu de relations privilégiées avec la presse. Serge July, Alain Minc, Jacques Julliard, Jean Boissonnat, Franz-Olivier Giesbert, Jean-Marie Colombani ne l'ont pas épargnée : ils lui ont fait payer cher sa liberté de dire et de penser, qu'ils auraient admise d'un homme. Les médias ne lui ont rien passé. Le sexisme, vigoureux et destructeur en politique, les sondages, les résultats des élections cantonales (moins de 19 % pour le PS au printemps 1992) amènent le Président à demander à Édith Cresson de lui remettre sa démission. Les élections législatives auront lieu au printemps 1993, les députés ont peur de devoir payer les mauvais résultats du gouvernement.

Le Président attendait de la nomination d'Édith Cresson un sursaut, un renouveau d'intérêt pour la chose publique ; c'est son entourage qui, le premier, sabote cette initiative à laquelle il devra, malgré lui, mettre un terme au bout de onze mois. Il aurait aimé lui laisser les rênes plus longtemps, mais il feint de croire ceux qui disent et répètent que tous les maux viennent d'elle et que le groupe socialiste de l'Assemblée nationale est prêt à démissionner si elle reste rue de Varenne. Je ne peux m'empêcher de penser qu'il connaît toute la vilenie et toute la jalousie contenues dans les propos que lui tiennent les uns et les autres. Mais il est fatigué. Il cède. Et il appelle Pierre Bérégovoy, qui franchit enfin les portes de l'Hôtel Matignon auquel il rêve depuis que Pierre Mauroy l'a quitté.

Bérégovoy, je l'ai connu dès 1974, à l'époque où, entré au Conseil économique et social, il croyait avoir atteint l'apogée de sa carrière. Il aimait qu'on l'admire, mais je ne pensais pas qu'un jour la jalousie et l'ambition le dévoreraient. De tous, il a été le plus injuste. Nous avions tous collaboré lorsqu'il était secrétaire général à la Présidence. Il était tellement certain de succéder à Rocard qu'il en voulait à Matignon tout entier ! Son animosité était à la mesure de sa jalousie.

« Béré », comme on le nomme au parti socialiste, ne connaîtra pas le bonheur qu'il attendait de cette fonction prestigieuse tant espérée. Il est injustement attaqué pour avoir emprunté un million de francs, sans intérêt, à Roger-Patrice Pelat pour acheter un petit appartement dans un immeuble ordinaire du XVIe arrondissement. Ancien ministre de l'Économie et des Finances, il aurait pu « faire autrement ». Cette affaire le mine. Il encaisse tous les résultats politiques médiocres comme des désaveux personnels. Les Français disent « oui » au référendum sur le traité de Maastricht, mais c'est un petit « oui », péniblement obtenu. Et aux législatives du 21 mars 1993, le PS recueille 15,5 % des suffrages et ne compte plus que cinquante-sept élus à l'Assemblée nationale.

Une deuxième cohabitation est inéluctable. Le 29 mars, le Président appelle Édouard Balladur pour former le gouvernement.

Nouvelle cohabitation

Pierre Bérégovoy est convaincu qu'il est responsable de cet échec, ce qui est évidemment une erreur. Le Président essaie vainement de le convaincre que le résultat des élections est la suite logique de la situation politique de la France et du monde en 1993. Il lui fixe un rendez-vous le 3 mai. Mais « Béré » ne supporte plus d'être injustement accusé dans l'affaire de son appartement et d'avoir laissé s'enfoncer son parti dans une deuxième cohabitation. Le 1er mai, l'ancien Premier ministre, auquel n'ont jamais manqué le soutien et l'estime de ses électeurs, se donne la mort le long du canal du Centre, à Nevers, la ville dont il est le maire et le député.

Aux obsèques de son ancien Premier ministre, François Mitterrand fait un discours virulent, exprimant tout ce qu'il reproche à une certaine presse qui ne l'a pas beaucoup ménagé, lui non plus. Ces phrases prononcées à Nevers auront un large écho. Aujourd'hui, lorsqu'on parle de la politique et de la presse, on a tendance à rappeler « les chiens » qu'il dénonça dans l'oraison funèbre d'un ouvrier devenu Premier ministre à force de ténacité et de travail.

Les relations du Président avec son nouveau Premier ministre ne sont pas cordiales. Édouard Balladur n'a ni l'aisance, ni l'aménité de Jacques Chirac. Il ne sait pas s'adresser aux Français. Or, disait François Mitterrand, « faire de la politique c'est parler aux gens ». C'est aussi les écouter. Balladur, élu du

XVe arrondissement de Paris, n'est pas à l'aise avec ses électeurs. Serrer les mains lui déplaît. Doit-il enlever ses gants ou les garder ? Sur les marchés, il a l'air emprunté et gauche ; à 10 heures du matin, il n'est pas disposé à boire un verre de vin blanc et il n'ose pas le dire ! Comment peut-il espérer battre son rival, Jacques Chirac, à l'élection présidentielle ? Lui fait cela mieux que personne. À la fin de l'année 1994, on sait qu'ils seront tous les deux candidats.

Qui représentera la gauche ? Beaucoup souhaiteraient que Jacques Delors se lance dans la bataille. Il est compétent, rassurant, intègre, catholique, mais aussi ennemi de tous les intégrismes. Il connaît les rouages de la machine européenne ; à Bruxelles, il a fait du bon travail avec une équipe de technocrates humanistes. Il est estimé en France et en Europe. Son autorité dépasse les limites du parti socialiste. Mais aime-t-il la politique ?

La gauche et le centre gauche attendent. Le 11 décembre, Jacques Delors annonce : non, il ne sera pas candidat. Le seul qui aurait pu gagner s'est retiré. Alors qui ? Les sondages ne sont pas très encourageants pour la gauche. Finalement, le 5 février, les socialistes désignent Lionel Jospin. Il a été premier secrétaire pendant sept ans, il a été ministre de l'Éducation. Il connaît la marche de l'État et tous ses acteurs. Il n'a pas soixante ans. Il saura parler aux socialistes. Oui, pourquoi pas Jospin ? À titre personnel, j'aurais préféré Pierre Joxe. Protestant, intègre, pas commode mais sensible : il était issu de cette grande bourgeoisie qui fait de la politique sans arrière-pensée marchande. L'argent, les grands bourgeois savent ce que c'est : ils ne le surestiment pas au point d'en vouloir toujours plus. Si j'ose dire, ils ont les moyens de s'en passer.

François Mitterrand fait comme si cette cuisine électorale ne l'intéressait pas. Il veut mettre un terme digne à sa vie politique et continue son parcours, puisant son énergie dans le travail et l'exercice de la fonction présidentielle qu'il portera haut jusqu'à la fin de son mandat.

En 1992, il se rend dans le sultanat d'Oman, où il passera trois jours. Il y inaugure les nouveaux locaux de l'ambassade de France. Le sultan Qaboos bin Said, au pouvoir depuis 1970, tout en s'attachant au développement du secteur pétrolier sur lequel il a fondé la prospérité de son pays, tient à développer le tourisme. Il a pour cela des atouts qu'il tient à présenter lui-même. Il est fier de l'université d'Oman, où jeunes gens et jeunes filles se rendent par des couloirs différents dans les amphithéâtres où ils suivent les mêmes cours ! Le charme de ce petit pays où fleurit l'encensier est certain. On aimerait s'attarder quelques jours derrière les longs murs au-dessus desquels s'élèvent des palmiers dattiers.

En avril, François Mitterrand effectue une visite d'État en Turquie. Ce pays est-il européen ou asiatique ? La question commence à se poser ; quant à la réponse, elle dépend des rencontres. J'ai eu, quant à moi, la chance de rencontrer des anciens du lycée français d'Istanbul. Le lycée de Galatasaray est un modèle du genre : on ne voit pas comment refuser à ses anciens élèves la qualité d'européens. J'aime les rives du Bosphore, la Corne d'or, les ruelles de Péra, les cimetières, les mosaïques dans les basiliques, le charme des maisons de bois, la douceur des jardins, les tulipes. Mais il est vrai que, de l'autre côté, c'est l'Asie. On y est loin des constructions de l'extraordinaire architecte Sinan. Les Kurdes, dont la vie est rude, n'ont jamais eu l'occasion d'apprécier les charmes et les splendeurs de Byzance, ni ses perversions !

En mai, visite dans les Pays baltes. Ce voyage, je l'ai suivi avec plaisir et intérêt. Les soirées sont longues à cette latitude. Vilnius, Tallinn, Riga : ces villes sortent du long sommeil où les a plongées l'autoritarisme russe. Elles retrouvent leur langue, leurs assises culturelles enfouies depuis plus de quarante ans. Vilnius est triste. Où y achète-t-on son pain et son journal ? Il n'y a pas de magasins, les gens sont mal habillés. L'odeur de la voiture qui m'est attribuée me rappelle la Celtaquatre de mon père, après cinq années passées dans une grange ! Dans la soirée, le Président s'enquiert de mes impressions ; je lui réponds : « Pour moi, c'est Bressuire à la sortie de la guerre ! » Aussi Tallinn, le lendemain, m'apparaît-elle comme une grande ville. Quant à Riga, c'est une vraie capitale, magnifique, avec des bâtiments et une architecture superbes. Nous visitons la vieille ville hanséatique et n'avons aucune peine à imaginer ce que fut sa prospérité, ni ce qu'elle deviendra dans les années qui viennent.

Le 13 juin, François Mitterrand fait l'aller et retour dans la même journée au Sommet de la Terre, à Rio de Janeiro. De la grande ville brésilienne, je ne verrai rien. De loin, j'aperçois les favelas accrochées aux collines, le Christ protecteur que j'imagine plus résigné qu'approbateur au-dessus de tant de misère et de richesse. En car, nous longeons Copa Cabana, ses plages, ses villas et vite il faut retrouver le Concorde. Tout juste le Président aura-t-il eu le temps de saluer quelques chefs d'État et de s'associer à ceux qui demandent un monde plus juste et plus équilibré pour les générations futures.

C'est à l'issue du Conseil européen de Lisbonne qu'il part seul avec Bernard Kouchner pour Sarajevo.

Pour lui, la situation dans la capitale bosniaque rend dérisoires tous les discours sur l'Europe et ridicules toutes les promesses non tenues, faites à des populations qui se croyaient à l'abri des malheurs qui les accablent depuis qu'on leur a annoncé la liberté. Certes, il souhaite rendre l'espoir à des hommes et des femmes désespérés, mais il veut surtout, à sa manière, forcer le destin et obliger les Nations unies et l'Europe à jouer leur rôle de porteurs de paix.

Cette année, le G7 se tient à Munich, en juillet. Helmut Kohl et François Mitterrand savent que c'est leur dernier sommet commun en Allemagne. Le Chancelier a tout fait pour que ses hôtes français soient confortablement installés. De l'hôtel, on peut se promener à pied dans le centre-ville, aller visiter les pinacothèques, l'ancienne et la nouvelle – j'avoue une préférence pour cette dernière, qui renferme les toiles de l'école du Blaue Reiter[1]. Il fait frais, presque froid, j'ai besoin d'une veste chaude. Dans le grand magasin où je me rends, je croise le Président qui se promène avec Brigitte Stoffaes, son interprète, elle aussi à la recherche d'un vêtement chaud pour assister au concert de la soirée. C'est comme si nous étions en vacances. Et pourtant, il y a du travail. Pour moi, tout est plus difficile car je ne comprends ni ne parle l'allemand.

Immédiatement après Munich, nous nous rendons à Helsinki où la nuit n'en finit pas de tomber. Les autorités finlandaises ont restreint les délégations, au point que le Président me dit : « Allez vous promener et retrouvez-nous sur le port pour déjeuner ; mais si, mais

1. Groupe expressionniste formé en 1911, à Munich, auquel le tableau *Der Blaue Reiter* (« Le Cavalier bleu ») de Franz Marc donna son nom.

si, vous nous trouverez facilement. » Prudente, je dis à ses gardes du corps où je compte me rendre : ils sauront où me chercher !

Derniers voyages

En septembre, je suis venue en Dordogne pour une réunion du conseil municipal. Marie-Claire Papegay me téléphone : « Ne t'inquiète pas, le Président a été opéré ce matin à l'hôpital Cochin. Il va bien et compte revenir très vite à l'Élysée. » J'apprends qu'il est malade depuis 1981 et que le lumbago dont il disait souffrir en Lorraine était la première attaque du cancer. Depuis, il est malade et il le sait. Je pense : « Merci et bravo, Claude Gubler ! » Il a soigné son patient dans la discrétion la plus complète, avec un dévouement exemplaire. Pourquoi laissera-t-il publier le livre qu'il a écrit sur cette incroyable aventure, une semaine après la mort de François Mitterrand ?

Le Président n'ira pas au sommet franco-africain de Libreville où il sera remplacé par Pierre Bérégovoy, mais c'est le seul voyage qu'il annulera. En novembre, il est en Israël et en Jordanie. Les 10, 11 et 12 décembre, il est au sommet européen d'Édimbourg. J'aime cette belle ville, sévère et élégante, où je suis allée pour la première fois en 1947. Princes Street a toujours pour moi le même charme. Les années ont passé, je peux maintenant entrer dans les magasins dont je me contentais d'admirer les vitrines. Nous sommes logés dans le plus bel hôtel de la ville. Une fois mon travail terminé, je marche, je retrouve les rues et les monuments que j'ai visités voici quarante-cinq ans. Les places, les maisons au style géorgien ont une élégance bien particulière. Je veux me convaincre que rien n'a changé, que j'étais là hier.

François Mitterrand fait comme s'il n'était pas malade. Après avoir présenté ses vœux aux Français et célébré le trentième anniversaire du traité de l'Élysée scellant la réconciliation franco-allemande, le 21 janvier, il s'apprête à partir pour le Viêt-nam et le Cambodge, où il restera près d'une semaine.

Ce qui frappe lorsqu'on arrive à Hanoï, c'est la vitalité d'une population qui est en activité vingt-quatre heures sur vingt-quatre. Traverser une avenue n'est pas sans danger et relève de l'exploit à certaines heures de la journée. Les deux-roues, motocyclettes et bicyclettes sont maîtres de la rue ; on ne sait pas à quoi servent les feux de croisement ! Entre l'aéroport et l'entrée de la ville, des dizaines d'hommes et de femmes travaillent dans les rizières, de l'eau jusqu'aux genoux. Le médecin-chef de l'Hôpital principal nous dira que les paysans des rizières souffrent de rhumatismes articulaires et de maladies cardiaques dus à cette immersion permanente, dont ils meurent prématurément.

Comme ils sont forts et douloureux, les liens qui nous unissent à cette population. Avant même d'y être, les gens de ma génération connaissent la topographie des villes où nous nous rendrons. Dans la rue, nous croisons des francophones. Un homme nous arrête ; il tient à nous dire que son père a collaboré au premier dictionnaire français-vietnamien. Touchante rencontre que l'on voudrait prolonger, mais les voyages officiels ne nous laissent pas le temps de nous attarder. Quelques monuments n'ont pas changé. Le palais du Président est l'ancien palais des gouverneurs, où ont vécu et commandé Paul Bert, Paul Doumer ou Albert Sarraut. La pagode à pilier unique, la cathédrale, l'hôpital central sont toujours là, immuables, dit-on, depuis que les Français sont partis. Comment avons-nous fait pour nous haïr au point de ne plus pouvoir nous parler, de nous entretuer et de nous livrer une guerre imbécile, sans merci ni issue favorable possible pour la France ? À l'hôpital, les médecins sont encore attachés à la langue française. Les médecins qui viennent se spécialiser en France rentrent au Viêt-nam avec du matériel donné par leurs confrères français. Je remarque toutefois qu'ils font beaucoup de choses par eux-mêmes et n'attendent pas tout de l'étranger.

Nous allons jusqu'à la cuvette de Diên Biên Phù où s'est fait piéger l'armée française et dont le nom est encore lourd dans quelques mémoires. Puis, après une promenade au marché, une visite rue de la Soie avec le cinéaste Pierre Schoendoerffer que le Président a invité en souvenir de *La 317e Section* et du *Crabe-Tambour*, il faut partir pour le Cambodge après un bref passage à Hô-Chi-Minh-Ville, la Saïgon de la rue Catinat et de tous les trafics.

À Phnom Penh, l'ex-roi Norodom Sihanouk, désormais chef de l'État, accueille la délégation française avec ce qui fut toute sa cour. Dans la foule, un Africain me fait signe : c'est le général sénégalais Mademba Sy, qui commande ici un détachement de l'Apronuc (Autorité provisoire de l'ONU au Cambodge). Il me propose de m'emmener à l'Alliance française. Les étudiants sont serrés dans deux petites salles. On n'entend que les professeurs ; celles et ceux qui sont assis là – certains par terre – ont vraiment le désir d'apprendre. C'est réconfortant car, partout en ville, on peut voir des publicités pour des cours d'anglais dispensés gratuitement tôt le matin et tard dans la nuit. Mon ami sénégalais est fier comme un Français de voir tant d'appétit pour la langue qui lui a apporté ce qu'il est.

Dans la soirée, après un banquet raffiné, les ballets du palais impérial se produisent. Les danseuses sont belles, leurs costumes somptueux, mais la musique lancinante et répétitive m'amène aux bords du sommeil.

Sous la conduite d'un professeur de l'École française d'Extrême-Orient, nous visitons les ruines d'Angkor, du moins une petite partie. Nous admirons ces monuments bien éloignés de notre culture européenne et comprenons l'attachement et l'admiration qu'ils ont pu susciter. La nature a envahi les pierres, mais les hommes résistent et reprennent le contrôle de ces constructions qui ont plus de dix siècles.

Le Mékong roule ses eaux boueuses sous les fenêtres de l'hôtel, comme si elles drainaient tout le malheur qui s'est abattu sur ce pays. Ce que les Khmers rouges ont fait au Cambodge est incompréhensible. Selon Pol Pot, « le Cambodge révolutionnaire n'[avait] besoin que d'un million de personnes ». Après avoir causé la mort de dizaines de milliers d'hommes, de femmes et d'enfants à la suite de massacres, de sévices et de famines, avoir privé le pays de 91 % de ses médecins, 52 % de ses officiers de santé, 45 % de ses infirmières, il envisageait d'en exterminer encore cinq millions. Il a fait détruire 5 857 écoles, 1 987 pagodes, 796 établissements médicaux, 108 mosquées et toutes les églises catholiques. Tous ceux qui portaient un signe d'autorité – fût-ce une casquette de cheminot – étaient assassinés. Nul ne peut imaginer l'horreur, le malheur que montre le musée du génocide de Tuol Seng. La gentillesse et les sourires de nos hôtes ne peuvent nous faire oublier la tristesse et la douleur qui ont frappé un pays entier.

Au début du mois de juillet 1993, le G7 se tient à Tokyo. Christian Saglio, que j'ai connu à Dakar, est le directeur de l'Alliance française pour le Japon. Il m'invite chez lui, dans une vraie maison japonaise, petite, agrémentée d'un petit jardin moitié minéral, moitié végétal. Il y a une petite fontaine, des tatamis, des cloisons coulissantes. Il y vit à la japonaise. Nous dînons dans un restaurant sans touristes ni sushi ! Puis il me fait visiter son quartier, tapi derrière des immeubles d'une hauteur impressionnante, que ne semblent pas habiter les Japonais : ils préfèrent vivre dans de petites maisons à peine plus grandes que leurs automobiles. Pour pallier cette exiguïté, ils vont aux bains autour desquels existe toute une vie sociale.

Le Président me reproche de ne pas être allée à Kyoto, mais je n'ai pas non plus le temps de visiter la campagne japonaise, si bien décrite par Tanizaki, et que Christian Saglio voudrait me faire connaître. Le 9 juillet, je suis de retour à Paris.

En octobre, au Sommet francophone de l'île Maurice, François Mitterrand est accompagné d'Alain Juppé et Jacques Toubon. Les Mauriciens sont chaleureux et font avec beaucoup de gentillesse les honneurs de leur île. Les jardins de Pamplemousse sont un véritable conservatoire végétal de la région. Mais qui oserait décrire l'île après Jean-Marie Le Clézio ?

Au retour, nous nous arrêtons au Yémen, à Sanaa, dont l'architecture est impressionnante de beauté. Le protocole en place semble d'une absolue rigidité pour les femmes. Comment peut-on vivre dans ce pays sous un double voile noir ? Au dîner, les femmes sont dirigées vers une salle où elles partageront le repas avec les Françaises de la suite du Président. Nous les regardons se défaire successivement de leur long voile noir, de la robe noire qui les couvre de la tête aux pieds et du masque de cuir qui leur couvre la moitié du visage. Une fois dévoilées et démasquées, elles sont habillées à l'occidentale ; certaines sont très élégantes et portent des vêtements à la dernière mode. Une avocate francophone qui vit à l'européenne m'explique que nombre de femmes n'acceptent ces contraintes d'un autre âge que pour avoir la paix et circuler comme elles l'entendent. Quand je lui demande si elles sont heureuses, elle me répond : « Oui, à leur manière. »

Le docteur Fayein, une Française qui arpente le Yémen depuis quarante ans, est ici chez elle. Elle raconte combien il lui a été difficile d'approcher les femmes et de les soigner. C'est en s'occupant de leurs enfants qu'elle a pu connaître les mères et convaincre les pères de la laisser faire les gestes élémentaires qui ont sauvé bien des vies. Elle a appris la langue du pays, a porté elle aussi la double tenue noire, a parcouru à cheval des centaines de kilomètres pour atteindre des villages oubliés de la vie moderne, où l'aspirine et les antibiotiques étaient ignorés jusqu'à sa venue.

Dans l'après-midi, Sanaa, capitale de près d'un million d'habitants, semble endormie. Plus de la moitié de la population, hommes, femmes et même enfants, mâchent le qat, une plante narcotique que l'on cultive sur près de 50 % des terres arables du pays. Cette pratique leur permet de tromper la faim et de supporter les aléas d'une existence morne et sans joie.

En quittant Sanaa, je me demande quels secrets cachent les dentelles de pierre des balcons et les admirables façades des hautes maisons accrochées aux collines qui enserrent la ville. Tant de beauté, tant de délicatesse ne dissimulent-elles que des vies coupées du monde ?

LES « DERNIÈRES FOIS »

Le 18 novembre est une grande journée pour le Président. C'est l'inauguration du Grand Louvre, qui marque définitivement son empreinte à Paris. Chaque fois que je passe aujourd'hui devant la plaque apposée pour rappeler cet événement, je ressens la même émotion que ce matin d'automne où le soleil, à travers la structure lumineuse de la pyramide d'Ieoh Ming Pei, tombait sur une assistance consciente de l'importance d'un moment rare.

Comme tous les ans, le Président passe Noël à Assouan et le 31 décembre à Latche. Entre son retour d'Égypte et son départ pour les Landes, il enregistre ses vœux aux Français. Chaque année se répète le même cérémonial ; plusieurs conseillers ont préparé un texte que le Président lit. Puis il sort de ses poches des petits morceaux de papier sur lesquels il a griffonné quelques mots ou quelques phrases, il s'installe à son bureau et commence à rédiger lui-même cet exercice convenu qu'il n'aime pas. En sept minutes, huit au maximum, il faut souhaiter à soixante millions de Français tout le bonheur du monde en touchant le cœur de chacun. Autant dire une mission impossible. Une fois rédigé, le texte est dactylographié, relu, testé devant les conseillers, corrigé, de nouveau dactylographié, enregistré une première fois, puis une deuxième, écouté, réécouté et approuvé, loué. « Monsieur le Président, vous avez été parfait, c'est encore mieux que l'année dernière ! » Sur ce genre de compliment, le Président sait à quoi s'en tenir ; il s'est résigné à la banalité qu'impose une telle obligation, qui ne lui permet pas de déployer son éloquence.

Tout ce que je souhaite alors pour lui – et pour nous –, c'est que sa santé ne le trahisse pas – et ne nous trahisse pas. Que la vie continue entre sommets, voyages, réceptions, promenades et rencontres entre amis. Que l'Europe continue à avancer. Le fait qu'il continue à jouer au golf chaque semaine me rassure ; on a les réconforts qu'on peut !

En avril, il se rend en voyage officiel au Turkménistan et en Ouzbékistan. Pense-t-il à Malraux, qui lui a dit un jour que Samarkand est le plus bel endroit du monde qu'il lui eût été donné de voir ?

Le 6 mai, c'est l'inauguration du tunnel sous la Manche. Le projet (le cent trente-neuvième depuis 1802 !), qui avait semblé impossible à mettre en œuvre pour des raisons politiques, est enfin réalisé. L'Angleterre, qui toujours avait entendu rester une île, est désormais reliée au continent par voie de terre. Le tunnel lui fait perdre sa spécificité, son originalité, son « anglicité », son intimité et en quelque sorte sa vérité.

J'ai suivi avec un intérêt attentif la construction de ce tunnel. Jeanne Labrousse, que j'ai connue à l'IHEDN, dirigeait la communication de cette opération presque inimaginable. Grâce à elle, je suis allée plusieurs fois à Sangatte voir les étapes du chantier. D'abord, l'immense excavation dans laquelle aurait pu tenir l'Arc de triomphe, puis la mise en place des tunneliers et leur progression jusqu'à la jonction des deux moitiés du tunnel, long de plus de cinquante kilomètres et profond d'environ cent mètres sous le niveau de l'eau. Commencé en 1984, le tunnel a été achevé en 1991. La première traversée de Beusseigne à Cheriton a lieu en 1992.

Mon amie est très fière du professionnalisme des Français, dont le chantier a toujours été impeccable. Une grande partie des ouvriers employés au creusement du tunnel étaient les fils des mineurs marocains venus après la Première Guerre mondiale exploiter le bassin houiller du Nord-Pas-de-Calais. Eux aussi sont fiers de l'œuvre accomplie.

La première fois que j'ai parcouru le tunnel sur toute sa longueur, c'était en draisine. En moins de dix ans, sous la craie bleue – dont je garde un petit morceau –, l'Angleterre a perdu son insularité, chose longtemps impensable, sinon impossible.

Ce matin de mai 1994, à la gare du Nord, il fait frais, la météo est à l'heure anglaise, les hôtesses d'Eurotunnel distribuent des imperméables de secours. Une foule joyeuse se presse sur les quais. Le protocole a pris l'organisation de la journée en main et les sièges sont répartis selon les fonctions et les qualités. Premier arrêt, Sangatte. C'est la reine Elizabeth qui est venue vers la France. Hymnes nationaux, discours, remerciements, congratulations, banquet, passage sous la Manche. C'est une belle journée pour célébrer un événement hors du commun. J'ai l'impression de vivre un épisode de Jules Verne.

Aujourd'hui, cette traversée est devenue banale. On peut désormais aller du centre de Paris au centre de Londres en deux heures et quart. Même si Eurotunnel a du mal à trouver son équilibre financier, le tunnel et les trains sont là, les voyageurs sont contents. N'est-ce pas l'essentiel ? Les 740 000 petits actionnaires, pour la plupart, ont acheté des parts pour participer à une aventure extraordinaire, pas pour gagner de l'argent.

Le 6 juin, le Président tient à célébrer le cinquantième anniversaire du débarquement des troupes alliées en Normandie. Il a invité les chefs d'État des pays qui ont participé à cette opération qui a libéré la France de quatre années d'occupation ennemie. Des détachements des armées qui se sont battues sur les plages normandes viennent rappeler que, ce jour-là, cent trente-cinq mille hommes ont posé le pied sur le sol de France, que trois mille quatre cents Américains, trois mille Anglais, mille Canadiens ont donné leur vie et qu'ils n'ont pas été oubliés. L'opération Overlord est encore dans toutes les mémoires de ceux qui ont connu ce mois de juin 1944.

Nombreux sont les invités qui se pressent sur les estrades installées face à la mer. Certains d'entre eux ont participé aux opérations de libération de la France. Jean Kahn, conseiller à l'Élysée, se souvient. Lui aussi a combattu en ce mois de juin 1944. Il avait vingt-deux ans et était chef d'équipage d'un bombardier. Il est l'un des rares Français autorisés à porter la cravate de la Royal Air Force, coquetterie qui ne déplaît pas au conseiller d'État qu'il a été pendant quarante ans. Combien de fois a-t-on entendu « je me souviens » au cours de cette journée du 6 juin 1994 ?

Le dernier G7 a lieu à Naples. C'est Silvio Berlusconi qui reçoit. Avant la réunion des chefs d'État, François Mitterrand est fait docteur *honoris causa* de l'Institut universitaire oriental de Naples. Son allocution porte sur l'histoire de l'influence culturelle de la cité de Naples et de ses liens avec la France. Cette intervention me touche car j'ai des liens à Naples : mon fils aîné a épousé une Napolitaine et j'ai une petite-fille franco-napolitaine. J'aimerais qu'elle n'ait pas à choisir entre les deux cultures et qu'elle retienne tout ce que Naples et la France ont en commun.

De l'hôtel Vesuvio où loge la délégation française, on a une vue splendide sur la baie de Naples, le château de l'Œuf, l'opéra San Carlo où, malheureusement, il n'est pas prévu de spectacle. Lors d'un sommet franco-italien, nous avions eu l'occasion d'y assister à une représentation. Ce soir-là, on donnait *Robert le diable*, qui n'est pas l'opéra de Donizetti que je préfère, mais j'avais été séduite par le théâtre : un lieu équilibré, parfait pour la musique italienne.

Tous ceux qui suivent le Président savent que c'est la dernière fois qu'il assiste au G7. Quatorze fois dans ces réunions, trop formelles à son goût, il a parlé au nom de la France. Quatorze fois, il a été écouté, mais pas toujours entendu ; je songe qu'il a été le seul à y représenter son pays quatorze années consécutives.

À l'heure du déjeuner, je me réfugie à l'hôtel pour terminer un travail quand arrive un des gardes du corps de François Mitterrand : « Le Président vous cherche et me demande aussi de trouver Serge Lafont. » Nous trouvons celui-ci, normalien en charge des questions économiques internationales. « Le Président est au restaurant, il vous attend. » La première réunion plénière a lieu à 16 heures, ça ne laisse pas beaucoup de temps pour travailler. « Il ne s'agit pas de travailler, nous dit-il lorsque nous arrivons, il s'agit de déjeuner. » Pour ce dernier G7, il a voulu toute son équipe autour de lui. De ce déjeuner au bord de la mer, où le patron nous a obligés à goûter tout ce qui figurait sur sa carte, jusqu'aux sorbets à la carotte et au fenouil, je garde le souvenir d'un moment détendu et privilégié. Nous avions oublié la cohabitation, les soucis des dernières semaines. Le Président semblait heureux. Ce fut notre dernière « réunion de famille », calme et détendue.

Pour le dernier 14 juillet du septennat, une foule énorme se presse dans les jardins. Chacun veut voir le Président, lui parler, lui faire un signe. Ma petite-fille, elle aussi, veut « voir le Président ». Elle a cinq ans. Je lui dis que c'est impossible, mais elle demande aux huissiers qui la connaissent par où doit passer le Président pour rentrer chez lui et elle se poste dans un petit couloir d'où elle ne veut pas bouger. Lorsqu'il arrive, elle se précipite vers lui, l'embrasse et s'en va. Celui-ci m'aperçoit et me dit : « À qui est-elle, celle-là ?
— Elle est à moi… »

Le 16 juillet, il inaugure une stèle à l'emplacement du Vélodrome d'hiver. Elle rappelle la rafle des Juifs de l'été 1942. Contrairement à ce que certains ont voulu faire croire, François Mitterrand n'a pas oublié.

Quelques jours après, il retourne à l'hôpital Cochin où il est de nouveau opéré dans le service du professeur Bernard Debré. Son cancer ne lui laissera plus de répit.

Le 25 août, il préside les fêtes du cinquantième anniversaire de la Libération de Paris, dont il a été un acteur. Le maire de la capitale, Jacques Chirac, est plein de sollicitude à son égard et le traite avec une grande délicatesse. Comme il est fatigué. Combien de temps pourra-t-il se battre ? Il souffre. Il est physiquement affaibli. Ses soixante-dix-huit ans, soudain, lui pèsent. Son corps a vieilli. Lui qui détestait les médicaments et les remèdes se nourrit de toutes sortes de cachets, potions, ampoules, gouttes que lui prescrivent plusieurs médecins. Ces polymédications sont plus inquiétantes que rassurantes. Ses différents cercles d'amitié se sont mis en concurrence. Sa docilité aux influences qui l'entourent me paraît suspecte. Sa pensée est toujours vive et, lorsqu'il le faut, il use de son éloquence avec précision et gravité. Il veut aller au bout de son mandat. Il ne lâchera pas.

Le second septennat n'a pas ressemblé au premier. L'équipe qui entoure le Président était rodée ; elle était même convaincue de n'avoir plus rien à apprendre, certaine qu'il n'y aurait pas de troisième septennat. Il faut donc s'occuper sérieusement de son avenir. Elle se transforme, se défait même. Seul le secrétariat particulier n'a pas changé. L'atmosphère de camaraderie et de solidarité qui caractérisait le premier septennat s'est évanouie. Les nominations au tour extérieur au Conseil d'État, à la Cour des comptes ou aux inspections générales des grands ministères sont très recherchées. L'administration préfectorale en attire d'autres. Ce qui se passe à l'Élysée se passe dans tous les ministères : trouver un point de chute honorable est devenu un exercice auquel il paraît légitime de se consacrer. François Mitterrand n'est pas dupe : il connaît les hommes. Il examine avec un ironique agacement les nominations de tous « ces gens qui profitent », mais il les accepte et il signe. Le 1er juillet 1994, il confiera à Pierre Favier et Michel Martin-Roland : « Le goût du pouvoir, c'est une réalité. C'est un peu comme les joueurs dans les casinos. Au bout d'un moment, ce n'est plus pour l'argent qu'ils sont là, vissés à la table, mais tout simplement parce qu'ils aiment jouer[1]. »

Il y a ceux qui écrivent. L'écriture n'est pas incompatible avec la recherche d'un poste prestigieux. En 1993, Erik Orsenna, qui a déjà quitté l'Élysée, publie *Grand Amour* (Seuil) ; l'humour acide et décapant de ce véritable écrivain passe mal : il dit pourtant ce que beaucoup n'osent formuler. Jacques Attali, lui, publie ses trois tomes de *Verbatim* (Fayard) en 1993, 1994 et 1995. Laure Adler, qui a succédé à Paul Guimard et à Erik Orsenna, écrit elle aussi[2]. Chacun dans son domaine publie. Les journalistes aussi s'en donnent à cœur joie. Certains avec talent, d'autres avec médiocrité, règlent leurs comptes avec un pouvoir qui les a déçus, maltraités ou tout simplement ignorés. Les quatre tomes de *La Décennie Mitterrand* de Pierre Favier et de Michel Martin-Roland restent des livres de référence. Pour les autres, à chacun de juger et de se faire une opinion.

François Mitterrand, lui, continue à exercer son rôle. Les 7, 8 et 9 novembre, il est au Conseil franco-africain de Biarritz. Comme ils ont changé, tous ces chefs d'État qui étaient présents au premier Sommet franco-africain

---

1. Pierre Favier, Michel Martin-Roland, *La Décennie Mitterrand*, vol. 4 : *Les Déchirements*, Seuil, 1999.
2. *L'Année des adieux*, Flammarion, 1995.

du premier septennat ! Au nom de tous les siens, le roi Hassan II, qui pourtant n'avait pas du tout apprécié le discours de La Baule, use de termes chaleureux, délicats et vigoureux pour remercier François Mitterrand de ce qu'il a fait pour son pays et pour l'Afrique tout entière.

Après ces trois jours qui n'en finissent pas, il s'efforce de prendre quelques jours de repos dans les Landes, mais il rentre bien vite à Paris où, sans doute, il se sent plus en sécurité, plus proche des dernières tâches qui l'attendent.

C'est en novembre que *Paris-Match* publiera les photographies du Président avec sa fille. Elle est belle, intelligente : elle ressemble à son père. La presse fait grand bruit autour de cette filiation révélée. Les Français, dans l'ensemble, sont réservés. Certains plaignent Danielle, sans savoir ce qu'a été sa vie personnelle. D'autres disent : « La vie privée du Président, c'est son affaire ! » D'autres encore : « Mazarine, curieux prénom… »

Décembre arrive. Le Conseil européen se réunit à Essen. Comme chaque année, l'hôtel Old Cataract accueille le Président à Assouan. Pense-t-il au dernier message de vœux qu'il va adresser aux Français ? Sait-il déjà qu'il va leur dire : « L'an prochain, ce sera mon successeur qui vous exprimera ses vœux. Là où je serai, je l'écouterai le cœur plein de reconnaissance pour le peuple français qui m'aura si longtemps confié son destin. » Lorsqu'il enregistre ces phrases, autour de lui, nous sommes très émus. Difficile d'imaginer un autre Président que lui – et pourtant…

Dès son retour de Latche commencent les cérémonies des vœux. Les derniers. Tous ceux qui assistent à ces réunions ont bien conscience que c'est la dernière fois qu'il paraît devant eux. La « cérémonie des adieux » a commencé. Le 17 janvier, il se rend à Strasbourg saluer une dernière fois le Parlement européen.

Debout, les parlementaires des Douze l'applaudissent. Lors de la réception qui suit, je croise Jean-Pierre Cot, très ému, qui me confie son attachement pour un homme qu'il admire beaucoup, même s'il a eu de graves désaccords avec lui. Édith Cresson, elle aussi, en dépit de la souffrance qu'elle a éprouvée lorsque le Président l'a lâchée, ne cherche pas à cacher son émotion. Toute cette bataille pour l'Europe qu'il mène depuis près de cinquante ans a guidé son action dans bien des circonstances et impressionne tous ceux qui ont eu l'occasion d'y travailler avec lui.

François Mitterrand observe sans passion la campagne de l'élection présidentielle. Trois « grands candidats » se partagent les suffrages des électeurs : Lionel Jospin, Jacques Chirac et Édouard Balladur. Il sait qu'au deuxième tour ne resteront que Jacques Chirac et Lionel Jospin.

Chaque jour qui passe, on le voit lutter avec sa maladie. On voudrait l'aider, on sait que c'est impossible. Il souffre et il est seul avec sa souffrance, mais aussi avec les polémiques qu'il sait injustes et qui ne cessent de rebondir : Vichy, la francisque, l'Observatoire, l'Algérie, les écoutes, la Yougoslavie, la réunification allemande, le Rwanda. Tout ce qu'ils ne comprennent pas, parce qu'ils n'ont pas vécu les mêmes épreuves que lui ou parce qu'ils connaissent mal l'histoire récente, n'ont lu que ce qu'ils voulaient lire et n'ont entendu que ce qu'ils voulaient entendre, ses adversaires en font des armes contre lui.

Le 30 mars, il inaugure le dernier de « ses » grands travaux : la Grande Bibliothèque. Elle clôt sa route en beauté avec les livres, compagnons de toujours.

Le 7 mai, Jacques Chirac est élu président de la République. Le 8 mai, à l'Arc de Triomphe, ils sont côte à côte. Il y a cinquante ans, les hostilités étaient terminées en Europe. Les deux dernières visites de François Mitterrand seront pour Berlin et Moscou, deux capitales où il a choisi d'aller célébrer le cinquantième anniversaire de la fin de la Seconde Guerre mondiale. Le cycle de sa vie publique est achevé.

Le 16 mai, c'est le dernier soir. En partant, le Président me dit : « À demain ! — Non, monsieur, c'est terminé, je quitte le bureau ce soir. Demain, le secrétariat de M. Chirac s'installera ici. »

Quatorze années ont passé. Un dernier regard sur le parc, sur la grille du Coq, sur les lumières de la ville de l'autre côté, sur les Champs-Élysées. Il faut s'en aller. À partir de ce soir commencent les souvenirs. Quelques coups de téléphone. Je prends ma veste, le bouquet de roses que m'a envoyé un ami. Il n'y a plus rien sur le bureau, les tiroirs sont vides.

Demain, je ne veux rien voir. Je ne veux même pas aller rue de Solférino. J'irai directement au ministère de la Culture où, je le sais, je n'ai pas de bureau. L'Inspection générale a des locaux rue du Mail et deux bureaux rue de Valois. J'ai beaucoup de chance : rue de Valois, je vais occuper la même pièce qu'un homme charmant. Nous ne partageons pas les mêmes opinions politiques, mais ça n'a aucune importance. Gérard Andrieu est cultivé, gentil et fait tout pour que je me sente chez moi dans ce morceau perdu du ministère. Chaque matin, il prépare du café ; l'après-midi, il n'est pas rare qu'un groupe d'amis vienne prendre le thé. Personne ne se soucie de nous et nous menons notre vie comme nous l'entendons, ou presque.

Je n'ai pas aimé la fonction d'inspecteur général de l'administration. Je n'étais pas préparée à ce métier. Pendant quatre ans, il a fallu toute l'indulgence du chef de corps et de mes collègues pour que je me rende rue du Mail ou rue de Valois avec plaisir. J'avais commencé à travailler dans le quartier du Palais-Royal ; je finis ma vie professionnelle dans le même quartier ; je considère que j'ai eu beaucoup de chance.

J'ai revu François Mitterrand, qui m'a invitée à déjeuner. Mon travail l'étonne : « Je ne vous ai pas nommée au ministère de la Culture pour faire ça », me dit-il. Ça, c'est-à-dire regarder des ruines d'un air professionnel et décider avec un inspecteur du ministère de l'Équipement s'il convient ou non de réhabiliter une chapelle au milieu de nulle part. C'est aussi, dans une rue piétonne située dans un espace protégé, décider de la couleur des volets et de l'épaisseur des vitres. Contrôler des budgets, suggérer à un directeur de théâtre que les spectacles qu'il accueille sont trop longs ou trop courts, lui faire remarquer que les costumes sont trop chers, sans avoir vu le spectacle ! Bref, un travail de fonctionnaire auquel je n'ai pas été préparée.

J'aurais aimé retrouver l'occasion de parler avec lui, l'écouter encore et encore ; mais il était si fatigué que je ne voulais pas ennuyer Christiane et Joëlle, restées auprès de lui, en les accablant de demandes qu'elles ne pouvaient décemment pas transmettre.

Je l'ai revu sur son lit de mort. Beau. Calme. Apaisé. Je lui ai dit tout ce que je n'avais jamais osé lui dire, combien je l'admirais et combien il m'intimidait. En quittant l'avenue Frédéric-Le Play, j'ai croisé Mgr Lustiger, qui fut l'un des premiers à venir lui rendre une dernière visite. Il m'a dit : « C'était un grand Président, mais il n'était pas facile. » Je ne lui ai pas répondu : « Mais vous, monseigneur, l'êtes-vous ? » J'ai repensé à ce bref échange inachevé lorsque j'ai appris la mort de Jean-Marie Lustiger, en 2007. Un grand cardinal, quelquefois difficile à comprendre, s'en allait à son tour. Les hommes « pas faciles » manquent à ceux qui les ont connus et appréciés.

TROISIÈME PARTIE

HUIT REGARDS SUR UN PRÉSIDENT

« Secrétaire » : le mot décrit très bien la fonction. Meuble ou personne, on lui confie ses secrets. Le meuble a ses synonymes : bonheur du jour, scriban, etc. La personne, elle, n'en a pas. « Secrétaire », c'est court, sec, limité. Un meuble a un prix, il est unique. La secrétaire est interchangeable. C'est du moins ce que croient la plupart des gens, qui ont plus de considération pour le meuble que pour la personne.

Secrétariat particulier

Je me souviens d'un énarque, devenu patron d'une grande entreprise d'État, qui me dictait son analyse personnelle du « Programme commun » pour le journal du parti socialiste. À partir de fiches qu'il avait rédigées, il me dicta un texte incompréhensible. Je n'ai pas pu m'empêcher de lui faire remarquer : « Si je ne comprends pas ce que vous voulez dire, je me demande ce que les militants de ma section de Dordogne comprendront. » Sèchement, il m'a répondu : « Vous n'êtes pas là pour comprendre, vous êtes là pour taper. » Chaque fois que je le vois à la télévision – car il a résisté à tous les gouvernements depuis 1981 –, j'entends encore son ton péremptoire et méprisant. Secrétaire ? Il y en a pour qui ce n'est qu'une machine.

François Mitterrand, lui, avait émis le souhait d'être accompagné d'une secrétaire à chacun de ses voyages et recommandé au chef du protocole de veiller à ce qu'elle soit traitée comme les conseillers ou les chargés de mission. Certains de ses collaborateurs, je le sais, n'aimaient pas qu'il leur dise : « Vous verrez cela avec mon secrétariat. » Puis, ils se sont habitués au quatuor qui habitait le bureau le plus proche du sien.

Joëlle Jaillette, la plus jeune, était nivernaise, de Lormes. Elle connaissait tout ce qu'il fallait savoir de ce département qui lui tenait vraiment à cœur et auquel il a consacré beaucoup de son temps.

Christiane Dufour était la fille d'une de ses amies, candidate kamikaze dans le XVIIe arrondissement de Paris en 1967, pour la Convention des institutions républicaines. Elle avait accepté cette mission impossible par militantisme et par amitié.

Marie-Claire Papegay avait commencé à travailler avec François Mitterrand en 1957. Son bureau était installé chez lui, rue Guynemer, puis rue de Bièvre. De lui, elle savait tout. On n'a jamais pu la prendre en délit d'indiscrétion. C'est la personne la plus discrète que je connaisse.

Aucune des « quatre » n'était là par hasard. François Mitterrand nous connaissait, savait, sans s'en mêler, que nous avions une vie personnelle. Quel patron était-il ? Je suis tentée de répondre qu'il était lâchement masculin : il ne voulait pas d'histoires. Et il ne voulait pas que le bureau soit vide lorsqu'il était là. À Paris, il passait beaucoup de temps à l'Élysée et nous n'avions pas d'horaire fixe. Nous nous arrangions toutes les quatre pour que le travail soit fait en temps et en heure. Le soir, je restais souvent tard, mais comme mes trois compagnes avaient supporté que je suive une session de l'Institut des hautes études de défense nationale et une session du Centre des hautes études de l'armement, c'était une légitime compensation que, je dois le dire, personne ne me réclama jamais. Nous nous comprenions sans phrase. Nous avions la chance de pouvoir organiser notre temps à notre convenance. Il y avait des obligations, mais rarement des contraintes.

En me remémorant ces quatorze années passées à l'Élysée, je me dis que la vie y était passionnante et facile, grâce à François Mitterrand lui-même, qui comprenait que la vie ne s'arrêtait pas aux portes de la Présidence. Quand on commençait un travail précis, on ne savait jamais à quelle heure on terminerait. Marie-Claire, avant 1981, a souvent passé de longues soirées à attendre la fin d'un article, la conclusion d'une interview. À quatre, nous nous sommes partagé la tâche. J'aimais l'Élysée la nuit, descendre le grand escalier dans la pénombre, vers 1 heure du matin, après avoir passé la soirée entière à tout recommencer pour un paragraphe trop long, une phrase peu claire, un terme impropre. Tout le monde le savait : le Président était très exigeant sur la forme, aussi bien que sur le fond.

Dans les années 1990, on vit apparaître des ordinateurs dans tous les bureaux, sauf au secrétariat particulier. Le Président venait voir son texte s'inscrire sur la feuille blanche et, quelquefois, la tirait lui-même pour la corriger. L'ordinateur ne permet pas ce contact avec la pensée écrite.

Il aimait que l'on comprenne vite, abhorrait les fautes d'orthographe, écrivait à l'encre bleue. Lorsqu'il demandait à joindre rapidement un correspondant, il n'aimait pas attendre. Quand lui était prêt, il avait tendance à penser que les autres devaient l'être aussi. Il détestait qu'un de ses correspondants soit injoignable parce qu'inscrit sur la « liste rouge » : pour lui, l'Élysée devait aussi servir à pouvoir joindre n'importe qui, n'importe quand. Il s'était très vite habitué aux facilités que donne un standard hautement spécialisé et, s'il n'aimait pas être « sonné », il appelait volontiers ses correspondants au cours de ses voyages, sans toujours se soucier du décalage horaire.

Quatre femmes dans le même lieu, ensemble, pendant quatorze ans… Et nous nous voyons encore ! Nous passions plus de temps à l'Élysée que dans notre propre foyer. Ce n'était pas facile tous les jours, mais, dans l'ensemble, nous pouvons dire que nous avons été heureuses. Par moments, nous avons même bien ri. Nous nous amusions du comportement de certains conseillers qui se pensaient indispensables (espèce dont les cimetières sont pleins, disait Clemenceau) et dont nous savions que les projets de discours, qu'ils croyaient uniques, avaient été préparés par trois personnes et finiraient par disparaître entièrement sous la plume du Président.

Pour évaluer la sympathie que nous inspiraient les personnes qui pénétraient dans notre bureau, nous avions même imaginé un test décisif : « Est-ce que tu partirais en mobile home avec elle (ou lui) pendant une semaine ? »

Le protocole

Pas facile d'être le chef du protocole. Dès que quelque chose ne se déroule pas comme prévu, c'est votre faute. En permanence, vous devez assumer les erreurs de tout le petit monde qui grouille autour du Président, sans perdre le sourire.

Lorsque le Président est arrivé à l'Élysée, il a trouvé le chef du protocole de Valéry Giscard d'Estaing. Jean-Bernard Mérimée n'avait certainement pas voté pour

« notre » candidat, mais c'était un serviteur de l'État : il a tout mis en œuvre pour que la passation se déroule bien. Choisissant d'ignorer notre méconnaissance des rites élyséens, il a préparé avec nous les réunions qui nécessitaient une connaissance approfondie des devoirs protocolaires.

Tout au long des quatorze années que nous avons passées en voyages, représentations et visites, nous avons constaté que les responsables du protocole étaient indispensables à la réussite de nos entreprises. Il est arrivé au Président de faire attendre le chef du protocole, mais jamais il n'y eut d'impatience dans nos relations. Venus du Quai d'Orsay, ceux qui acceptaient d'assumer cette fonction parfois ingrate savaient, si tout se passait bien, qu'ils sortiraient de l'Élysée par la grande porte et pourraient aller exercer leurs talents de diplomate dans une « belle » ambassade.

Le protocole est à la fois contraignant et rassurant. En principe, tout est toujours en place. Chacun sait où il faut s'installer. Par moments, on aimerait changer de voisin, être à la table d'à côté pour préparer la journée du lendemain. Mais de tels arrangements présentent plus d'avantages que d'inconvénients. Ceux qui n'admettent pas les diktats du protocole passent dans les salles de réunion ou de déjeuner pour échanger les étiquettes. Cela fait partie de la comédie du pouvoir.

Le Président, dans la vie quotidienne, n'avait pas d'exigences particulières ; mais il tenait beaucoup à ce que le protocole fût respecté dans les manifestations officielles, par respect pour ses hôtes et pour les institutions de la République. C'était son côté monarchique, car il y avait du souverain en lui. Souvent, à propos de son entourage, on a évoqué la cour. L'Élysée est un palais, républicain certes. Mais c'est un lieu fait pour recevoir les présidents et les souverains étrangers. La décoration, les meubles, tout indique le faste, une certaine idée du décorum. Deux fleuristes, en plus des lingères, des responsables de la vaisselle et de l'argenterie travaillent dans cet endroit qui doit donner une certaine image de la France. Les tapis, les lustres sont entretenus par le Mobilier national. Chaque semaine, un horloger vient remonter les cartels et les pendules. Rien n'est laissé au hasard. Le Président lui-même veille à ce que les tableaux exposés correspondent à ses goûts. Il a fait suspendre un portrait de Georges Pompidou, remplacer la statue du hall d'entrée par une œuvre moderne qui représente une accumulation de drapeaux sculptée par Arman dans un marbre blanc scintillant.

Une autre statue moderne a été substituée à une allégorie traditionnelle dans l'escalier d'honneur réservé aux occupants du premier étage et aux personnalités venues rendre visite au Président. Le grand auvent qu'on voit sur les photos de l'époque du Président Lebrun a disparu. Le perron a été modernisé sous la IVe République. Les entrées latérales sont réservées aux visiteurs des conseillers. Mais pour recevoir un chef d'État, c'est toujours le même cérémonial : tapis rouge et Garde républicaine.

Les aides de camp

En mai 1981, parmi les nouveautés qui nous attendent, en plus de la sécurité rapprochée, de la garde, des chauffeurs, des conseillers, figurent de nouveaux auxiliaires : les aides de camp. Le président de la République française, chef des armées, lorsqu'il effectue un déplacement officiel est toujours escorté d'un aide de camp. Un militaire ! Je croyais, naïvement, qu'il fallait pour cela être militaire soi-même, comme naguère le général de Gaulle eut auprès de lui le général de Bonneval.

À l'Élysée, nous découvrons donc l'existence de ces deux officiers supérieurs, un colonel de l'armée de terre, Philippe Mercier, et un capitaine de frégate, Michel Olhagaray, qui vont partager notre vie quotidienne. Comment allons-nous cohabiter avec ces militaires, catégorie professionnelle que nous n'avons jamais fréquentée ? Dès que se profile à l'horizon une visite (officielle), un déplacement (officiel) ou un voyage (officiel) du Président, ils ont toute liberté d'entrer dans le secrétariat particulier. Pour eux, les secrétaires appartiennent à un monde inconnu : quel besoin ont-ils de ces intermédiaires avec le Président ? Nous sommes donc à égalité : nous nous méconnaissons mutuellement !

Les trois armes étaient représentées. Nous avons connu des marins, des sous-mariniers, des aviateurs, des hussards et des cavaliers, tous gens de bonne compagnie, discrets, sur lesquels on pouvait compter même pour débrouiller des problèmes qui ne relevaient pas de leur compétence et qui ne figuraient pas dans leurs obligations.

Avec ces deux premiers aides de camp, les relations furent faciles et agréables. Leur fonction, partout où nous allions, était de rester à proximité du Président. Lunettes, stylo, discours, notes, ils avaient tout cela dans leur serviette ; nous n'avions à nous soucier de rien. L'angoisse d'avoir oublié quelque chose, c'était pour eux. Et lorsque nous avions à travailler avec le Président, nous savions qu'ils étaient prêts à nous dépanner de feuilles ou d'un stylo.

Les officiers étaient choisis sur une liste proposée par l'état-major des armées, mais nul ne pouvait dire qu'il était là contre sa volonté. Tous ceux que nous avons vu se succéder – tous les deux ans à peu près –

avaient accepté la tâche, car c'en était une, qui leur avait été proposée. Évidemment, les aides de camp savaient qu'ils quitteraient tôt ou tard le service de la Présidence avec un beau commandement, en plus des décorations récoltées au cours de leurs voyages à l'étranger. Mais jamais je n'ai eu l'impression qu'ils avaient cherché, par arrivisme, à occuper cette fonction.

Les noms du Président

François Mitterrand était courtois. Il disait « bonjour », « merci », « au revoir », mais n'avait pas l'habitude de s'épancher. Il serrait la main de ses hôtes, mais il n'embrassait pas, comme le font tant d'hommes politiques, sauf quand il remettait une décoration – et encore, sans effusion ; juste comme un rite.

Lorsque j'étais enfant, il me tutoyait, comme il tutoyait mon père. Dès que j'ai grandi, il m'a dit « vous », comme à ma mère. Il tutoyait peu. Une anecdote courait à la Cité Malesherbes. Quelqu'un lui avait dit un jour : « Maintenant qu'on se connaît, on pourrait se tutoyer. » Il avait répondu : « Comme vous voulez. » Les choses en étaient restées là. Je ne peux pas affirmer la véracité de cet échange, mais il est fort vraisemblable.

Comment appelait-on François Mitterrand ? Certains disaient « François ». Robert Beauchamp, le frère d'un de ses plus anciens amis, a d'ailleurs réalisé en 1974 un court-métrage intitulé *Certains l'appellent François*. À partir de 1981, même ceux-là ne l'appelèrent plus « François », mais « monsieur le Président ». Les plus proches se permettaient un simple « Président », mais lorsqu'un problème grave surgissait, c'était « monsieur le Président ». Au secrétariat particulier, nous l'appelions « monsieur », comme nous l'avions toujours fait. Marie-Claire Papegay, comme moi, l'avions connu ministre, président de l'UDSR, de la Convention des institutions républicaines, de la Fédération de la gauche démocrate et socialiste, premier secrétaire du parti socialiste, député, sénateur, maire de Château-Chinon, président du conseil général de la Nièvre. « Monsieur » nous semblait traduire notre respect, notre proximité, notre long chemin ensemble.

Ceux qui ne l'aimaient pas l'appelaient « Mitran », ce qui l'agaçait. Lorsque j'entendais ce « Mitran » dans une conversation, dans un dîner en ville, automatiquement j'intervenais : « Mitterrand, avec deux *t* et deux *r.* »

À part, son chauffeur l'appelait « Tonton ». Jamais je n'ai pu m'habituer à ce surnom qui, pour moi, ne correspond nullement au personnage qu'il était. J'ai d'ailleurs banni ce mot de mon vocabulaire depuis l'âge de huit ans. Un jour où je n'avais pas appris mes leçons, j'avais inventé cette excuse : « Mon tonton est arrivé et je n'ai pas eu le temps de faire mon travail. » Mon institutrice – qui ne se serait jamais laissé appeler par son prénom, comme c'est aujourd'hui la mode – m'avait reprise : « Vous devez dire : mon oncle. » « Tonton » était de ces mots qu'une personne bien élevée ne doit pas dire.

Le Président italien Sandro Pertini, étonné de cette appellation familière, avait demandé aux journalistes du *Canard enchaîné* ce que signifiait ce « Tonton » un peu vulgaire, qui faisait partie du paysage langagier du septennat. Les policiers, comme les chauffeurs, avaient trouvé ce mot commode pour signaler les déplacements du Président et en usaient entre eux, alors que le vocabulaire officiel aurait voulu qu'on dise « le P.R. » ou « l'autorité ». Il y eut certainement d'autres appellations que je n'ai pas connues.

Et puis, on l'a appelé « Dieu ». Qui a commencé ? Les journalistes ? Un proche ? Un ironiste malveillant ?

Je ne sais qui, le premier, usa de cette métaphore religieuse qui en dit quand même long sur la manière dont il était considéré par ceux qui le voyaient vivre de loin.

Nous qui avons travaillé avec lui pendant si longtemps n'avons pas perdu l'habitude de l'appeler « le Président », lorsque nous l'évoquons entre nous. Car il nous est bien difficile d'imaginer qu'un autre exerce aujourd'hui cette fonction...

Grands travaux, grands projets

Les « grands travaux » : l'expression a été martelée d'un bout à l'autre des deux septennats de François Mitterrand. Prononcée avec emphase, agacement, admiration, enthousiasme, mépris. Positives ou négatives, les appréciations étaient dictées par des considérations politiques, rarement esthétiques.

Dès le 24 septembre 1981, cent jours après son entrée en fonctions, François Mitterrand avertit : « J'ai pris en compte le développement du Musée d'Orsay, le développement de la Défense qui seront des œuvres qui, je l'espère, marqueront l'esthétique moderne en même temps que l'urbanisme. J'ai également pris la décision de rendre le Louvre à sa destination et, de ce fait, j'ai demandé au Premier ministre de prévoir l'installation et la construction du ministère des Finances dans des lieux aussi nobles qu'il le mérite, mais sans qu'il y ait confusion excessive entre l'état de fonctionnaire de cette noble maison et les objets d'art qu'il convient de montrer au public. [...] Nous bâtirons une Cité internationale de la musique. Nous allons mettre en pratique la fondation européenne pour la culture, ce qui nécessitera aussi certaines constructions, ainsi que la Maison pour l'islam. »

Comme nombre de provinciaux qui découvrent Paris adolescents, lorsqu'ils y « montent » faire leurs études, François Mitterrand était sous le charme de la ville. Comme il le disait lui-même : « Pendant ma première année à Paris, j'ai passé plus de temps à me promener qu'à étudier. » Et, dans *La Paille et le Grain* : « Dans toute ville je me sens empereur ou architecte, ce qui revient au même – je tranche, je décide, j'arbitre[1] [...]. » Il aimait les monuments, leur signification, les places, leur rapport avec l'Histoire et la politique. S'il avait vécu sa jeunesse à Paris, peut-être n'aurait-il pas choisi le droit mais l'architecture. Il avait un sens inné de l'équilibre et aimait les perspectives harmonieuses ; il croyait profondément que, comme les hommes, les villes changent.

Je me souviens des premières semaines du Centre Beaubourg, voulu par Georges Pompidou. Je m'étais promenée avec François Mitterrand dans ce quartier qui revivait. Le bâtiment de Renzo Piano, accueilli par des lazzi, était présenté par les experts autoproclamés du beau comme une verrue à supprimer. Ce bâtiment, que d'aucuns appelaient « l'usine à gaz », « la raffinerie », qualifié par d'autres de « monstruosité », François Mitterrand l'aimait. Il trouvait bon qu'un bâtiment moderne fût installé au cœur du vieux Paris et approuvait Georges Pompidou de l'avoir voulu. Avec ses paliers le long de la façade ouest, l'escalier, tel un grand livre, permet de découvrir Paris chapitre par chapitre, dans un lent mouvement d'ascension, d'en apprécier les volumes, les structures, la lumière, l'harmonie. Tout, dans le fonctionnement de cet endroit, lui paraissait de nature à attirer des jeunes qui n'osaient

1. *La Paille et le Grain*, Flammarion, 1975, p. 139.

pas entrer au Louvre ou n'avaient pas accès à la Bibliothèque nationale.

La tour Montparnasse ne lui déplaisait pas. Haut phare accueillant tous ceux qui viennent de l'ouest, elle se voit de toutes les trouées de la capitale, repère moderne de la ville.

Dans les bonheurs que lui a offerts son accession à la Présidence figurait certainement celui de donner à Paris les nouvelles infrastructures qui l'inscriraient dans le prochain siècle. En 1981, la ville a besoin de nouveaux développements. Il faut offrir un visage moderne à des lieux qui semblaient immuables, élargir des horizons, enrichir, embellir un patrimoine qui n'est pas encore entré dans son époque. Depuis la Libération, Paris n'a connu aucune grande réalisation architecturale. André Malraux a contraint les Parisiens à blanchir leurs façades, mais il ne s'est attaché à aucune construction et, s'il a donné au ministère de la Culture ses lettres de noblesse, son passage n'a pas laissé de trace en matière de « grands projets ».

Lorsqu'il arrive à l'Élysée, François Mitterrand trouve donc quatre projets que lui a laissés son prédécesseur : Orsay, La Villette, la Défense et l'Institut du monde arabe. Il n'est pas question de les annuler d'un trait de plume. Rien n'a été mené à son terme. Les tours de la Défense ont été élevées de manière anarchique ; il faut donner à ce quartier de l'ouest parisien une cohérence. Un aménagement « Tête Défense » est envisagé, mais les projets se succèdent sans obtenir d'agrément. À la place des anciens abattoirs de La Villette doit être édifiée la Cité des sciences et techniques. La gare d'Orsay sera un temple à la gloire du XIXe siècle. Et chacun reconnaît que le monde arabe ne peut pas être plus longtemps négligé et mérite un lieu d'exposition, d'études et de recherches.

François Mitterrand a accepté l'héritage. Il allonge la liste des travaux indispensables à mener à bien pour que Paris réponde à sa vocation de capitale culturelle. Et d'abord, le Louvre. « J'ai pris la décision, déclare-t-il, sans vouloir désobliger personne, de rendre le Louvre à sa destination. »

Le Grand Louvre

Une aile du Louvre est alors occupée par le ministère des Finances, ce qui restreint les possibilités d'accrochage d'œuvres importantes et emplit les réserves d'une partie des collections. Les cours, transformées en parkings mal entretenus, feraient oublier que ce palais est un lieu de culture universel. François Mitterrand veut en faire le plus beau musée du monde.

À Washington, il a admiré la rénovation de la National Gallery par Ieoh Ming Pei. Par l'intermédiaire de Paul Guimard, premier conseiller culturel du premier septennat, il a demandé à le rencontrer. « IMP », comme l'appellent ses amis new-yorkais, réfléchit. La France ne lui a pas laissé d'heureux souvenirs. Consulté en vue de l'aménagement de la Défense, il a été négligé et finalement rejeté. Il ne veut plus affronter l'administration figée du ministère de la Culture. Il ne sait pas encore que, si Jack Lang est partie prenante dans l'élaboration et le suivi des grands travaux, le Grand Louvre est l'affaire personnelle de François Mitterrand, qui entend faire vite et ne pas s'encombrer des atermoiements et des réticences des fonctionnaires – notamment ceux de la Direction des musées, installée au Louvre, que dérange tout ce qui peut bouleverser ses habitudes et transformer ses lieux de travail.

François Mitterrand a déjà choisi le maître d'ouvrage. Émile Biasini, enlevé à la mission interministérielle de l'aménagement de la côte aquitaine dont il avait la charge, est un ancien administrateur de la France d'Outre-Mer, doublé d'un fonctionnaire d'autorité qui n'aura de comptes à rendre qu'au Président. Lui aussi espère le concours de Pei, qui a amorcé sa réflexion sur la manière dont il va travailler pour donner au Louvre tout son éclat. Lui et son équipe arrivent vite à la conclusion qu'il faudra creuser sous la cour Napoléon pour installer des infrastructures dignes d'un grand lieu culturel. Petit à petit, l'idée d'une pyramide s'impose à lui. Ce sera le puits de lumière qui manque à cet endroit où seront accueillis tous les visiteurs. Il en présente des plans à François Mitterrand, immédiatement séduit. À peine le projet de pyramide est-il connu, s'élèvent des protestations en tout genre. De partout pleuvent critiques et sarcasmes. « Mitran » se prend-il pour un pharaon ? Osera-t-on laisser un Chinois défigurer le Louvre, palais des rois de France ? Des pétitions contre le projet circulent. Moins on connaît le Louvre, plus on s'indigne. Tous ces adeptes du classicisme oublient que la cour où pourrait être installée la pyramide n'a guère plus de cent ans et que l'Histoire n'en sera ni violée ni bousculée. Ce sont les mêmes qui, depuis mai 1981, n'achètent plus de roses rouges…

Le Président s'intéresse vivement à la réalisation du Grand Louvre, pour laquelle l'architecte Michel Macary[1] est associé à « IMP ». Il lui arrive de se rendre sur le chantier à l'improviste. Pendant la première cohabitation, Édouard Balladur, ministre de l'Économie et des Finances du gouvernement Chirac, proteste à son tour violemment. Il ne veut pas déménager, se plaint du bruit que font les travaux : « Ça crisse ! » Et le Président de répondre : « Eh bien, que ça crisse ! »

1. *Cf.* document XI, p. 305.

Le 4 mars 1988, c'est avec une réelle émotion que le chef de l'État inaugure la nouvelle entrée du Louvre. À deux mois de l'échéance présidentielle, nombreux dans l'assistance sont ceux qui pensent que c'est l'une des dernières manifestations culturelles publiques de grande envergure qu'il aura l'occasion de présider.

Vingt ans plus tard, la pyramide est devenue l'emblème du Louvre. Et les visiteurs sont trois fois plus nombreux. Un soir que je passais en voiture devant la Cour du Louvre, ma petite-fille, âgée de six ans, m'a dit : « C'est tellement beau, toute cette lumière ! Repasse encore une fois. » C'est pour sa génération que la pyramide est devenue l'entrée du plus beau musée du monde.

Le musée d'Orsay

En 1981, le musée d'Orsay est encore en gestation. Valéry Giscard d'Estaing voulait en faire un monument à la gloire du XIXe siècle. François Mitterrand élargira ce projet. Gae Aulenti, architecte et designer italienne, a remporté le concours pour l'aménagement en espace muséographique de ce qui fut la gare et l'hôtel d'Orsay. Dès sa première rencontre avec François Mitterrand, elle comprend qu'elle aura le champ libre et ne subira aucune contrainte d'aucun ordre, quand bien même l'allée qu'elle a conçue pour le rez-de-chaussée a de faux airs égyptiens, qui me feront d'emblée penser aux temples de Louxor. L'inauguration du musée, devenu l'un des plus fréquentés de France, aura lieu au printemps 1987 en présence de François Mitterrand, Valéry Giscard d'Estaing et Jacques Chirac. J'y ai assisté avec un grand bonheur. J'aime tout ou presque des œuvres qui y sont exposées et qui couvrent la période 1848-1914 ; lorsque je veux commencer l'initiation d'un de mes petits-enfants à la peinture, c'est au musée d'Orsay que je l'emmène.

L'arche de la Défense

Pendant que les travaux du Louvre continuent, d'autres chantiers sont mis en route. Il faut ainsi absolument mettre de l'ordre à la Défense. Plusieurs projets sont proposés ; finalement, c'est Johan Otto von Spreckelsen qui l'emporte. L'architecte danois pose les fondations de la « Grande Arche », qui bouclera l'axe constitué par le Louvre, l'arc de triomphe du Carrousel, les Tuileries, l'Obélisque de la Concorde, les Champs-Élysées, l'Arc de triomphe de l'Étoile et la porte Maillot, dont on a aménagé l'espace bitumé en jardin.

Inaugurée en 1989, l'Arche, véritable miracle architectural, fut le lieu retenu pour le G7 cette année-là. De la terrasse, tout Paris s'offre : on y jouit d'une vue à 360 degrés sur l'Île-de-France. Les jours de juillet retenus pour le sommet coïncidaient avec le bicentenaire de la Révolution. Je ne sais si les chefs d'État présents se rappellent encore leurs discussions, mais ils n'auront sans doute pas oublié les fêtes données dans des lieux qui font vraiment partie de la culture française. Non seulement ils assistèrent à l'inauguration de la Grande Arche, mais ils eurent droit au premier spectacle donné à l'Opéra Bastille. Puis ils dînèrent sous la pyramide du Louvre et au musée d'Orsay. Quant au défilé du 14 Juillet, il réunissait des milliers de participants venus de toute la France. En 2039, lorsque sera célébré le 250e anniversaire de la Révolution, certains se rappelleront encore cette manifestation complètement inédite.

Le parc de La Villette

Une des réalisations les plus remarquables de cette période reste le parc de La Villette. Sur les 55 hectares du site des abattoirs s'édifie un parc urbain. Dès 1977,

Valéry Giscard d'Estaing a fait réaliser une étude sur la reconversion des abattoirs en un musée des Sciences, des Techniques et de l'Industrie. L'établissement public est confié à Paul Delouvrier, qui s'y consacrera avec passion jusqu'à la fin de sa vie. Polytechnicien, ancien directeur de l'EDF, il connaît bien François Mitterrand. En septembre 1981, le Président annonce en outre la création d'une Cité internationale de la musique. Sur ces bases se constituera peu à peu un laboratoire de la démocratisation et de l'innovation culturelles, largement ouvert à toutes les manifestations, à tous les publics, à toutes les générations.

Le parc de La Villette, à la fois dans la ville et ouvert sur l'Est parisien, s'étend dans un secteur d'Île-de-France plutôt défavorisé. Ouvert jour et nuit, sans porte ni barrière, il est accessible toute l'année. Y cohabitent aujourd'hui deux musées, une école nationale, douze scènes de spectacles, trois médiathèques, dix lieux d'expositions temporaires, trois ensembles de résidences de créateurs, une salle de cinéma.

Son aménagement s'est fait progressivement. Le Zénith, salle de spectacles dont plusieurs répliques seront bâties dans des capitales régionales pour accueillir des acteurs populaires touchant tous les publics, a été ouvert en 1984. La Grande Halle et la Géode voient le jour en 1985, la Cité des sciences et de l'industrie en 1986. En 1987, les jardins du parc sont ouverts au public. En 1988, le Conservatoire national supérieur de musique et de danse ouvre ses portes, deux ans avant le musée de la Musique.

Et ce n'est pas fini. Rien n'est fixé définitivement. La Villette est un lieu d'accueil où spectacles, expositions, ateliers répondent aux questions que posent les mutations de la société contemporaine, tant dans les domaines culturel, scientifique, politique que dans ceux de l'écologie, de la mondialisation, de la guerre et de la paix.

Dans cet ensemble, le lieu que je préfère est la Géode, qui permet d'étourdissantes projections de films, et dont l'extérieur – boule brillante où se reflète le ciel, où courent les nuages, où passent les saisons – est un monument aux cent mille visages, une œuvre d'art chaque jour renouvelée.

L'Opéra Bastille

Il fallait construire un nouvel instrument de musique. L'Opéra Garnier, un des plus beaux monuments conçus sous le Second Empire, n'est pas vraiment accueillant ; intimidant, il est connu du grand public à travers le cinéma et la télévision, qui en ont fait un lieu d'exception, réservé au public aisé et cultivé. Ce n'est en aucun cas un lieu de découverte !

En 1983, un concours international est lancé. Le lauréat est Carlos Ott, architecte canadien d'origine uruguayenne, installé à Toronto depuis 1975. Sa tâche n'est pas aisée : il doit à la fois contenter ceux qui, au ministère de la Culture notamment, voudraient un palais Garnier moderne, et le Président qui souhaite un opéra populaire. Est-ce compatible ? Ott prévoit une salle où dominera la couleur noire, afin de laisser toute liberté aux metteurs en scène. Mais Jack Lang rêve d'un opéra rouge et or. Consulté, François Mitterrand regarde les maquettes, écoute les arguments des uns et des autres et s'en va. Il revient quelques minutes plus tard et déclare : « Dans cette affaire, je ne suis que le président de la République. Mes goûts me porteraient volontiers à choisir la proposition en noir. Mais ce n'est que mon penchant, faites ce que vous voulez. » L'opéra sera donc noir !

Si les volumes internes ont été appréciés et si l'on a reconnu leurs qualités, l'aspect extérieur du monument a donné lieu à maintes critiques. Carlos Ott voulait une façade anti-cosmétique, « une déduction de ce que contient le volume, des fonctions premières du bâtiment ». D'où son choix d'un granit bleu pour la « peau » de « son » opéra. L'administration ne l'a pas écouté et lui a imposé le calcaire, matériau très sensible aux intempéries. On connaît la conséquence de ce choix : dès 1990, des plaques sont tombées. Il a fallu recouvrir les façades de filets en attendant que soit trouvée une solution définitive.

Il est intéressant de constater que, comme l'escalier de l'Opéra Garnier, celui de l'Opéra Bastille est devenu un lieu de rendez-vous. La comparaison s'arrête là.

La Grande Bibliothèque

C'est en 1989 que Dominique Perrault remporte le concours international de la Bibliothèque nationale de France. Après le Grand Louvre, ce projet sera le plus cher à François Mitterrand. Homme de culture, amoureux des livres, il aimerait laisser un monument au savoir, à la connaissance, à l'étude, à la recherche. La maquette, avec ses quatre livres géants ouverts, est installée dans son bureau. Je l'aime beaucoup, mais l'édification des « livres » me décevra. Pour des raisons familiales, je prends alors très souvent le train à la gare d'Austerlitz. De la fenêtre du wagon, je vois les tours s'élever régulièrement. Et je les trouve trop éloignées les unes des autres. L'idée même de bibliothèque me semble disparaître dans le volume immense du site, mais il est vrai que je n'ai pas un regard d'architecte. La première fois que j'y suis allée, j'ai trouvé tout trop grand. Trop grande, l'esplanade ouverte à tous les vents. Trop haut, l'escalier montant du quai François-Mauriac. Il pleuvait. Les marches étaient glissantes. Faudra-t-il, me disais-je, interdire ce lieu aux vieux lecteurs, par crainte des fractures du col du fémur ?

Lors de l'inauguration, le 30 mars 1995, le Président était heureux. Il avait « sa » bibliothèque. Il se trouvait bien des ronchons, aux quatre coins de cette dalle balayée par les intempéries, pour ne lui trouver que des défauts, mais le plus grand nombre se réjouissait de savoir qu'enfin un monument moderne et confortable venait d'être consacré à l'étude et à la connaissance.

Dominique Perrault, c'est lui qui l'affirme, a travaillé en toute liberté. « J'étais loin du monde politique, je n'étais pas partie prenante dans le monde de la recherche. C'est, je crois, quelque chose que François Mitterrand a perçu et qui le rassurait quant à la bonne marche de ce projet. Il m'a souvent dit : "Il y a la mer et il y a les vagues. Vous, vous êtes la mer, moi je m'occupe des vagues[1]." »

Et certes, des vagues, il y en eut ! Mais la réussite des projets du premier septennat a porté le projet de la Bibliothèque. Les équipes constituées pour les premiers « grands travaux » étaient toujours là, solides. Elles avaient la confiance du Président. La Bibliothèque nationale de la rue de Richelieu était saturée depuis des années et inaccessible aux chercheurs de longue haleine. L'objectif du Président dépassait largement le statut d'une bibliothèque. Il voulait un lieu d'étude, un endroit où les lecteurs puissent travailler dans un environnement tenant à la fois du cloître et du jardin. La Grande Bibliothèque, rebaptisée Bibliothèque François-Mitterrand, accueille aujourd'hui plus

1. *La Lettre de l'Institut François Mitterrand*, n° 15, « Les grands travaux », avril 2006.

d'un million de lecteurs par an. La possibilité de réserver électroniquement sa place et ses documents fut une véritable révolution pour les chercheurs, habitués à attendre leur tour de longs mois sur le site Richelieu.

Mis en route en 1998, le système informatique Opale, dont dépend toute la chaîne de commande et de distribution des ouvrages, fonctionnait mal. Il y eut deux années difficiles, mais on peut dire désormais que le souhait de François Mitterrand de faire de « sa » bibliothèque un large instrument culturel est réalisé. Certains, dont Jacques Attali, avaient imaginé de créer une nouvelle bibliothèque entièrement numérique. Il avait compris, avant les autres, qu'Internet était un instrument révolutionnaire qui changerait et le monde culturel et le monde politique. Les défenseurs du « livre-papier », celui que l'on tient entre ses mains, que l'on emporte avec soi, ont mené campagne pour que la Grande Bibliothèque reste le conservatoire des collections traditionnelles et ne soit pas vouée à l'accueil de secs terminaux numériques. Ils ont gagné. Le Président ne fut certainement pas pour rien dans ce choix, qui fait place aux sens de l'homme : la vue, le toucher, l'odorat, l'ouïe. Quoi de plus attachant qu'un livre qu'on aime ? C'est plus qu'une chose, ce peut être un ami, une consolation, un objet de colère et d'indignation, un moment de la vie, le départ ou l'aboutissement d'un rêve, une réserve de souvenirs, toutes choses qu'un clavier d'ordinateur ne peut donner. Pour les adeptes du numérique existe néanmoins Gallica, une bibliothèque numérique en perpétuelle expansion, qui permet d'accéder gratuitement à des dizaines de milliers d'ouvrages et d'imprimés libres de droits.

Je me suis habituée à cet endroit, d'où l'on peut facilement accéder à un autre domaine de la culture que François Mitterrand aimait : le cinéma. En traversant la

Seine, on rejoint rapidement la Cinémathèque française, qui a quitté le Trocadéro pour un lieu plus vaste, moderne et accueillant. Marin Karmitz, quant à lui, a installé à proximité immédiate de la bibliothèque des salles de projection confortables, une librairie du cinéma et une boutique de DVD.

L'Institut du monde arabe

Valéry Giscard d'Estaing avait voulu l'Institut du monde arabe. Que les cultures occidentales et arabes puissent dialoguer était un beau projet que François Mitterrand voulut conserver. Aux limites du Quartier latin, à proximité du Jardin des Plantes, tout près de la grande mosquée, le long de la Seine, Jean Nouvel allait édifier un bâtiment moderne dont la façade change avec les heures et la lumière du jour. Du dernier étage, on y a une vue magnifique sur la Seine et le chevet de Notre-Dame. Le 27 mai 1990, y accueillant le congrès de la Fédération franco-arabe du cancer, le Président présentait l'IMA comme un des exemples de ce que peuvent faire les Français et les Arabes lorsqu'ils travaillent ensemble.

La Grande Galerie

C'est Paul Chemetov qui a rénové la galerie de zoologie du Museum. Le lieu fut rebaptisé « Grande Galerie », tant les travaux qui y ont été accomplis ont transformé cet endroit que plus personne ne regardait. On s'était aperçu que le bâtiment que le duc d'Orléans avait fait édifier pour y conserver ses collections méritait d'être réhabilité. L'inauguration eut lieu en juin 1994. C'est une réussite, tant sur le plan esthétique que sur le plan pédagogique. Mais il y manque la vie. Certes, c'est la loi du genre : on ne ramènera pas à la vie le dinosaure, ni tous les animaux empaillés réunis dans ce lieu ! Mon mari avait emmené à l'inauguration une de nos petites-filles, alors âgée de cinq ans. « De tout ce que tu as vu, qu'as-tu préféré ? », lui a-t-il demandé. Elle lui a répondu : « Les petites souris blanches. » C'était le seul signe de vie qu'elle avait pu voir !

Le ministère des Finances

C'est aussi le projet de Chemetov qui fut retenu pour le ministère des Finances. Du Louvre, cette lourde administration allait être déménagée à Bercy (« déportée », disaient certains). Malgré toutes les réticences et tous les atermoiements de l'administration, le chantier de Bercy fut achevé en sept ans. Ce fut en son temps le plus grand chantier d'Europe. Le budget ? Deux fois le prix d'un mètre carré d'HLM, avaient estimé les architectes Chemetov et Borja Huidobro en 1982. En 1989, lorsqu'il fut livré, le bâtiment avait coûté 10 000 francs le mètre carré. À la porte est de Paris, il s'étire sur 370 mètres de long, de la rue de Bercy jusque dans la Seine. Ce n'est pas un bâtiment élégant, mais une cité administrative où travaillent plus de six mille personnes réparties dans cinq bâtiments. Avec ses 100 000 m^2, c'est le plus grand centre administratif jamais construit en Europe.

*

Dira-t-on de François Mitterrand qu'il fut un président bâtisseur ? Il n'y a pas de « style Mitterrand », tant diffèrent les bâtiments qui ont été repensés ou édifiés entre 1981 et 1995.

Passionné parce qu'il aimait Paris, l'Histoire, la France, hésitant parce qu'il n'était pas architecte et ne voyait pas comment transformer un paysage à partir d'une maquette, il avait la volonté de faire, d'agir, de transformer.

Grâce à son obstination, sa ténacité, il a stimulé l'amour-propre et le goût des Parisiens pour leur ville. Avec lui, l'image de la France s'est modernisée. Il a réuni des talents venus de tous les horizons et, même si les projets ne correspondaient pas tous à ses choix propres, il a tenu bon devant ceux qu'il appelait les « fonctionnaires », poursuivant jusqu'en 1995 son œuvre de rénovateur.

Oui, on peut dire que François Mitterrand a été un président bâtisseur. Durant ses deux septennats, d'autres lieux ont changé et ont changé le visage de notre pays. Une émulation certaine entre les maires des grandes villes et les présidents de région a abouti à des résultats intéressants et enrichissants dans le domaine du patrimoine bâti.

François Mitterrand et l'Afrique

François Mitterrand affirmait que le fait d'avoir été ministre de la France d'Outre-Mer fut « son expérience politique primordiale, celle qui en a commandé l'orientation ». Au cours d'un entretien en 1985, il dit encore à Marguerite Duras : « Je considère avoir accompli peu d'actions aussi utiles que celle d'avoir empêché le processus fatal d'un conflit armé et sanglant entre l'Afrique noire et la France. »

Il faut rappeler ici les relations particulières que François Mitterrand eut toujours avec l'Afrique. Il était à la fois anticolonialiste et colonisateur. Pour l'Afrique, il voulait la justice, l'éducation, les mêmes droits élémentaires que pour les Français. En 1939, il était sergent au

23e régiment d'Infanterie coloniale. Ce n'est pas là qu'il avait rencontré les Africains, mais en 1940, au moment où il fut fait prisonnier ; il avait alors constaté que les « tirailleurs sénégalais » étaient les premières victimes des troupes hitlériennes. C'était quelque part en Champagne pouilleuse. Les Allemands avaient regroupé les Africains derrière les Français, mais au lieu de les faire prisonniers, ils les avaient tués. Mon père, sergent dans le même régiment, avait assisté au massacre. Personne n'avait protesté. Plus de cinquante ans après, mon père avait encore le remords d'avoir vu et de n'avoir rien dit. Robert Galley, à qui il en parla lorsque celui-ci était ministre de la Coopération, lui a répondu que « ça s'était su ». Ces soldats sans histoire, on les avait oubliés.

Les semaines, les mois avaient passé. En 1948, après le parcours que l'on sait, François Mitterrand devient ministre de l'Information. Ce n'est pas une sinécure. Il doit, notamment, arrêter un statut pour l'Agence France-Presse qui vient d'être créée. Et il décide d'aller en Afrique pour voir comment irriguer l'information en Afrique-Occidentale et en Afrique-Équatoriale. Il part avec Danielle et des amis et fait la connaissance d'une partie d'un continent dont il ignore tout. Il veut comprendre comment fonctionnent « les colonies ». Il rencontre toutes sortes de gens : des colons qui méprisent les Africains, de sympathiques paternalistes qui ont tendance à être condescendants, quelques administrateurs qui ont pour credo la Déclaration des Droits de l'homme, et aussi de fieffés imbéciles. Il s'attarde plus longuement que le prévoyait sa mission et rentre par l'Égypte. Il reviendra ; il sait que la France a un rôle à jouer sur le continent africain. Et c'est à sa demande qu'il devient ministre de la France d'Outre-Mer en 1950, lorsque René Pleven est nommé président du Conseil. Il commence par mettre fin au travail forcé et, tout en abattant les « privilèges scandaleux » de certains colons, il veut instaurer des relations équitables entre Africains et Français.

François Mitterrand croyait à la communauté franco-africaine. Le congrès constitutif du Rassemblement démocratique africain, le 21 octobre 1946 à Bamako, a réuni plus de huit cents délégués au milieu d'une foule de quinze mille Soudanais. Il définit clairement le but du RDA, à savoir l'émancipation des pays africains du joug colonial par l'affirmation d'une personnalité politique, économique, sociale et culturelle, ainsi que l'adhésion librement consentie à une union de nations et de pays fondée sur l'égalité des droits et des devoirs. Le congrès fixe le siège du mouvement à Abidjan et en confie la direction à un comité de coordination.

Le premier comité est présidé par l'Ivoirien Félix Houphouët-Boigny et compte cinq vice-présidents : Fily Dabo Sissoko (Soudan), Sourou Migan Apithy (Dahomey), Jean-Félix Tchicaya (Moyen-Congo), Gabriel d'Arboussier (Gabon) et Mamadou Konaté (Soudan). Les statuts du RDA stipulent qu'il ne pourra être formé par territoire d'outre-mer qu'un seul parti se réclamant du RDA, qui portera en dehors de son appellation locale la mention « section du Rassemblement démocratique africain ». En sera éliminé tout mouvement prônant la lutte armée.

En 1947, le RDA compte une trentaine de parlementaires. Il est apparenté au parti communiste jusqu'en 1952, date à laquelle l'UDSR et le RDA constituent un groupe parlementaire unique. Lorsque François Mitterrand s'installe rue Oudinot, il indique à Félix Houphouët-Boigny que la communauté africaine ne pourra se développer qu'en harmonie avec les impératifs constitutionnels de la République française. Il cherche à le convaincre que la règle sera la discussion politique organisée dans le respect de la loi et que chacun pourra s'exprimer librement et circuler sans entraves.

Les positions et la politique prônées par François Mitterrand n'étaient pas du goût de tout le monde. Certains milieux européens d'Afrique, violemment hostiles à la nouvelle politique du gouvernement, freinaient l'exécution des décisions ministérielles. Ils multipliaient les protestations, pétitions et interventions pour que les élus du RDA ne soient pas pris en considération. D'aucuns ironisaient sur la naïveté du ministre, tandis que d'autres criaient à la trahison et reprochaient au gouvernement d'avoir livré l'Afrique au désordre et au séparatisme.

Pendant ce temps, en Côte-d'Ivoire, s'achevait l'aménagement du port d'Abidjan, cœur économique du pays. Le percement du canal de Vridi, permettant aux navires de commerce de trouver un abri en eau profonde, allait tout changer. Son inauguration ne fut pas une partie de plaisir pour le ministre, pris en étau entre des administrateurs européens hostiles et des élus africains qui redoutaient le pire. Il ne lâcha rien et inaugura le canal au côté de Félix Houphouët-Boigny. L'Afrique noire ne devait pas s'abandonner à la haine ni au désespoir. Le ministre avait tout fait pour que l'inauguration du port d'Abidjan oriente les relations franco-africaines dans un sens plus ouvert.

En 1956, Gaston Defferre devient, à son tour, ministre de la France d'Outre-Mer. Lui aussi connaît bien l'Afrique. Le 23 juin, il fait voter la loi-cadre qui annonce l'indépendance des colonies africaines. Elle contient en puissance l'autonomie locale. En effet, elle institue le suffrage universel et dote les assemblées territoriales de véritables pouvoirs législatifs. Cette loi-cadre, initiée par le gouvernement de Guy Mollet, reprend une initiative de René Pleven, elle-même inspirée par une suggestion de Léon Blum.

En 1960, lorsque les différentes colonies d'Afrique noire deviennent des républiques indépendantes, elles en créditent le général de Gaulle, qui n'a fait qu'appliquer ce qu'ont préparé les gouvernements de la IVe République. La situation était mûre. De Gaulle se moquait qu'on le traite de « bradeur d'Empire » et les Français n'avaient pas envie de se retrouver face à de nouveaux conflits, semblables à ceux qu'ils avaient dû affronter en Indochine et en Algérie. D'ailleurs, consultés par référendum en 1958, les Français et les Africains avaient répondu « oui » à la question : « Voulez-vous appartenir à la communauté franco-africaine ? » Seule la Guinée avait dit « non » et s'était mise à l'écart.

En 1981, les Africains ont cru que tout allait changer. L'élection de François Mitterrand a été interprétée comme une sorte de libération : la droite n'était plus au pouvoir. François Mitterrand allait « changer la vie » en France, il la changerait donc aussi dans les pays francophones, dont il serait l'interlocuteur, un interlocuteur connaissant leur Histoire et leurs histoires. Ce qui montre à quel point, vingt ans après les indépendances, les Africains étaient encore attachés à la France et vivaient au rythme de la vie politique française.

Le premier sommet franco-africain du premier septennat a lieu à Paris à l'automne 1981. Pour la première fois, on va parler Droits de l'homme, liberté, solidarité. Dès 1981, en effet, Jean-Pierre Cot préside le congrès pour les pays les moins avancés. Le débat central de cette réunion porte sur l'augmentation de l'aide publique aux pays en développement, aide qui s'est considérablement rétrécie pendant le septennat de Valéry Giscard d'Estaing. François Mitterrand sait que

Jean-Pierre Cot, son ministre de la Coopération, ne mettra pas sous le boisseau la question des Droits de l'homme. Il attend de lui qu'il prépare l'avenir des relations franco-africaines avec une nouvelle génération de dirigeants jeunes et bien formés. Lui-même défend, dans ses discours, les valeurs de liberté et de solidarité, tout en restant lié aux anciens de la France d'Outre-Mer, refusant même de briser certaines pratiques. Jean-Pierre Cot en tire les conséquences : il est contraint de quitter la rue Oudinot. Le discours de La Baule donnera raison à certaines des orientations qu'il souhaitait donner à la Coopération. Le jeune ministre du premier septennat avait eu raison trop tôt. Il ne faut pas bousculer les Africains. En diplomatie, la morale n'est pas toujours une vertu cardinale.

François Mitterrand connaissait la plupart des grands leaders des pays africains depuis la IVe République. Nombre d'entre eux avaient siégé sur les mêmes bancs que les parlementaires de l'UDSR. Sa connaissance de l'Afrique n'était pas livresque, c'était une approche faite de compréhension mutuelle, d'amitié, d'épreuves partagées. Il avait avec les chefs d'État africains des rapports égalitaires, il les respectait, comme eux-mêmes avaient pour lui de la considération et de l'amitié. Ils avaient tourné ensemble les mêmes pages de l'Histoire et une intimité reposant sur des souvenirs communs les liait.

Du 19 au 25 mai 1982, le Président entreprend une tournée africaine qui le mène à Niamey, Abidjan, Yamoussoukro, Dakar et Nouakchott. À Niamey, le Président Seyni Kountché garde en résidence surveillée l'ancien Président Diori Hamani, qu'il a renversé en 1974. Or, le premier Président du Niger est un ancien de l'UDSR-RDA et, à ce titre, un ami de François Mitterrand. De plus, il a été vice-président de l'Assemblée nationale française. Mitterrand fait donc demander au Président Kountché l'autorisation pour son directeur de cabinet, André Rousselet, et moi-même de rendre visite à son prédécesseur. Pour moi, il ne s'agit pas d'une initiative politique, mais d'une visite amicale à un homme que mon mari et moi connaissons depuis longtemps et auquel je suis heureuse d'apporter quelques livres. André Rousselet, lui, ne peut passer inaperçu, mais les journalistes n'ont d'yeux que pour les deux Présidents ; certains ignorent sans doute l'existence même de Diori Hamani, de sorte que cette visite ne donnera lieu à aucun commentaire. Mais elle fit grand plaisir à celui qui la reçut, comme je l'appris quelques années plus tard, à la mort de Kountché, lorsque Diori Hamani, enfin libéré, vint passer une soirée en famille à la maison.

Au cours des deux journées que nous avons passées au Niger, nous sommes allés visiter le Musée national, premier du genre en Afrique. C'est une sorte de Musée des arts et traditions populaires. On y voit des acteurs de la vie quotidienne nigérienne « en situation », des tisserands, des potiers, des bijoutiers, des selliers installés dans des maisons traditionnelles, dans un environnement typiquement nigérien – arbres, plantes, animaux. Pablo Toucet, un républicain espagnol réfugié au Niger au terme d'un étonnant parcours, avait conçu cette espèce de conservatoire humain, végétal et animal qui, cinquante ans après sa fondation, demeure un passage obligé pour le touriste qui découvre le Niger.

Les Nigériens sont des cavaliers émérites. Nous avons assisté à des courses de chevaux pendant que les Présidents s'entretenaient de problèmes sérieux : l'uranium indispensable à l'industrie nucléaire française, la dette, les récoltes insuffisantes pour assurer la « soudure », mettant chaque année les pays les moins favorisés aux limites de la disette… Malgré tant de difficultés, les Nigériens nous offraient de magnifiques soirées, pleines de couleurs, de musique et de méchouis !

Après Niamey, Abidjan. Félix Houphouët-Boigny tient à ce que la Côte-d'Ivoire se montre sous son jour le plus éclatant. De l'aéroport au centre-ville, sur des kilomètres, des groupes de danseurs et de chanteurs et des orchestres sont massés de chaque côté de la route ; le cortège officiel a bien du mal à se frayer un chemin au milieu d'une foule colorée qui chante et qui danse. Des pagnes multicolores à l'effigie des deux Présidents et de leurs épouses respectives ont été imprimés. Je suis impressionnée par cette liesse, qui cache avec une extraordinaire dignité tant de difficultés quotidiennes. Certes, la Côte-d'Ivoire n'est pas le pays africain le plus défavorisé, mais tous ces gens qui sont dans la rue avec leurs tam-tams, leurs guimbardes, leur corps pour bouger, comment vivent-ils ? Leurs enfants vont-ils à l'école ? Comment luttent-ils contre le paludisme ? Dans cette foule, combien mourront avant la fin de l'année parce qu'on n'aura pas pu les soigner ? L'émotion devient tristesse et c'est absurde, car tous ces gens ne sont pas malheureux. Ils aiment la fête. Tout à l'heure, ils vont manger ensemble. Ils ont le droit et le devoir d'être insouciants durant quelques heures.

Comme dans tout voyage officiel, les discours succèdent aux vins d'honneur et aux banquets. Tout est réglé par un protocole rigide que l'on risque de bousculer si l'on sort des itinéraires prévus. Le Président ivoirien tient à nous présenter son village natal, Yamoussoukro, devenu la capitale de son pays. Grandes écoles, grandes bibliothèques, larges avenues éclairées comme les Champs-Élysées : tout semble trop grand. S'il ne pense pas à sa succession proprement dite, Félix Houphouët-Boigny imagine l'avenir de sa ville, capitale du grand pays qu'il a fondé et qui, dans son esprit, ne peut que se développer.

François Mitterrand est intronisé chef baoulé. On lui remet les insignes de son pouvoir. Compliments. Remerciements. Photographies. Providence pour les nombreux journalistes qui suivent ce voyage et n'ont pas grand-chose à écrire. Beaucoup découvrent l'Afrique et ne savent rien des relations tissées entre les hommes au fil des changements politiques. Houphouët-Boigny est baoulé. Qu'est-ce que cela veut dire ? Ils savent qu'il est président de la République de Côte-d'Ivoire depuis 1960, mais ils ignorent qu'il est le chef d'une ethnie puissante et que c'est à ce titre qu'il est respecté et écouté de ses concitoyens.

Les palais, les tableaux de maître, les tapisseries des Flandres et des Gobelins, c'est pour en imposer aux Blancs. L'important, c'est la maison de sa sœur aînée, le lieu où reposent les ancêtres et où lui-même reposera un jour. Nous sommes bien chez le président de la République de Côte-d'Ivoire, ancien ministre français, mais aussi chez le roi des Akoués ; cela, François Mitterrand le sait et connaît l'importance de cette réalité qui est plus qu'un symbole. À Pierre Joxe, que dérangent le coût et les dimensions de la cathédrale de Yamoussoukro – plus grande que la basilique Saint-Pierre à Rome –, il répond : « Évidemment, ça, Joxe, vous ne pouvez pas comprendre. Mais Houphouët est aussi animiste. Il vous a parlé de ses crocodiles[1] ? » Joxe avait compris que la complicité qui liait les deux hommes s'était instaurée « à l'époque où lui et d'autres rêvèrent pour la France d'une Europe qui se reconstruirait autour d'elle et d'une Afrique qui se structurerait avec elle ».

1. Pierre Joxe, *Pourquoi Mitterrand ?*, éd. Philippe Rey, 2006, p. 59.

Un dernier spectacle sur l'aéroport d'Abidjan, un dernier au revoir et départ pour Dakar, Sénégal. J'aime cette ville, ce pays et ses habitants. Le Président Abdou Diouf a succédé au Président Senghor le 1er janvier 1981. Il veille à ce que l'accueil de la délégation française soit digne du Président Mitterrand et du Sénégal. Tout est en place, la garde héritée des anciens gouverneurs de l'AOF est superbe. Les orchestres jouent en mesure. Les Sénégalaises ont sorti leurs bijoux. Les boubous en basin sont amidonnés. La joie se lit sur les visages. Nous sommes chez nos cousins du Sénégal. Nous avons fait tant de choses ensemble : la Révolution – les habitants de Saint-Louis, en 1789, avaient rédigé un cahier de doléances qu'ils firent parvenir à Versailles –, la guerre où nous avons partagé défaites et victoires, et aussi des enfants, dont plus d'un a connu la célébrité. Discours, banquets, on ne peut pas y échapper, mais tout se fait dans une atmosphère bon enfant : c'est une succession de fêtes de famille.

Et puis, je connais la ville : je vais pouvoir m'échapper au marché Sandaga, vrai village dans la ville, flâner sur les trottoirs à la recherche de souwères – tableaux sur verre représentant des scènes de la vie quotidienne ou des portraits. On prend la chaloupe pour aller à Gorée, la petite île aux maisons ocre pâle enfouies sous les bougainvilliers ; l'église ressemble à une église charentaise, les ruelles sont sablées et tous les bruits sont étouffés. Un détour par la « maison des esclaves » pour un court moment de repentance ; les Sénégalais qui sont là savent bien que s'il y eut des vendus, certains de leurs ancêtres pourraient bien avoir été des vendeurs. La légende de Gorée exagère la vérité historique ; car ce n'est pas de ce petit passage sur l'océan que sont partis les sinistres convois qu'on nous décrit.

Ils ont, pour la plupart, quitté l'Afrique plus au sud, depuis les forts construits dans le golfe du Bénin.

Nous irons à Saint-Louis, où François Mitterrand célébrera les anciens combattants – sans toutefois relever les pensions au même niveau que celui des anciens combattants français (ici, à Dakar, on dit « de la métropole » !). Nous aurons une pensée pour ceux de la Ligne, Mermoz, Saint-Exupéry, Guillaumat. Tous ceux qui ont ouvert la liaison entre la France et l'Amérique du Sud sont passés par là. Les hydravions décollaient le long de la langue de Barbarie. Les bassins sont maintenant à l'abandon. L'université construite dans les lointains faubourgs de la ville réveillera-t-elle la belle endormie ?

C'est à regret que je quitte Dakar. Avant de regagner Paris, nous nous arrêtons à Nouakchott, la capitale sans histoire de la Mauritanie qui, il y a vingt-cinq ans, n'existait pas encore. Étrange pays dont la plus grande partie était il y a cinquante ans *terra incognita* ; sur les cartes, dans le grand blanc du désert, on pouvait lire : « *Hic sunt leones*[1] ». Quelques navigateurs avaient décrit les régions côtières, mais ils ne s'étaient pas attardés auprès de populations qui n'avaient pas grand-chose à leur offrir. C'est à quelques miles de la côte que vint s'échouer *La Méduse*, que connaissent tous les admirateurs de Delacroix, mais que les Mauritaniens ignorent.

Dès notre arrivée, on nous emmène sous les tentes dressées pour nous. Premier partage, le bol de lait de chamelle que l'on se passe de main en main, après avoir bu une gorgée. C'est ainsi que l'on accueille ici les hôtes. Les méchouis ont été dressés. Comment font-ils pour manger avec autant d'élégance, ces

1. Ici sont les lions.

Maures qui n'ont ni cuiller ni fourchette ? Ils se servent discrètement et font semblant de ne pas remarquer notre maladresse. Je mange autant de sable que de semoule ! Pendant que nous dînons, des femmes chantent ; elles s'accompagnent en pinçant les cordes d'une sorte de luth. Elles ont revêtu leur tenue traditionnelle, elles sont belles, elles ont dû passer des heures à se maquiller et à se parer pour notre plaisir, mais aussi pour le leur. En ce moment, elles sont heureuses, mais être femme en Mauritanie n'est pas toujours une situation enviable. La polygamie, associée à l'esclavage, ne leur rendent pas la vie facile. L'éducation des filles est négligée, tandis que tout est permis aux garçons, même de ne rien faire ! La soirée passe très vite. Il fait frais, presque froid. La nuit est très belle, très claire. La pollution est un mal inconnu ici. Pour combien de temps ? La nuit est bleu marine. Dans quelques heures, nous serons à Paris, dans la grisaille.

En 1982, du 6 au 10 octobre, deuxième voyage officiel en Afrique. L'Afrique « belge », le Rwanda, le Burundi et le Zaïre. Les paysages changent. Kigali, Bujumbura, Kinshasa sont des destinations que connaissent mal les Français. Mais c'est l'Afrique francophone. Dans ces trois pays, près de cinquante millions d'hommes et de femmes partagent notre langue. François Mitterrand et Mobutu Sese Seko se parlent, mais se comprennent-ils ? Le Zaïre est un des trois pays les plus riches d'Afrique. Ses ressources agricoles, minières et humaines sont considérables. C'est un voyage de découverte.

En janvier 1983, les cérémonies des vœux sont terminées. L'exercice se répète chaque année et se déroule selon le même rituel. Quatorze fois, le Président présente des vœux : au gouvernement, aux corps constitués, aux armées, au Conseil constitutionnel, aux bureaux des Assemblées, au conseil municipal de Paris, aux autorités religieuses, aux représentants des États « ayant des accords particuliers avec la France », au corps diplomatique, aux « forces vives de la nation » (parmi lesquelles figurent aussi bien les syndicats que les anciens combattants), aux présidents des conseils régionaux et généraux, à la presse, à sa propre « maison » (tous les services de l'Élysée qui sont sous son toit, de la cave au grenier). Il réunit pour un déjeuner les présidents de l'Assemblée nationale, du Sénat, du Conseil constitutionnel, du Conseil économique et social. Quatorze cérémonies. Quatorze allocutions adaptées à quatorze publics différents. Treize réunions autour d'un buffet et un déjeuner.

Le 12 janvier, débarrassé de ces obligations que connaissent tous les Présidents, il part pour Lomé. Le 13 janvier, nous sommes un peu mal à l'aise, c'est l'anniversaire du coup d'État qui a renversé Sylvanus Olympio en 1963. Le sergent-chef Étienne Eyadema a tué, au cours de ce qu'on veut présenter comme une « bavure », le premier président de la République du Togo. Nicolas Grunitzky, son principal opposant, l'a remplacé. Quatre ans après, le 13 janvier 1967, Eyadema, au cours d'un putsch sans effusion de sang, s'empare du pouvoir pour son propre compte. François Mitterrand va ajouter un troisième 13 janvier à cette glorieuse biographie : la première visite d'un président socialiste au Togo.

Tout se passe bien. Le défilé civil et militaire dure quatre heures. Une moitié de la population de Lomé défile en chantant et en dansant pendant que l'autre moitié la regarde passer. Nous sommes assis dans des tribunes face à la mer. On peut rêver en regardant les palmiers, l'océan et la barre, ce rouleau qui rend dangereuse aux nageurs inexpérimentés une grande partie de la côte occidentale d'Afrique, mais qui a protégé les rives du golfe du Bénin d'invasions intempestives.

Musique. Danses. Slogans. J'enrage d'être assise à cette tribune, alors qu'à cinq cents mètres d'ici se tient le plus beau marché d'Afrique. Il est la propriété des femmes, qui jouent un rôle crucial dans la vie économique et sociale du pays. Sans l'appui des « mamies Benz », il ne faut pas penser être élu. C'est une femme qui a été le premier maire de Lomé.

Pour vendre, il faut s'insérer dans une hiérarchie aux rites immuables. Les petites filles commencent en ramassant des enveloppes de noix de coco sur les plages qu'elles vendent aux ménagères pour allumer le feu. Quand elles ont gagné un peu d'argent, elles revendent des cigarettes, à la pièce, au paquet ou même à la cartouche. Ensuite, elles entrent au marché et vendent des légumes, des fruits, des poissons ou des volailles, avant de monter au premier étage où elles font le commerce de produits de beauté, de perles, d'ustensiles ménagers. Leur but : accéder au dernier étage, le seul noble, celui des tissus, des pagnes fabriqués localement et des tissus importés de Hollande, les wax. Là, elles seront au sommet de la hiérarchie des revendeuses. Quand elles se retireront, elles achèteront de l'or et auront une vieillesse prospère. Elles pourront payer les études de leurs petits-enfants, construire des maisons, rouler en Mercedes, en un mot : devenir des « mamies Benz ». Être une femme au Togo, c'est travailler dur, certes, mais c'est aussi l'assurance de toucher les revenus de son travail et de les utiliser comme bon vous semble.

Lorsque nous quittons Lomé au petit matin, les pêcheurs sont déjà en train de tirer leurs filets sur la plage. Je ne suis pas allée au marché. Le Président est attendu à Cotonou, où le reçoit Mathieu Kérékou, personnage énigmatique, arrivé à la magistrature suprême par défaut. Il professait alors une idéologie marxiste-lénino-castriste. Vingt-cinq ans après, il ne sort plus sans sa Bible. Le cortège file directement vers Porto-Novo, première capitale du Dahomey, fort où le commerce triangulaire fut bien plus actif qu'à Gorée. Je m'arrête devant le monument érigé en mémoire du gouverneur Desanti, grand-père de Christiane Dufour, elle aussi au secrétariat particulier du Président.

François Mitterrand et la suite officielle sont invités à un déjeuner de travail par le Président Kérékou, pendant que les autres membres de la délégation sont invités à un déjeuner de dames au bord d'un lac. Je suis assise à côté de la présidente de la Croix-Rouge béninoise, qui me parle de Ganvié où nous devons nous rendre dans l'après-midi. C'est une cité lacustre, pittoresque et malsaine. Ses habitants ont tendance à se servir de la lagune comme d'une poubelle. Tous les miasmes possibles s'y développent et les moustiques résistent au DDT, tant et si bien que tous les habitants de ce lieu sont impaludés. Ma voisine se demande quand l'assainissement sera décidé, mis en chantier et achevé. Elle craint que l'environnement, de plus en plus détestable, ne chasse les habitants d'un site historique et pittoresque qui n'attirera jamais les touristes, une des ressources possibles du pays.

La promenade à Ganvié est agréable, mais on n'a vraiment pas envie de laisser traîner ses mains dans l'eau. L'accueil est, comme toujours en Afrique, gai et convivial. Des bateaux viennent jusqu'aux nôtres pour nous offrir fruits et beignets. Mais il faut retourner à Cotonou. Le Président Kérékou a fait remplir le stade. Il va nous délivrer un long discours. Il cite Lénine, Castro, Blum, Jaurès, de Gaulle, Mitterrand et – inattendu – Giraudoux. On appelait le Dahomey « le Quartier latin de l'Afrique » ; je me demande quel groupe d'anciens du Quartier latin et quels coopérants zélés ont préparé ce discours que Kérékou semble prendre tant de plaisir à prononcer.

Des groupes folkloriques lui succèdent. Nous nous retrouvons pour un banquet mêlant plats occidentaux et mets africains – ignames et pommes de terre frits. C'est le moment de goûter au foufou et à la sauce graine, mais d'éviter soigneusement la bière de mil.

Demain matin, avant de partir pour le Gabon, le Président recevra la communauté française du Bénin dans les jardins de l'ambassade. Cette réception est une étape obligée de toute visite d'État. Le personnel de l'ambassade, secondé par l'intendant de l'Élysée ou l'un de ses adjoints, prépare un buffet. Le Président fait un discours – toujours le même ou presque : remerciements, vœux, importance de la présence française investie de tâches toujours nobles et ambassadrice de la grandeur nationale, etc. On applaudit et déjà on repère la sortie pour sauter dans sa voiture !

À Libreville, tout le gouvernement est sur le tarmac. Sitôt exécutés les hymnes nationaux, un imposant cortège de voitures luxueuses se met en place. Danielle m'invite à partager sa voiture : c'est la première fois de ma vie que je monte dans une Rolls ! Nous éclatons de rire. Danielle pense à ma 2CV et moi à l'aronde du député de la Nièvre. Nous n'aurons pas le temps de nous prélasser longtemps dans les parfums de cuir de cette merveille silencieuse. Ce soir, il y a banquet et bal au palais du président de la République. À part chez le roi du Maroc, je n'ai jamais bien mangé dans ces banquets. La plupart du temps, il faut attendre longtemps, son assiette à la main, pour enfin accéder au buffet, où l'on trouve rarement ce qu'on aimerait manger. En général, à part à la table officielle, les invités mangent froid.

Et si le dîner est musical, on ne peut même pas parler avec ses voisins, la sonorisation étant le plus souvent réglée de telle manière que même les sourds entendent.

Demain matin, départ à l'aube. Nous allons en brousse pour l'inauguration d'un tronçon du Transgabonais. Ce train va traverser le Gabon et permettre le désenclavement de tout le centre du pays, en irriguant les zones comprises entre Libreville et Franceville. En fait, la réalité n'est pas à la hauteur des espérances. On avait pensé que, comme aux États-Unis, le chemin de fer induirait une activité économique qui ferait se regrouper les populations locales le long de la ligne de chemin de fer, qui ne sert qu'à transporter le manganèse et les grumes – et encore pas tous. Et l'on s'était trompé !...

Nous passons la matinée sous un abri en tôle, assis certes, mais dans la chaleur de la forêt tropicale ; il semble qu'une des locomotives attendues soit tombée en panne... Mauvais départ. Lorsque le Président Bongo arrive avec son hôte, nous ne pensons plus qu'à la douche qui nous attend à Franceville, ville natale du Président, d'où nous repartirons pour Paris, après un banquet qui n'était pas au programme ! Mais s'en aller avant la fin des cérémonies serait discourtois et mal compris. François Mitterrand est toujours très attentif à ne pas vexer ses hôtes africains.

Le Président a fait d'autres voyages en Afrique auxquels je n'ai pas participé. Tous se déroulaient à peu près de la même manière. Ils étaient l'occasion d'échanges qui entretenaient une amitié que certaines décisions ou certaines attitudes pouvaient quelquefois blesser, mais rappelaient aussi que François Mitterrand avait l'Afrique au cœur. Félix Houphouët-Boigny était l'une de ses plus anciennes fréquentations africaines. L'un et l'autre étaient des hommes de pouvoir, des chefs dont la parole pesait lourd, dans leur propre pays comme au-dehors. Ils inspiraient le respect et gardaient toujours une certaine distance avec leurs interlocuteurs, même s'ils avaient partagé avec eux des moments importants. C'est ce à quoi je pensais lorsque nous avons assisté à la messe de funérailles du Président ivoirien. Lorsqu'il est monté dans le Concorde qui l'emmenait à Yamoussoukro, ce matin de février 1994, François Mitterrand savait certainement que ce serait son dernier voyage en Afrique. Avec lui, il avait emmené ses deux prédécesseurs, son Premier ministre et les anciens Premiers ministres, même ceux qui le haïssaient et l'avaient fait savoir quelquefois de manière inélégante, d'anciens ministres, d'anciens ambassadeurs, des journalistes, quelques amis d'autrefois.

Dans cette cathédrale qui fit couler autant d'encre que de béton, nous avons assisté à une extraordinaire cérémonie. Toutes les portes étaient ouvertes, comme si l'Afrique entière avait été conviée, comme si tous les esprits de la forêt, de la savane et des eaux étaient présents. Je me rappelais une soirée à Lomé, au moment de la visite du pape Jean XXIII en Afrique de l'Ouest. Catholiques et protestants discutaient de l'endroit d'une rencontre avec les animistes. Ils venaient de s'accorder sur le lac Togo lorsque je demandai timidement : « Qui, ici, est animiste ? » Dans un grand rire à l'africaine, on me répondit : « Mais nous sommes tous animistes, et toi aussi ! » J'ai souvent repensé à cette phrase. Dans cette cathédrale bâtie à la ressemblance de Saint-Pierre de Rome où, en plus des politiques, étaient présents un nombre impressionnant de dignitaires de l'Église et de toutes les religions, je me disais encore : « Où sont les animistes ? » La réponse vint de la brousse. Mgr Gantin, ancien archevêque de Cotonou, en charge à Rome de deux dicastères, concélébrait la messe avec tous ses collègues africains, et je repensais à la phrase qu'il m'avait dite, un jour où je me plaignais de n'avoir pas transmis à mes fils l'image de Dieu reçue de mes parents : « Dieu reconnaîtra les siens, ne vous occupez pas de cela. » Ici, à Yamoussoukro, Dieu voit tous les siens.

Un homme de culture

Sur François Mitterrand et la culture, on a beaucoup écrit. Ses champs d'intérêt étaient vastes et variés. Il n'a jamais cessé de mêler carrière politique et fréquentations littéraires.

C'était un provincial. Comme François Mauriac, qui écrivait en 1954, dans *L'Express* : « Ce Mitterrand, je l'aime bien [...]. C'est un garçon romanesque : je veux dire, un personnage de roman. Il est à quelques heures de chez moi, du terroir charentais, comme Rastignac. » La comparaison a beaucoup servi. Rastignac avait dit : « À nous deux, Paris. » Mitterrand dira : « À nous deux, la France. »

Toutes les formes de pensée l'intéressaient. Pour Léopold Sédar Senghor, « c'est l'écrivain qui, chez Mitterrand, explique le politique. Il n'a pas, entré en politique, perdu le goût de la lecture ». Il lisait partout, dans n'importe quelles circonstances, parfois plusieurs heures par jour. Pendant quatorze ans, la photographie réalisée par Gisèle Freund, le montrant dans la bibliothèque de l'Élysée, les *Essais* de Montaigne entre les mains, a représenté la France et son Président dans tous les lieux publics, dans les mairies des communes de France, dans les Ambassades, partout où la France a besoin d'un visage.

François Mitterrand était né pendant la Première Guerre mondiale, en octobre 1916, dans une famille de bourgeois catholiques, en Saintonge. Il avait quatre sœurs et trois frères et ses parents avaient élevé avec leurs enfants deux cousins orphelins. Dans la grande maison de la rue Eugène-Guy, devenue un musée, il n'était pas rare qu'il y eût plus de douze personnes à table. Son père, Joseph Mitterrand, avait travaillé à la Compagnie des chemins de fer Paris-Orléans, avant de reprendre la vinaigrerie de son beau-père, à Jarnac, petite ville blanche et paisible que la vigne avait fait prospérer, où les jours passaient au rythme régulier et tranquille de la Charente. Si, dans la hiérarchie des productions locales, le vinaigre venait en dernière position derrière toutes les qualités de cognac, sa famille était néanmoins respectée et aimée. Sa mère, Yvonne Lorrain, était une femme intelligente, gaie, cultivée, qui eut une forte influence sur ses enfants. C'est elle qui a donné à son deuxième fils le goût des livres.

À dix ans, il entre au collège Saint-Paul à Angoulême, où il retrouve son frère Robert, celui de ses frères et sœurs dont il restera le plus proche jusqu'à la fin de sa vie. Il quitte le giron familial. Il sera pensionnaire jusqu'à dix-sept ans. Sa mère venait parfois le jeudi et emmenait ses deux fils en ville. Un jour, il m'a raconté ses itinéraires et ses haltes dans cette ville qui n'avait pas beaucoup changé depuis Balzac. La médecine, le barreau, le cognac et le papier habitaient la ville haute. La médecine, le barreau, le cognac l'habitent toujours. Le papier, lui, a disparu presque complètement. Angoulême est devenue la capitale de la bande dessinée, genre qui n'intéressait que de loin le Président.

Il était un homme de son terroir, à la manière de François Mauriac. C'est à travers les livres qu'il est sorti de l'enfermement provincial. Avant la Seconde Guerre mondiale, on ne se déplaçait que contraint et forcé. Le tourisme était réservé aux gens aisés ou aux aventuriers. François Mitterrand n'appartenait ni à l'une, ni à l'autre de ces catégories... Il avait dépassé les limites de l'Aunis et de la Saintonge, certes, mais c'est dans les livres qu'il connut le bonheur des grandes évasions.

Il y avait un conservatoire de musique à Angoulême et une chorale au collège Saint-Paul, mais la musique ne faisait pas partie de sa culture. Dans les collèges de jeunes filles, l'enseignement du piano, comme l'aquarelle, la broderie et les bonnes manières, avait de l'importance. Combien de « Marche turque », de « Valse du petit chien » massacrées à la fin des repas de famille, où l'exhibition du talent des demoiselles était de rigueur ! Le violon donnait lieu à de plus grands crimes encore. On pouvait à la rigueur jouer de la flûte ou du violoncelle, certainement pas du saxophone ou de la trompette ; la guitare et la mandoline étaient réservées aux Espagnols et aux Italiens, « gens du Sud ». Quant aux arts plastiques, ils n'étaient pas enseignés en dehors des écoles des Beaux-Arts. Les musées ? On n'avait pas envie d'y entrer : ils se ressemblaient tous et l'ennui transpirait à travers leurs murs. Seuls les livres étaient accessibles et attirants.

Sa mère lui avait appris à lire la Bible. Il était né aux confins du catholicisme et du protestantisme. Dans cette région de France, pas de foyer sans Bible. Il était courant de donner aux enfants des prénoms bibliques. Originaire des Deux-Sèvres, d'un village où il y a encore et un temple et une église, j'ai compté nombre de tantes Rachel, d'oncles Joseph, de cousins Samuel ou de cousines Esther. Au cours de l'année scolaire, que j'ai passée dans les Deux-Sèvres chez les sœurs de la Sagesse, j'ai appris par cœur une « Histoire sainte » résumée qui m'a posé plus de questions qu'elle n'en a résolu. Joseph et ses frères, le sacrifice d'Abraham, l'échelle de Jacob me plongeaient dans des abîmes de perplexité. François Mitterrand, dès l'enfance, s'est trouvé, lui aussi, face aux mêmes personnages, confronté aux mêmes mythes. Plusieurs fois, nous en avons parlé ensemble, mais lui avait poursuivi sa quête beaucoup plus avant que moi, comme devait le prouver, en 1995, son livre d'entretiens avec Élie Wiesel. Dans *Mémoire à deux voix*[1], on le voit surprendre l'écrivain juif, fils de rabbin, prix Nobel de la Paix, par sa connaissance de la Bible et par la force de ses jugements sur certains passages du Livre.

Dès l'enfance, la lecture fut pour lui plus qu'un loisir, une véritable nourriture, un outil de connaissance, une passion. Il lisait à Jarnac, dans la grande maison blanche jouxtant la vinaigrerie familiale de la rue Eugène-Guy ; à Touvent, dans cette maison que ses grands-parents avaient dû vendre quand il avait quatorze ans. À la fin de sa vie, il parlait encore de cette séparation comme d'un deuil, son premier deuil.

On commençait avec la Bibliothèque rose et la Bibliothèque verte, on arrivait à Dumas, Paul Féval, Eugène Sue, puis Mérimée, Balzac, tout ce qu'on trouve de la bibliothèque des parents ou des voisins. Je le sais, c'est avec ces livres que je suis entrée dans la vie. On lit à en perdre le sens du temps et de l'espace, pendant des heures, et rien ne compte plus que les personnages de roman.

Au collège Saint-Paul, il découvre le latin. Il apprend par cœur des vers d'Horace et de Virgile qu'il se récite inlassablement, sans toujours bien les comprendre… disait-il ! Mais il en aimait le rythme, la prosodie et aussi, quoi qu'il ait affirmé, l'aspect élégiaque et l'attachement à la nature. Sans doute préféra-t-il les *Géorgiques* à l'*Énéide*…

1. *Mémoire à deux voix*, Odile Jacob, 1995.

Adolescent, on goûte aux livres des adultes. Dans la bibliothèque de Jarnac figuraient naturellement les œuvres de Barrès et de Maurras, comme chez tous les bourgeois cultivés de l'époque.

Les discours des révolutionnaires de 1789 et de 1848 l'exaltaient. Y prit-il le goût de l'éloquence parlementaire ? Il lisait Chateaubriand, Saint-Simon, le cardinal de Retz, Vallès, Renan et aussi Michelet, dont les partis pris et la subjectivité le passionnaient ; il y trouvait un prétexte à ses propres emballements.

Stendhal était un de ses auteurs préférés. Mathilde de la Môle, Julien Sorel, Fabrice del Dongo, Mme de Rênal, Lamiel l'avaient fait rêver. Il avait lu Hugo avec plus d'indulgence que Gide, dont le « Victor Hugo, hélas ! », me dit-il un jour, était à la fois méchant, injuste et de mauvais goût. Il admirait *Choses vues.* Le visionnaire européen et le farouche adversaire de la peine de mort qu'était Hugo l'avaient fait longuement réfléchir.

Zola, l'homme juste qui a écrit « J'accuse », sachant que cette profession de foi pouvait le condamner à l'exil, était pour lui un modèle. L'auteur de *Germinal*, de *L'Argent* et de *La Terre* était un polémiste, un politique, un amoureux de la liberté, mais aussi un photographe doué d'une vision aiguë des hommes et des événements. Zola avait une double vie et deux enfants qu'il chérissait et qui firent honneur à son nom. Plusieurs fois, François Mitterrand se rendit à Médan où se réunissent chaque année les « Amis de Zola » et ses descendants. Il a fait en sorte que le texte original de « J'accuse » soit acheté par l'État et reste en France, à la Bibliothèque nationale.

Dans le Morvan, il avait rencontré le fantôme de Jules Renard. Sa finesse, son ironie cinglante, sa dureté, le regard aigu qu'il portait sur ses contemporains lui plaisaient. Lui qui avait été un enfant aimé, très proche de sa mère, plaignait Poil de Carotte et ne pensait pas que c'est un bonheur d'être orphelin, mais au contraire un grand malheur.

Son beau-frère, Roger Gouze, l'avait emmené à Milly, chez Lamartine. Il admirait le poète et plaçait certains de ses discours au premier rang des œuvres littéraires et politiques de son siècle. « L'oubli qui le recouvre me navre », disait-il. Dans un de ses ouvrages sur Lamartine, Henri Guillemin a écrit : « On ne peut s'empêcher de comparer le parcours des deux hommes, même si François Mitterrand n'a jamais écrit "Le lac" et si Alphonse de Lamartine n'a jamais exercé le pouvoir suprême. »

Il aimait Chardonne à cause des ciels de Charente et du *Bonheur de Barbezieux*, des histoires cachées de la Saintonge et du Limousin voisin, des récits des drames bourgeois, plus graves qu'il n'y paraît parfois.

Il n'aimait pas Proust. Pourquoi ? Il ne s'en est jamais vraiment expliqué. Son côté maladif et mondain ne l'attirait pas. Combray n'était pas sa province, la Vivonne n'avait pas le charme de la Charente. Ni le côté Swann, ni le côté Guermantes ne l'attiraient et aucune tante Léonie ne lui avait jamais offert de madeleine trempée dans du thé. Ce ne sont pas choses qui se font en Saintonge, où les pâtisseries ont une consistance et une destination bien définies et où, à l'heure du café et du cognac, les enfants se rapprochaient de leur aïeul préféré pour tremper un sucre dans le liquide ambré dont ils aimaient la couleur et surtout l'importance que leur donnait la possibilité d'y goûter. C'était une manière de défier les parents qui n'aimaient pas cette familiarité avec l'alcool, et aussi les autres enfants, un peu plus jeunes, façon de leur signifier qu'on était passé dans le camp des grands. La brioche de Jarnac n'a rien à voir avec la madeleine de Combray. François Mitterrand n'avait connu le « faubourg » que très tard. La duchesse de Guermantes, Mme Verdurin, Odette étaient étrangères à son monde. Ni Vinteuil, ni Cottard, ni Charlus, ni Eltsir ne lui étaient familiers. Bien que son meilleur ami fût juif, Swann ne lui disait rien. Pour lui, tous ces gens étaient des oisifs qui n'avaient pas à se soucier du lendemain. En Charente, on ne s'habille pas chez Poiret et on ne fréquente pas les Norpois – même si, dans la suite de sa vie « professionnelle » si j'ose dire, il en rencontrerait un certain nombre – le Quai d'Orsay en est encore encombré ! Même *Le Temps retrouvé* ne trouvait pas grâce à ses yeux, lui qui avait un rapport au temps si angoissé et si constant…

Il connaissait les grands romanciers russes et avait une prédilection pour Tolstoï. Les héros de Dostoïevski l'intéressaient ; il les aimait sans partager leurs aspirations.

Parmi les écrivains contemporains, il avait beaucoup d'amis. Il avait souhaité rencontrer Paul Guimard au moment de la parution des *Choses de la vie*. Ils étaient devenus amis. En 1981, il l'appela comme conseiller culturel à l'Élysée. Guimard n'y resta qu'une petite année : ce n'était pas sa maison. Élégant et raffiné, il n'était pas fait pour les mondanités et les artifices du pouvoir. Il s'énervait de certaines obligations, telle l'ascension de la roche de Solutré, chaque lundi de Pentecôte, manifestation où se mêlaient invités de cœur et parasites insistants, toujours en bonne place sur la photo. Invité à y prendre part, Paul me répondit en riant : « Ça me barbe. Je vais me faire faire un mot d'excuse par mes parents ! » Il trouva un prétexte pour ne pas venir, et nul ne lui en fit grief. Il avait encore des livres à écrire et, notamment, un petit ouvrage sur Giraudoux qu'il trouvait injustement oublié.

Paul Guimard laissa sa place à Erik Arnoult. Jean-Pierre Cot l'avait appelé comme économiste pour s'occuper du domaine africain, mais c'est Erik Orsenna qui fit son entrée à l'Élysée. Déjà auréolé d'un prix Renaudot, son *Exposition coloniale* serait à son tour distingué par les Goncourt. Ses qualités d'écriture avaient séduit le Président. D'autant plus qu'il connaissait son intérêt pour le politique !

Régis Debray avait rédigé quelques notes pendant la campagne de 1981. Conseiller à l'Élysée, il participe à la conférence de Cancún, sert de « messager » entre le Président et certains grands écrivains d'Amérique latine comme Gabriel García Márquez, Carlos Fuentes, Jorge Amado, Octavio Paz. Puis il a quitté l'Élysée pour le Conseil d'État et est finalement retourné à l'université qui, à travers toutes les aventures de sa vie militante, politique, littéraire et diplomatique, est restée sa véritable *Alma Mater*.

François-Régis Bastide était musicien. Premier prix de piano au Conservatoire, il aurait pu faire une carrière de concertiste. Il était aussi écrivain, lauréat du prix Renaudot. Il connaissait la télévision et la radio, était l'inventeur de la belle émission « Le Masque et la Plume ». Aucun domaine de la culture ne lui était étranger. Il était socialiste, conseiller municipal élu en 1977 à Biarritz, sa ville natale. François Mitterrand en a fait un diplomate. Comme il parlait – entre autres – couramment le danois, il l'avait, dans un premier temps, nommé ambassadeur de France à Copenhague. Avec cette nomination, le Président lui faisait plaisir, mais il se faisait aussi plaisir à lui-même en troublant les habitudes du Quai d'Orsay.

Sa forme d'esprit le portait vers celles et ceux qui écrivent. Avec eux, il avait des échanges qui allaient bien au-delà de la littérature. Il n'aurait certainement pas détesté être un écrivain à temps plein. Aussi allait-il volontiers vers ces gens qui exercent un métier auquel il n'avait pas voulu se confronter corps et âme. Il répondait aux invitations à dîner de Françoise Sagan. Il aimait sa légèreté grave. Il entretenait une relation d'amitié avec Marguerite Duras, dont il admirait l'écriture précise et les romans composés à partir de sa propre vie. Régine Deforges, son énergie, sa vigueur et ses emballements lui plaisaient. Sachant qu'elle préparait le tome de son roman consacré à l'Indochine, il l'invita à l'accompagner au Viêt-nam et au Cambodge. Je me souviens avec admiration de cette femme chaleureuse et fidèle en amitié, jamais inactive, que je revois dans le Transall qui nous emmenait vers Phnom Penh, avec sa broderie, exactement comme si elle était assise dans son salon de Neauphles. Madeleine Chapsal était une Charentaise, ce qui lui donnait droit à d'amicales invitations. François Mitterrand aimait assez la manière dont Benoîte Groult, l'épouse de Paul Guimard, défendait la cause des femmes ; je me souviens d'une discussion avec lui au sujet de questions féministes sur lesquelles nous n'étions pas parvenus à nous mettre d'accord. Je ne croyais pas à la décision qu'avait prise le parti socialiste d'ouvrir la vie politique aux femmes par le biais des quotas. Je trouvais cette mesure humiliante et misogyne et n'en démordais pas. Mais lui me disait : « S'il n'y a pas de quotas pour les femmes, elles n'auront rien et ne participeront jamais à la vie politique comme elles le méritent ! »

Quand il était étudiant, il avait lu Drieu La Rochelle, Jean Giraudoux, Bernanos, Gide, Paul Valéry à qui il vouait une grande admiration. En fait, François Mitterrand, c'était « jamais sans mon livre » ! Il ne fut pas publié rue Sébastien-Bottin, n'ayant jamais terminé son *Coup d'État du 2 décembre*, qui devait paraître dans la collection des « Cent journées qui ont fait la France », mais il déjeunait volontiers avec Robert et Suzanne Gallimard.

Toute sa génération devait tant à la prestigieuse maison de Gaston Gallimard ! Il avait certainement lu Sartre, mais je ne pense pas qu'il l'ait rencontré. Il avait reçu Simone de Beauvoir à déjeuner avec d'autres femmes réunies par Yvette Roudy, ministre chargée des Droits des femmes. Comme beaucoup de lecteurs, la conclusion des mémoires de celle qui a le mieux raconté la vie des intellectuelles du XXe siècle l'avait laissé perplexe : « J'ai été flouée », écrivait-elle en conclusion de *La Force des choses.* Quel ratage ! Quel bilan ! Que lui manquait-il ? On pouvait croire qu'elle avait eu tout ce qu'elle avait souhaité à vingt ans... Il disait : « Qui envierait un tel désenchantement ? »

Il avait remis les insignes de la Légion d'honneur à l'Italienne Maria-Antonietta Macchiocchi, femme politique, professeur et écrivain. Il avait rendu visite à Albert Cohen, reclus dans son appartement de Genève. Il était allé déjeuner chez Michel Tournier, dont il aimait *Le Roi des Aulnes.* Il avait offert la nationalité française à Styron, l'auteur du *Choix de Sophie* et des *Confessions de Nat Turner.* C'est grâce à Yachar Kemal qu'il avait appris à connaître l'histoire de l'Anatolie turque. À Calcutta, il avait décoré le grand écrivain et cinéaste Satyajit Ray, dont il avait lu les livres et vu les films, lui parlant de son œuvre avec finesse. Je revois cet homme grand et beau, ému, recevoir sa décoration sur les marches d'un ancien palais, toile de fond qu'on aurait cru sortie d'un de ses films.

Pierre Morel, un des collaborateurs de François Mitterrand, connaissait personnellement Ernst Jünger. C'est lui qui fit se rencontrer le Président et l'écrivain, qui avaient au moins une passion commune : Paris.

Dans son bloc-notes de *L'Unité* – l'hebdomadaire du parti socialiste –, François Mitterrand avait écrit que Jean-Edern Hallier était « l'un des écrivains les plus doués de sa génération ». Celui-ci en tira la conclusion que cela lui donnait des droits à devenir un jour ministre de la Culture ou occuper quelque poste important. Dès le 21 mai 1981, jour où Mitterrand s'installa à l'Élysée, on vit Hallier s'inviter à déjeuner et s'étonner de n'être pas accueilli aussi chaleureusement qu'il pensait devoir le mériter. En réponse, il écrivit un assez méchant pamphlet sur la vie privée du Président. Lequel préféra laisser faire. Mais Gaston Defferre ne l'entendait pas de cette oreille. Je le revois dire à François Mitterrand, dans son bureau : « Moi ministre de l'Intérieur, ce torchon ne paraîtra pas... » Il le jugeait inutile et même nuisible pour le Président en particulier et pour la démocratie en général.

Un jour, François Mitterrand me demanda de lui trouver un exemplaire des *Deux Étendards* de Lucien Rebatet, dans la première édition en deux volumes. Il aimait le personnage d'Anne-Marie et voulait faire lire à un ou une amie ce livre d'un auteur dont il ne partageait pas – c'est le moins que l'on puisse dire – les convictions idéologiques.

Il admirait Julien Gracq, *alias* Louis Poirier. À ses yeux, ce professeur de géographie était l'auteur de quelques-unes des plus belles pages de la littérature française moderne. Quand un de ses ouvrages sortait, il passait aussitôt chez José Corti, rue de Médicis, ou envoyait quelqu'un chercher un exemplaire de l'édition originale. Je partageais ce goût, espérant bien que le vieux Louis Poirier finirait par quitter un jour son ermitage de Saint-Florent, en Touraine, pour faire venir Julien Gracq rue du Faubourg-Saint-Honoré. Mais jamais il ne vint, se croyant trop âgé.

Il aimait François-Marie Banier dont le talent, la drôlerie, la finesse, l'élégance lui plaisaient. Il avait avec lui de longues conversations. Il aimait l'inviter en voyage.

François-Marie est un grand photographe et il perçoit tout ; aussi lui faisait-il des récits amusés et drôles de tout ce qu'il voyait et de tous ceux qu'il entendait.

René Char, le poète, le résistant, avait droit à toute son admiration. Les personnages de Giono – tout particulièrement Ennemonde – lui avaient donné envie de rencontrer leur créateur. Il était allé jusqu'à Manosque. Et il ne passait jamais à Vézelay sans s'attarder chez Jules Roy, dont il appréciait la rigueur et la loyauté. Il avait eu comme ami, à Jarnac, le communiste Claude Roy, qui lui avait fait découvrir la NRF lorsqu'ils étaient adolescents. Il le voyait régulièrement et le lisait attentivement.

On n'en finirait pas d'énumérer tous ceux qu'il avait rencontrés, soit parce qu'il avait aimé un de leurs livres, soit parce qu'il voulait les connaître mieux. Il avait eu d'excellents rapports avec son collègue député Aimé Césaire. Je me souviens d'un dîner chez Kathleen Évin et Nicolas Brimo, quelques jours avant le 10 mai 1981 ; tous deux avaient parlé littérature plus que politique. Aimé Césaire nous avait beaucoup amusés en nous racontant ses premières vacances en Europe. Avec un de ses amis de l'École normale, il s'était rendu en Yougoslavie. Au cours d'une promenade, ils avaient croisé des paysans qui s'étaient enfuis en criant : « Le diable ! » Un Noir en Europe balkanique, en 1938 !

En littérature, il aimait tous les genres. Il aimait la belle prose, mais il était aussi sensible à la poésie. Verlaine, Saint-John Perse, Aragon lui parlaient. Ce dernier ne fut jamais de ses amis, mais Mitterrand était à la fois « celui qui croyait au ciel et celui qui n'y croyait pas ». Et il admirait le poète. J'ajoute que ses romans ne le laissaient pas indifférent. Nous avions eu, au moment de sa sortie, en 1958, une conversation intéressante sur *La Semaine sainte.* Quelle étonnante aventure que les Cent Jours !

Après la mort de Francis Ponge, survenue quelque temps après celle de René Char, il s'est soucié de savoir s'il existait des documents sur celui qu'il appelait « le plus grand poète français vivant ». Puis il a demandé que des films soient réalisés sur cet homme dont il admirait l'œuvre et l'humanité. Jack Lang fit alors en sorte qu'un documentaire soit tourné sur Aimé Césaire, l'homme politique, le député-maire de Fort-de-France, l'homme de lettres. Ces images, que les téléspectateurs ont déjà pu voir au moins une fois, sont désormais conservées dans le grand dictionnaire d'images qu'est l'INA.

À chacun de ses voyages, le Président invitait des hommes de culture, professeurs, écrivains, acteurs, metteurs en scène. Il avait avec eux de longs apartés qui faisaient bien des jaloux. C'est ainsi que Jacques Lacarrière nous accompagna en Jordanie. C'était un ancien élève de mon père dont il avait gardé de bons souvenirs, même si ses goûts le portaient naturellement plus vers les disciplines littéraires que vers les mathématiques.

Il avait emmené en Amérique latine deux Annie Cohen, l'une et l'autre écrivain. Le service du protocole n'ayant pas bien compris de laquelle il s'agissait, les deux avaient été contactées et, bien sûr, les deux avaient accepté. L'une était beaucoup plus assurée que l'autre. Agrégée de philo, auteur d'une biographie de Sartre[1] qui avait connu un certain retentissement, elle tenait à ce que cela se sache. L'autre, toute de finesse, écrivit un beau livre que publia Hubert Nyssen, *Histoire d'un portrait*[2], discret et cultivé comme elle, semblable dans l'esprit à ces « rouleaux d'écriture » qu'elle

1. Annie Cohen-Solal, *Sartre 1905-1980*, Gallimard, 1985.
2. Actes Sud, 1993.

calligraphiait avec intelligence et élégance. Une relation d'amitié vraie s'était établie entre nous. Son livre sensible et pénétrant, consacré à François Mitterrand, méritait mieux que le sort qui lui fut réservé.

L'imagination de Christine Arnothy lui semblait – et elle l'est – inépuisable. Il aimait aller déjeuner chez elle et avait fait, un jour, un détour par Martigny, en Suisse, où cette Roumaine s'était installé un refuge.

Il avait lu les livres d'Edmonde Charles-Roux, avant même qu'elle devienne Mme Gaston Defferre. Cette grande bourgeoise avait prouvé pendant la guerre qu'elle était courageuse. Elle aurait pu avoir une vie de femme oisive, or elle avait toujours travaillé. François Mitterrand appréciait qu'elle fût allée au-devant de personnages étonnants, totalement étrangers à son monde.

Au cours d'un voyage en Israël, il était allé à Massada. Il avait lu *La Guerre des Juifs* de Flavius Josèphe et voulait en savoir plus sur ce général juif qui avait collaboré avec les Romains. Il savait que Mireille Haddas-Lebel avait écrit un livre fort documenté sur ce personnage[1] et m'avait demandé de l'inviter à déjeuner. Car il était curieux de tout ce qui touchait à l'Histoire, à la littérature, à la vie des hommes et il est bien difficile de le démontrer sans dresser un catalogue, incomplet, forcément incomplet, de ce qui fut une des valeurs essentielles de la vie d'un homme.

Il n'aimait pas Malraux, l'écrivain, mais il appréciait le voyageur. Son ton un peu grandiloquent, par moments incompréhensible – disait-il – lui déplaisait. Il ne lui pardonnait que *L'Espoir*.

Il n'avait aucun *a priori*. C'est avec Jean d'Ormesson qu'il a partagé son dernier petit déjeuner à l'Élysée. Que se sont dit ces deux hommes si différents ?

---

1. *Flavius Josèphe, le Juif de Rome*, Fayard, 1989.

Jean d'Ormesson, le normalien, le directeur du *Figaro*, l'auteur à succès, l'homme élégant qui a toujours su garder une distance avec ses interlocuteurs et, a-t-on envie de dire, avec lui-même ; le président de la République, l'élu du peuple de gauche, qui n'était pas, volontairement, entré dans le cercle des hommes de l'écrit par respect, modestie ou orgueil. Que voulait lire François Mitterrand dans le regard bleu de « Jean d'O » ? « Presque rien sur presque tout », ou presque tout sur presque rien ? Question sans réponse, comme beaucoup d'autres lorsqu'il s'agit de ses choix en matière de relations humaines.

Il était un « piéton de Paris ». Comme tous les provinciaux qui ont choisi cette ville, il l'aimait profondément. Ses itinéraires étaient ponctués par des arrêts chez les libraires. Entre la rue de Bièvre et l'Assemblée nationale, il les connaissait tous. Il leur rendait visite régulièrement. René Vigneron, un de mes amis, spécialiste en autographes, avait rue de Tournon une librairie, Les Argonautes, où il entrait volontiers, même s'il n'était pas collectionneur de manuscrits. Il le voyait de temps en temps. René avait plaisir à parler avec cet amateur de belles éditions et d'envois originaux ; il le trouvait courtois, cultivé et regrettait que le faubourg Saint-Honoré fût plus loin de la rue de Tournon que l'Assemblée.

Quand il allait dans le Morvan en voiture, il s'arrêtait souvent chez Oberlé, dont il lisait les catalogues avec toute l'attention que méritent ces puits d'érudition.

Amoureux des livres, il collectionnait les éditions rares ou anciennes de ses écrivains préférés. Il possédait une très belle bibliothèque avec de nombreuses éditions originales. Il aimait que l'apparence de ses livres fût en harmonie avec leur contenu. Danielle avait appris l'art de la reliure ; pendant vingt ans, elle a habillé les livres que collectionnait son mari. Quand, en 1981, elle se livra à des activités conformes aux devoirs d'une femme de Président, il continua à faire relier les textes qu'il voulait garder par des professionnels avec qui il discutait longuement avant de leur confier les ouvrages qu'il aimait.

Des livres, il en avait partout. Dans son bureau, dans sa chambre, rue de Bièvre, à l'Élysée, à Latche, De l'Élysée, il envoyait à Nevers tous les livres qu'il recevait, après les avoir lus ou simplement feuilletés. Certains auteurs n'aimaient pas que leurs « envois » soient étalés au grand jour. On peut les comprendre. L'essentiel, pour François Mitterrand, était que les livres soient lus.

Lui-même écrivait bien. Sa manière était classique et il avait le sens de la formule. Il se souciait de la clarté du style, qu'il voulait précis, concis, accrocheur. Un jour où j'étais assise à côté de lui pendant un colloque interminable, à un moment où sa vie politique ne lui apportait aucune satisfaction – c'était en 1969 ou en 1970 –, je lui ai demandé pourquoi il ne choisissait pas d'écrire. « Parce que c'est ce qu'il y a de plus difficile au monde », m'a-t-il répondu.

Écrivain, il n'aurait pas supporté de ne pas être un grand écrivain. Entre la littérature et la politique, il avait choisi la politique. Dans une interview à *L'Express,* il s'est pourtant – un peu – livré à Bernard Pivot, qui lui rappelait le mot de Philippe Sollers : « Un écrivain, c'est quelqu'un qui prend une option sur le futur, quand tout le monde sera mort. » Il lui avait répondu : « L'homme politique aussi. » « Vraiment ? », s'était étonné Pivot. « Oui, en ce sens, l'homme politique et l'écrivain se confondent et se rejoignent. Gouverner est une façon d'écrire sa propre histoire. » Que faut-il comprendre ? Beau sujet de dissertation.

L'homme politique et l'écrivain qui se confondent et se rejoignent… s'agit-il du même personnage ou de deux êtres distincts ?

La conjonction d'une éducation littéraire, l'amour des livres et de la lecture, ses multiples rencontres avec les écrivains de son siècle ne livrent pas toutes les clés de sa personnalité complexe et originale, mais ils donnent une teinte particulière à sa pratique du pouvoir. Évidemment, je ne pouvais pas connaître tous ses choix, tant ils étaient divers. Si on excepte la bande dessinée et la science-fiction, on peut affirmer qu'il s'intéressait à tout ce qui s'écrivait, à tout ce qui avait été écrit. Les noms que j'ai cités sont ceux d'auteurs que je l'ai vu lire ou dont, à une occasion ou à une autre, je l'ai entendu parler.

La dernière émission de télévision importante qu'il ait accepté de faire fut celle de Bernard Pivot, le grand conseiller en lecture cathodique. Pendant plus d'une heure, il lui parla de ses goûts, de ses choix, des livres à lui consacrés. Il était si fatigué en arrivant dans les studios que Bernard Pivot pensait n'enregistrer qu'une prestation très courte. Mais, au fur et à mesure que l'émission avançait, le Président parut aller mieux. À la surprise de tous, il resta plus d'une heure à l'antenne, comme si parler de livres et de littérature lui avait rendu force et vivacité, élan et fougue.

L'homme et la nature

Comme il aimait les livres, François Mitterrand aimait la nature. C'est à Touvent, aux confins de la Charente et de la Dordogne, dans la maison de ses grands-parents où, enfant et jeune adolescent, il passait ses vacances, qu'il apprit la France dans ce qu'elle a de plus intime et qu'il noua un lien profond avec la nature. Aussi bien dans le Morvan qu'en Charente, dans les Landes, au pied du Lubéron ou à Paris, il marchait. Il avait ses repères, ses préférences.

Il connaissait les arbres et les aimait ; aux sapins, il préférait les feuillus, qui vivent au rythme des saisons. Un jour, il me demanda pourquoi nous avions planté des douglas dans notre jardin. « Parce que les pins poussent plus vite que les chênes », lui répondis-je. Ce n'était pas une bonne raison : les pins, m'apprit-il, épuisent la terre. Décidément, les citadins étaient de drôles de gens ; si je n'avais pas mis mes origines délibérément et imprudemment de côté, j'aurais planté une haie. Il est vrai que, dans les Deux-Sèvres, mes promenades d'enfance avaient des parfums d'aubépine, d'églantine, de chèvrefeuille, des couleurs de primevères, de coucous, de scabieuses et de pentecôtes – qui sont une des centaines de variétés d'orchidées que l'on trouve à la campagne –, de coquelicots et de marguerites, des goûts de mûres, de noisettes et, après les premières gelées, de prunelles que je n'avais pas oubliés. Mais, c'est vrai, je n'avais pas reproduit « ma » campagne et j'avais cédé à la facilité.

Il aimait marcher, dans les prés, le long des chemins, dans la forêt, sur les grèves. Lorsqu'il était en voyage, il se réservait des moments pour se promener, découvrir de nouveaux paysages, des architectures différentes. Grâce à lui, j'ai pu découvrir Riga, Vilnius et Prague, bien que le protocole n'eût pas prévu ce genre d'occupation, que certains considéraient comme du temps perdu. Quand on est président de la République, on a un chauffeur, une voiture et l'on s'en sert.

Au cours de ces promenades impromptues, il s'amusait de l'ignorance de ses collaborateurs. Préparer le grand oral de l'ENA ne couvre pas le champ complet du savoir. François Mitterrand n'avait pas la prétention d'être compétent sur tous les sujets. Il aimait l'Histoire et partageait ses connaissances avec ceux qui l'écoutaient. Dans les Pays baltes, il nous fit un cours sur les villes hanséatiques. À Prague, il rappela l'histoire de Jean Hus, excommunié puis immolé pour avoir nié l'autorité de l'Église, et celle de Jan Patočka, philosophe intègre, amoureux de la liberté, mort après un interrogatoire de onze heures au cours duquel, en 1977, on avait tenté de lui faire renier la « Charte 77 », pétition de dissidents qu'il venait de signer.

Un jour, François Mitterrand m'avait demandé d'acheter des géraniums, ajoutant : « Des rouges, des vrais, ceux qui sentent le jardin lorsqu'on froisse les feuilles. » Il n'aimait pas les bouquets sophistiqués que préparaient les fleuristes de l'Élysée. Lorsqu'il voulait offrir des fleurs, il demandait qu'on aille les acheter « en ville » et veillait toujours à ce qu'elles fussent belles, simples, accordées à la saison.

Les arbres, les ciels mouvants, les eaux courantes, les chaudes nuits d'été pleines d'étoiles, les veillées d'hiver au creux des cheminées, le rythme des saisons, la dureté et les bonheurs de la vie quotidienne avaient un sens pour lui. Il avait passé son enfance et son adolescence dans une nature prévisible où il connaissait la place de chaque prairie, de chaque chemin, de chaque ruisseau – et les vignes, toujours recommencées. Et, puis, peu à peu, en s'éloignant de sa chère Saintonge, il avait appris d'autres paysages.

Je me souviens avoir survolé avec lui, qui m'expliquait la géographie et l'histoire de la région, les étangs de la Brenne sous un clair de lune étincelant et métallique, la Beauce sous un ciel d'orage. J'aimais ces promenades dans de petits avions ou en hélicoptère : bien souvent, elles me valaient un récit, une explication, un éclaircissement auxquels je n'aurais pas songé.

Rites et habitudes

Chaque année, à l'entrée de l'été, revenait le dîner de famille. Marie-Claire Papegay devait appeler et inviter tous ceux que rattachait un lien de famille aux Mitterrand, aux quatre frères, aux quatre sœurs et aux deux cousins élevés avec eux. De Jarnac, de Touvent, le Président avait gardé le goût des tablées familiales et des repas qui n'en finissent plus, pendant lesquels on échange les dernières nouvelles de la famille étendue.

D'une année sur l'autre, le nombre des participants variait. Il y avait des disparitions. Le premier à partir fut Philippe, le plus jeune des frères, qui était resté à Jarnac aux commandes de la vinaigrerie familiale. Cet homme simple, affable, intelligent, fut emporté en quelques mois par un cancer de la prostate, alors que personne ne savait rien de celui de son frère.

Les mariages et les naissances élargissaient les limites de cette famille très française ; de nouvelles présences signifiaient qu'il y avait eu des divorces ou des séparations. Tous les membres de la famille attendaient cette soirée avec impatience, c'était le signe avant-coureur des vacances.

Mais le rite le plus connu consistait à gravir annuellement, entre amis, la roche de Solutré, près de Cluny, en Saône-et-Loire. François Mitterrand avait découvert ce lieu pendant la guerre. Il avait trouvé refuge en Bourgogne, chez les Gouze, parents de sa future femme, et s'était sincèrement attaché à eux. Il semble que rien n'aurait pu l'empêcher de s'y rendre chaque année, à la

Pentecôte. C'était comme un pèlerinage. Marie-Claire Papegay, encore elle, avait la charge d'organiser ce fameux week-end. Trois semaines avant la date prévue, elle était assaillie de coups de téléphone : « Le Président a-t-il dressé la liste de ceux qu'il veut emmener à Solutré ? » « Vous savez que je suis à la disposition du Président pour aller à la Roche. » « Ma femme n'est pas disponible, mais j'ai tout fait pour me libérer. » « Dites au Président que j'ai deux places dans ma voiture pour ses invités. »

À partir de 1981, cette montée prit une tournure médiatique un peu irritante. Après la descente, un déjeuner réunissait tous les participants, toujours dans le même restaurant, autour du même menu. Les journalistes – certains invités, d'autres en reportage – aimaient ce rite photogénique et mesuraient la faveur dont jouissaient les présents en notant les absences, qu'ils interprétaient à leur manière.

Puis, chacun quittait Cluny. Le Président se rendait alors à Taizé à la rencontre de frère Roger, animateur d'un centre de réflexion religieuse très ouvert, au-delà des frontières traditionnelles de l'Église catholique. Les jeunes, particulièrement, étaient attirés par ce lieu où se rejoignaient catholiques et protestants. Que se disaient ces deux hommes qui, l'un et l'autre, prenaient plaisir à converser ? Tous les deux sont morts. L'un et l'autre sont partis en se confiant au cérémonial et aux prières de l'Église catholique.

En dehors de ces deux réunions à caractère familial, François Mitterrand avait des rendez-vous annuels qu'il tenait à ne pas manquer. À Dun-les-Places, « l'Oradour-sur-Glane du Morvan », il assistait aux cérémonies d'anniversaire du 26 juin 1944, date à laquelle une colonne de SS avait pillé et brûlé le village, avant de fusiller trente hommes devant le portail de l'église.

Nombreuses étaient les maisons qui lui étaient ouvertes dans toute la France. À Château-Chinon, il avait élu domicile au Vieux Morvan ; il aimait la cuisine de Ginette Chevrier et la compagnie de son mari qu'il considérait, ainsi que leurs enfants, comme des membres de sa famille. Jamais, aussi longtemps qu'il a été député et maire de Château-Chinon, il n'a pensé qu'il pourrait s'installer ailleurs que chez les Chevrier.

Il allait aussi régulièrement à Jarnac, dans sa maison natale, devenue celle de sa sœur Colette. Il profitait de ses passages en Charente pour se rendre à Saintes, chez Odile et Philippe Marchand, et à La Rochelle où Michel Crépeau, qui pourtant avait été candidat contre lui, le recevait chaleureusement. À Rochefort, il voulait faire admirer la Corderie royale, restaurée, à ceux qui l'accompagnaient. Il allait à Brouage, ancien port échoué au milieu des terres, d'où Mazarin avait contraint sa nièce à s'embarquer pour l'Italie, parce que Louis XIV, roi de France, ne pouvait épouser Marie Mancini, qui n'avait aucun royaume à apporter en dot. Il allait à l'île d'Aix, à l'île de Ré, à l'île d'Oléron, dans le Marais poitevin. Il connaissait la Vendée de Clemenceau et le cimetière de Mouilleron-en-Pareds, où le « Tigre » est enterré. Il aimait cette région où l'Histoire a écrit des pages rudes et laissé des traces inoubliées que la douceur de l'air, le passage des nuages et la sagesse des hommes ont conservées sans ressentiment.

Au mois de juillet, il retrouvait les parlementaires auvergnats, fidèles entre les fidèles, auxquels se joignait Gaston Defferre. Ils allaient au lac Chauvet, dont ils faisaient le tour après une partie de pêche et un solide déjeuner.

Dans ses étapes rituelles figurait la Normandie, où l'accueillaient Robert Loing et sa femme Hélène

Waysbord, à l'inépuisable culture, dans leur maison de Courseulles-sur-Mer, non loin des plages du Débarquement.

Il aimait la Provence, celle de Giono plus que celle de Bosco. Laurence et Pierre Soudet lui avaient fait aimer Gordes et le Lubéron, au point que lui-même y planta des racines.

Dans la Drôme, il s'arrêtait chez Henri Michel, à Suze-la-Rousse et, dans le Vaucluse, chez Guy Penne, à Sainte-Cécile-les-Vignes. En Dordogne, son commensal préféré était Maurice Faure, qui possède une ferme à Saint-Pierre-de-Chignac, au milieu d'une forêt de 70 hectares où poussent des chênes truffiers qu'il lui enviait. Il savait qu'il y aurait au menu du foie gras, du poulet aux cèpes et des échanges sur n'importe quel sujet littéraire ou politique.

En Gironde, son lieu favori était la belle maison d'Anne-Marie Dumas, qui lui préparait de la lamproie à la bordelaise ; il n'en mangeait jamais de meilleure qu'à Cohès.

En Creuse, Chez Livet, il était chez lui ; Suzanne et Jean Védrine y ont leur maison de famille. C'est chez eux qu'il fit la connaissance de Jean Guitton – l'un des rares laïcs à avoir participé au concile Vatican II –, que son questionnement sur Dieu ne laissa pas d'impressionner.

Ainsi, il allait de maison en maison, d'ami en ami, de paysage en paysage. Il aimait ces moments de détente qui l'enchantaient.

Les forces de l'esprit

François Mitterrand croyait-il en Dieu ? Qui peut répondre à cette question ? Il a douté toute sa vie. N'est-ce pas une des formes de la foi ?

Jamais il n'a cessé de s'interroger sur l'« après ». Il était profondément marqué par l'éducation reçue de sa mère. Jamais il n'avait oublié les leçons de son enfance. On le voyait à des anecdotes comme celle-ci. Un soir, nous étions six ou sept dans un petit avion qui nous emmenait à Périgueux. Il faisait un temps épouvantable. Quelques minutes avant d'atterrir, le pilote nous avait prévenus : « Ne vous inquiétez pas : il y a beaucoup de vent, je vais mettre le parachute de freinage. » On entendit François Mitterrand, alors premier secrétaire du parti socialiste, dire avec un petit sourire : « Mais, ici, tout le monde est en état de péché mortel ! Sauf Mme Decraene, peut-être… » Nous nous sommes regardés en riant. Dominique Gerbaud et Bruno Masure, présents, s'en souviennent encore ! C'était le catéchisme des enfants du diocèse d'Angoulême qu'il n'avait pas oublié.

Tandis qu'il quittait le pouvoir, au début de 1995, pour entrer dans un nouvel âge, il éprouva « la nécessité de dire, en quelques mots, trop longtemps contenus[1] », ce qui lui importait. Il entreprit donc avec Élie Wiesel – si différent de lui par la naissance, la culture, le parcours de vie – un travail de mémoire pour raconter ses cheminements vers « ce que nous ne comprenons pas ». Wiesel l'amena à dire ce qu'il éprouvait, enfant, en découvrant le monde, ce qu'il ressentait alors en regardant autour de lui.

Cet abandon aux souvenirs me touche beaucoup. François Mitterrand était un enfant timide, qui est demeuré réservé jusqu'à la fin de sa vie. À Élie Wiesel qui lui demandait, après avoir évoqué son enfance et son adolescence de garçon solitaire, susceptible et secret : « Êtes-vous toujours aussi refermé sur

1. Préface de *Mémoire à deux voix, op. cit.*

vous-même, aussi timide ? », il répondit : « Oui. » Je ne doute pas un instant de la sincérité de sa réponse. L'homme qui pouvait soulever l'enthousiasme de plusieurs dizaines de milliers de militants, parler d'égal à égal avec tous les grands de ce monde, ne livrait pas son intimité et ne cherchait pas à pénétrer celle des autres. Il ne se confiait pas. Sans être introverti – car il regardait vivre les autres et tenait compte de leur personnalité –, il avait un goût certain pour la solitude.

« Chaque soir, dit-il à Élie Wiesel, je consacre un temps à la réflexion. Je n'oublie aucun de ceux qui m'ont entouré, qui m'ont accompagné, même ceux avec lesquels je n'étais pas uni par des liens affectifs forts. Penser aux morts, c'est assurer la survie des gens qu'on a aimés, en attendant que d'autres le fassent pour vous. » Dit-on autre chose à ses propres enfants lorsque la mort survient dans une famille ? « Les morts, les pauvres morts » de Baudelaire l'accompagnaient. Il disait : « J'ai un tempérament que l'on appellera religieux. [...] Je ne sais pas si je sais, je ne sais pas si je ne sais pas ; cela ne peut s'appeler la foi. »

François Mitterrand connaissait la Bible comme un catholique curieux ayant vécu en terre protestante. Cette connaissance étonnait Élie Wiesel : « Votre intérêt pour le peuple juif m'émeut. » Et Mitterrand de lui répondre : « L'histoire du peuple juif, son message également s'imposent à nous. La Bible m'intéresse. C'est un livre effrayant, plein de massacres et sans pitié. Les mœurs de ce temps-là y sont sans doute pour quelque chose. Mais quelle force et quelle poésie ! »

Dans les textes des mystiques, il cherchait peut-être des réponses à ses intuitions ou à ses réflexions. Il admirait sainte Thérèse d'Avila. Il avait déjeuné avec Catherine Rihoit, auteur d'un livre sur sainte Thérèse de l'Enfant Jésus[1], pour évoquer avec elle cette jeune femme qui n'était que prière et amour, et qui pourtant doutait. On dit que lorsque les reliques de sainte Thérèse furent exposées à Paris, elles passèrent devant l'avenue Frédéric-Le-Play, où il s'installa après avoir quitté l'Élysée. Lui-même avait dit un jour : « Je ne sais pas si je crois en Dieu, mais je suis souvent tenté d'y croire. » Croire en Dieu, quel confort ! Avoir des certitudes, cesser de se poser des questions, vivre dans la sérénité : est-ce possible ?

« Au commencement était le Verbe. » Est-ce là l'origine du monde ? Cette question, sans doute l'avait-il posée à son ami le jésuite Alphonse Delobre, à Jean Guitton, à frère Roger, aux moines du Sinaï, rencontrés à l'occasion d'un voyage en Égypte. Peut-être aussi au docteur Tarot, qui l'a accompagné jusqu'à la fin de sa vie.

L'allocution qu'il a prononcée à l'occasion de la visite du pape Jean-Paul II à Lourdes, en août 1983[2], montre qu'il reconnaissait la force du message de l'Église et de son apport au monde. Christianisme et socialisme ne sont pas incompatibles ; il l'admettait, même si, quelquefois, les chrétiens de gauche l'agaçaient : il trouvait certaines de leurs positions exigeantes, voire sectaires.

Avant de partir, il remit à André Rousselet deux feuillets : ses dernières volontés. Il avait écrit : « Une messe est possible. » Il y en eut deux. La première, dans l'église de Jarnac, avec sa famille, ses amis les plus proches, ceux qui avaient toujours travaillé avec lui. Dans cette église où la famille Mitterrand s'était souvent retrouvée, Mgr Dagen, évêque d'Angoulême,

---

1. *La Petite Princesse de Dieu*, Plon, 1989.
2. *Cf.* document VI, p. 295.

au nom de tous les siens, lui a dit un au revoir digne et touchant, comme l'Église sait le faire lorsqu'elle est inspirée. À Notre-Dame de Paris, en présence des grands de ce monde, Mgr Lustiger rendait quant à lui hommage à l'homme qui croyait à la communion des saints[1].

Mazarine

Un samedi matin, je suis chez moi, occupée aux tâches normales d'une femme qui travaille toute la semaine, lorsque je reçois une communication téléphonique de Stéphane Denis. Je le connais sans avoir avec lui de liens spécialement amicaux. « J'ai quelque chose à faire savoir au Président, mais j'aimerais passer par votre intermédiaire. »

C'est l'automne 1994. Je me demande ce que Stéphane Denis peut avoir à demander. Embarrassé, le journaliste m'explique que *Paris-Match* s'apprête à publier des photos de Mazarine, la fille du Président. Je devrais répondre : « Quelle fille ? » Bien sûr, Mazarine existe, je le sais, mais le Président ne m'en a jamais parlé. Il a toujours procédé, lorsqu'il s'agissait d'elle, par allusions très voilées. « Est-ce que vous pourriez trouver des images pour illustrer des leçons d'histoire sur l'Empire de Charlemagne ? », m'a-t-il demandé un jour. Je me doutais bien que ce n'était pas pour les montrer à Helmut Kohl au cours d'une rencontre à Aix-la-Chapelle… Quelquefois, il sort un petit papier de sa poche et dit : « Pouvez-vous trouver très vite *Lamiel* ou *Le Lys dans la vallée.* » Ce n'est pas pour lui, bien sûr, qui possède ces classiques en

1. *Cf.* document x, p. 303.

édition originale. « La mer d'Aral, vous connaissez ? — Oui, répondais-je, mais pas plus qu'un lecteur de journaux et de magazines. » En pareil cas, je me tourne vers Jean Audouze, conseiller pour la recherche à l'Élysée. Car comme tous les pères, il oublie qu'il s'est engagé à « s'occuper immédiatement » de la demande qui lui est faite avec confiance et fermeté.

À Christiane Dufour, qui a une fille de son âge, il lui arrive de demander d'aller acheter un pull-over en cachemire ou des chaussettes, d'organiser une soirée d'anniversaire pour cinquante adolescents dans un lieu agréable et discret. Marie-Claire en sait plus que les autres, mais, sur ce sujet comme sur tout ce qui touche la vie personnelle du Président, elle est muette. Pour moi, elle est le type même de la parfaite secrétaire, qui parvient même à cacher ses émotions.

Un soir, Mazarine entre dans le secrétariat avec l'une de ses amies. Le Président dit : « Ce soir, je sors la petite classe. » Mais la « petite classe » reste anonyme. On sait seulement qu'elle aime dîner au restaurant chinois. Une autre fois, le Japon doit être au programme du concours d'entrée à l'École normale supérieure, car François Mitterrand me demande de lui « apporter rapidement » tel livre au programme, devenu introuvable et consultable uniquement en bibliothèque, avec de la chance. Je cherche partout, j'interroge tous les libraires japonais de la capitale. Finalement, je demande à mon mari de l'emprunter à la bibliothèque de Sciences-Po.

À Stéphane Denis, je commence par répondre que je ne veux pas me charger de « quelque chose qui ne me regarde pas ». Mais que faire ? Stéphane Denis accepte de s'impliquer dans cette affaire, jusqu'à un certain point. Quant à moi, je ne veux pas avoir ces photos en main. Nous convenons de nous voir le lundi matin. Il m'apportera une enveloppe cachetée que je remettrai au Président.

Ce qui fut dit fut fait. Le lundi matin, j'appelle le Président dans son appartement. Il est encore dans sa chambre. Je lui raconte toute l'histoire en insistant sur le fait que *Paris-Match* publiera les photos, à la date qui lui conviendra. La seule transaction possible porte donc sur la date de parution.

« Eh bien, ouvrez cette enveloppe ! » Je lui remets les photos. Visiblement fier, il me les tend : « Comment la trouvez-vous ? — Elle est belle, elle vous ressemble. » Il réfléchit à haute voix : « Évidemment, *ils* vont les publier. Maintenant, cette semaine, ça m'ennuie. Danielle est à l'hôpital, c'est la semaine de la rentrée à l'École normale… — Souhaitez-vous appeler Stéphane Denis ou Roger Thérond ? — Non, dites à Dumas de venir me voir. »

Pour moi, c'est terminé. Maintenant, tous ceux qui savent sans savoir vont affirmer qu'ils connaissaient les deux secrets du Président : Anne et Mazarine. Quelles seront les réactions des uns et des autres ? Combien de fois entendrai-je : « À moi, tu aurais pu le dire. Tu connais ma discrétion ! » Or je ne savais rien, ou presque. Le silence était notre règle commune et c'était très bien ainsi.

François Mitterrand n'avait rien dit à ses proches. Sa sœur Geneviève apprit l'existence de Mazarine dans un dîner « parisien », au cours duquel quelqu'un lui avait dit : « Demain, je vais à un mariage avec votre nièce. — Laquelle ? demanda-t-elle. — Mazarine, la fille du Président ! » Éberluée, elle avait fait « comme si », tout en pensant qu'il s'agissait d'un racontar comme il en court en ville. Elle m'appela et m'invita à déjeuner. Elle me mettait dans une situation d'autant plus inconfortable que j'avais pour elle beaucoup d'estime et d'affection. Je ne mentis pas en lui disant que le Président ne m'avait jamais parlé de sa fille, mais qu'« on » avait entendu dire que... Je ne pouvais lui faire aucune confidence, tout juste laisser planer un doute et lui suggérer de parler directement à son frère, qu'elle voyait régulièrement.

Finalement, *Paris-Match* rendit un grand service à François Mitterrand. Il fallait bien qu'un jour on connaisse Mazarine autrement que par de méchants ragots. Qu'on sache qu'elle existait, qu'il la reconnaissait. J'en voulais au père d'avoir caché sa fille et contraint sa mère à rester dans une pénombre inconfortable. Toutes les deux méritaient mieux !

On ne parlait pas non plus d'Anne Pingeot. Elle faisait partie du cercle restreint des amis qui connaissaient Mazarine. On apercevait parfois sa silhouette fine et élégante, mais jamais elle ne fit parler d'elle. Pour aller au musée d'Orsay où elle travaillait, elle prenait sa bicyclette et n'affichait aucun signe extérieur de pouvoir. On l'a vue à Jarnac, discrète, auprès de sa fille, à côté du cercueil de l'homme avec qui elle a partagé des moments heureux et difficiles, avec cette enfant qu'elle a élevée pour lui. Certes, Danielle était là aussi et ce n'était facile ni pour l'une, ni pour l'autre. Ressentaient-elles l'une et l'autre comme un abus de pouvoir d'être restées auprès d'un homme qui n'avait pas choisi et qui leur avait pris et donné le meilleur de leur vie ?

Au ministère de la Culture, où j'ai travaillé après l'Élysée, la mère de Mazarine était respectée et aimée. Grâce à elle, le métier de conservateur a été réévalué. Souvent considérés par le grand public comme des privilégiés bien nés, ils étaient très mal rétribués. François Mitterrand l'avait fait remarquer à Jack Lang, qui fit revaloriser l'ensemble de la profession.

Je n'ai jamais demandé à Mazarine – parce que je ne la connais pas, l'ayant seulement rencontrée – si elle avait eu l'impression de passer de l'ombre à la lumière lorsqu'elle a vu ses photos dans la presse. On a beaucoup parlé d'elle. Elle a mis toutes les chances de son côté pour rester parfaitement autonome. Oui, elle est « la fille de »… Mais du Président, ne peut-on pas dire aujourd'hui qu'il était « le père de » ?

Lettre à François Mitterrand

J'arrive au terme de ce que je souhaitais dire des années que j'ai passées à proximité de la vie politique. Maintenant, j'aimerais exprimer ce que je n'ai jamais osé formuler au cours de mon parcours.

J'ai toujours été heureuse et fière de travailler dans vos équipes. En 1954, quand je suis arrivée à l'UDSR, je ne savais rien, ou presque rien, de la vie publique. Au cours des trois années que j'ai passées rue du Mont-Thabor, j'ai pris la mesure de ce qu'est un gouvernement, de la difficulté – de la pénibilité, même – de la fonction ministérielle, de la pression sur la vie privée des charges que portent les élus. Contrairement à ce que croient certains, être député n'est pas une sinécure. C'est un métier qui exige travail, disponibilité, prise de décision rapide dont les choix ne s'imposent pas toujours d'eux-mêmes.

La Convention des institutions républicaines, de 1965 à 1967, a été une succession de mois qui apportaient chacun leur lot de surprises gratifiantes ou décevantes.

Quand, en 1973, vous m'avez offert de venir travailler avec vous au parti socialiste, j'ai eu le sentiment que j'allais participer à une belle aventure. Vous donniez à la gauche des habits neufs qu'elle n'avait jamais eu le courage d'endosser. Avec du rouge, du vert, du rose, une fantaisie, une liberté, une détermination que nous n'avions pas imaginées. Il y eut la déception de 1974. Vous-même l'avez transformée en étape formatrice, sans vous attarder en vaines jérémiades. Vous avez préparé 1981.

10 mai 1981. Vous êtes élu. Vous devenez le premier des Français et vous nous emmenez avec vous. Vous nous avez fait partager de grands moments de bonheur. Je n'ai pas tout relaté, il y aurait encore beaucoup à raconter pour décrire toutes les heures que nous avons passées ensemble, tout ce que vous nous avez montré, tous ceux que nous avons rencontrés.

Tout n'a pas été comme nous l'aurions voulu. Il y a eu des erreurs, des malentendus, des méprises, des maladresses, mais certains jours étaient parfaits. Il se peut que quelques-uns aient éprouvé des déceptions, ça n'a pas été mon cas. Au bout de quatorze ans il y avait quelques blasés ; comment est-ce possible, quand le jour présent est toujours différent de la veille et du lendemain ?

Néanmoins, en vingt-deux ans, on ne dit pas tout. Le temps a passé. Vous n'êtes plus avec nous. Je voudrais dire à ceux qui s'intéressent aux années 1981-1995 qu'ils ne doivent pas se laisser abuser par les propos que certains ont tenus, ni sur les écrits que d'autres ont produits. On vous a reproché Vichy, la francisque, « l'Algérie, c'est la France », les écoutes téléphoniques, d'avoir des amis de droite, d'être antisémite et bien d'autres choses encore…

Je voudrais poser une question : dans quelle maison française n'y a-t-il pas eu une photo du maréchal Pétain ? En 1940, les Français ont vu en lui « le sauveur de la France », « le vainqueur de Verdun » qui les garderait du mal et de l'humiliation. Les historiens n'avaient pas encore fait leur travail. On ne savait pas que la plupart des batailles de la Première Guerre mondiale avaient été inutilement meurtrières chez les Français et leurs alliés, comme chez leurs ennemis, et que ce n'était pas les chefs militaires qui avaient gagné la guerre.

Tout le monde n'avait pas entendu l'appel du général de Gaulle. La Résistance ne s'est pas installée en France le jour où Pétain a formé un gouvernement à Vichy et a décrété l'État français. En mai 1945, quand cessèrent les hostilités, qui pouvait se vanter d'avoir distingué, en juin 1940, le blanc du noir ? Il y avait eu beaucoup de gris, un peu partout.

Vichy ? La francisque ? Où pouviez-vous aller, à vingt-six ans, après votre troisième évasion ? Vous ne connaissiez pas la situation politique de votre pays. Vous vouliez servir, être utile à ceux que vous aviez laissés dans les camps. Il fallait aller là où se trouvait le pouvoir : à Vichy. Pétain vous a remis la francisque. Vous pouviez vous cacher derrière cette décoration que le vieux maréchal donnait à ceux qui se trouvaient là. Dès que vous avez compris ce qui se passait à Vichy, vous êtes entré en Résistance et vous avez rassemblé autour de vous des amis qui pensaient comme vous. Plus d'une fois, vous vous êtes mis en danger, votre sang-froid vous a tiré de bien des pièges. À la Libération, le général de Gaulle vous a remis la médaille de la Résistance !

« L'Algérie, c'est la France » ? Vous n'avez pas été le seul républicain à vouloir maintenir la présence française en Algérie. De bonne foi, vous considériez les trois départements algériens comme des départements français.

Les écoutes ? Après 1981, certes, elles ont continué d'exister et, vraisemblablement, elles fonctionnent encore. Il y a des services officiels dont le rôle est d'« écouter ». Mais on ne vit pas sous le régime du Big Brother de George Orwell, quoi qu'en pensent certains. À ceux qui se plaignaient d'être persécutés, vous auriez pu dire pourquoi on s'intéressait à leurs communications téléphoniques. Ils savaient très bien ce qu'on leur reprochait. Pourquoi avez-vous laissé se développer d'inutiles et néfastes polémiques ? Certains, à l'Élysée, aimaient peut-être ces transcriptions sur papier pelure des détails de vie de quelques-uns, mais, vous, combien de fois avez-vous fait inscrire « vu » sur ces feuilles qui arrivaient en fin de soirée, sous double enveloppe, à votre bureau, sans même y jeter un regard ? Tout le monde était écouté à un moment ou à un autre ? Un soir, vous m'avez dit : « Le Président Houphouët-Boigny n'est pas content de vous. » Mon téléphone personnel était écouté car il m'arrivait de parler à l'un des opposants du Président ivoirien…

Vous étiez d'une fidélité à toute épreuve. Cela vous a parfois nui, mais vous faisiez comme si vous n'entendiez pas ou ne lisiez pas les critiques sur les amitiés qu'on vous reprochait. Pour cela, je vous admirais : il est tellement facile d'oublier ceux qui vous gênent lorsqu'on dispose de tous les pouvoirs !

Pourquoi n'avez-vous pas fait taire ceux qui réclamaient un « droit d'inventaire » ? À tous ces vertueux qui exhalaient leur déception, pourquoi ne pas avoir dit que faire de la politique, c'est prendre des risques, se tromper, se salir les mains parfois ? Que risquaient-ils, ceux qui vous reprochaient, sachant le cours des événements, de ne pas avoir fait les choix judicieux ? Certainement pas de se salir les mains, puisqu'ils ne les sortaient pas de leurs poches. Vous connaissiez leurs insuffisances et leur méconnaissance de l'Histoire ; pourquoi ne leur avez-vous pas répondu ?

Je n'aimais pas les flatteurs qui vous entouraient. Comment supportiez-vous ces intrigants qui distillaient leurs médisances pour se rendre intéressants à vos yeux ? Vous les laissiez cafter ou inventer. Pourquoi ne leur disiez-vous pas ce qu'on dit aux enfants : « C'est celui qui le dit qui l'est » ? Vouliez-vous voir jusqu'où pouvait aller leur médiocrité ? Par moments, il semblait que calomnies, médisances et méchanceté débordaient des murs de l'Élysée.

Le bureau du secrétariat particulier était un refuge. Dans cet endroit, à proximité des intrigues, régnait un calme rassurant. Jamais je ne me suis lassée du plaisir que me donnaient le parc et ses grands arbres, son bassin où venaient se poser « vos » canards, ses parterres de fleurs que Danielle avait fait planter. Parfois, je me demandais si, dans la solitude de votre bureau, vous aussi goûtiez aux charmes de ces lieux.

Votre santé nous a donné bien des tourments, mais comme vous vous releviez de toutes les épreuves, je n'imaginais pas que vous nous laisseriez un jour. Nous vous avons dit au revoir à Jarnac, où nous vous avons laissé auprès des vôtres.

Personne ne vous a remplacé. Le monde bipolaire dans lequel vous avez vécu a disparu. Pendant cinquante ans, vous avez imaginé, voulu, préparé l'Europe. Vous avez été l'un des fondateurs de l'Union européenne et vous nous l'avez laissée en héritage. Les années qui viennent diront ce que la France en a fait.

P.S. : Je n'oublie pas les amis que j'ai eus, grâce à vous. Lorsque vous étiez à l'Élysée, ce n'était pas difficile ! Je veux parler de tous ceux que j'ai gardés après 1995 et avec lesquels j'aime me souvenir de ce que vous nous avez donné.

DOCUMENTS

I

« De Gaulle arrivera demain »

Je me souviens de cette nuit tragique et douce du 25 août 1944. Avec les responsables de la Résistance, j'attendais à la préfecture de police les détachements avancés de la division Leclerc. Nous étions là, par petits groupes dans les embrasures des fenêtres, qui guettions l'arrivée de nos frères victorieux. Par la coulée de la Seine, le ciel, jusqu'aux limites de l'Occident, ressemblait, étoiles d'or sur champ bleu, au manteau de Saint Louis. Minuit sonna. J'aurais aimé qu'un symbole supplémentaire vînt s'ajouter à la solennité de l'heure. Il me semblait que le cortège des grandeurs, que le cortège des douleurs venus des profondeurs de notre Histoire allaient enfin se rencontrer pour se fondre dans l'unité de notre peuple. Il n'y avait plus de Français humiliés ni de gloire à glaner contre son propre frère. La grâce obscure des veilles héroïques pénétrait le cœur de Paris. Soudain des coups de feu trouèrent le silence. Des adversaires invisibles achevaient leur combat. Boulevard Saint-Michel, des chars « Tigre » protégeaient la retraite des derniers traînards allemands. On nous apprit que l'avant-garde alliée n'atteindrait la porte d'Orléans que le lendemain matin. Au petit jour, comme je rentrais chez les amis qui m'hébergeaient, je croisai, rue Danton, un ancien camarade de la Sorbonne qui vint vers moi. Lui aussi avait vécu, éveillé, cette nuit de la Libération. Lui aussi avait rêvé aux riches heures du destin français. Mais quand je lui dis : « De

Gaulle arrivera demain », son visage se ferma. Il me répondit seulement : « Demain, la dissidence de 1940 liquidera l'Empire. »

(*Le Coup d'État permanent*, © Plon, 1964, p. 58 ; Julliard, 1984)

II

« Combattre le pouvoir personnel »

Je viens d'entendre la conférence de presse du chef de l'État. L'essentiel de ce qui a été dit souligne une fois de plus l'incompatibilité d'humeur qui existe entre le général de Gaulle et la démocratie. Je suis convaincu pour ma part qu'il convient d'aller plus loin dans la protestation. C'est pourquoi j'ai l'honneur de faire la déclaration suivante.

À moins de trois mois de l'élection présidentielle, les républicains résolus à combattre le pouvoir personnel – et je pense d'abord à ceux qui, par tradition et par idéal, se reconnaissent dans la gauche française – sont dans l'incertitude. J'ai approuvé et soutenu la candidature de Gaston Defferre. Il n'est pas possible, après son retrait, de laisser plus longtemps se prolonger une situation qui fait le jeu du système actuel. J'ai donc décidé de solliciter les suffrages des Français et des Françaises le 5 décembre prochain.

Il appartiendra aux organisations politiques comme à chaque citoyen de se déterminer en fonction des options fondamentales qui commandent ma candidature. En effet, une telle décision ne saurait se fonder seulement sur le refus d'un mode ou d'une méthode de gouvernement. Elle se justifie aussi, et surtout, dans les perspectives qu'elle ouvre à la nation. Il va de soi qu'il s'agit essentiellement pour moi d'opposer à l'arbitraire du pouvoir, au nationalisme chauvin et au conservatisme social, le respect scrupuleux de la loi et des libertés, la volonté de saisir toutes les chances de l'Europe et le dynamisme de l'expansion ordonné par la mise en œuvre d'un plan démocratique.

J'appelle celles et ceux qui ne se résignent pas à l'abandon de leur responsabilité civique à se joindre au combat pour une nouvelle espérance.

(Déclaration à l'AFP, 9 septembre 1965)

III

« Le gaullisme au rabais »

Un premier tour de scrutin mauvais, un deuxième tour de scrutin médiocre dans une élection présidentielle où le général de Gaulle était personnellement engagé, voilà où en est le gaullisme après sept ans d'un pouvoir sans partage.

J'avais, dès le point de départ de ma candidature, mesuré la difficulté de l'entreprise. Mais le résultat obtenu aujourd'hui me confirme dans cette certitude que l'heure approche où les républicains l'emporteront. Tous mes efforts tendront désormais à contribuer à faire des élections législatives la rencontre décisive qui sauvera la République de l'aventure où va la plonger le gaullisme au rabais.

J'aurais aimé pouvoir adresser au président de la République élu ce 19 décembre mes vœux de réussite. Mais la conviction que j'ai que cette élection est contraire aux intérêts de notre pays ainsi qu'à l'avenir de la démocratie me l'interdit.

Je me réjouis de l'union de la gauche qui m'a permis de lutter pour la République en ce deuxième tour de scrutin. Je remercie les républicains du concours qu'ils m'ont apporté et je les appelle à conduire leur combat sans trêve et sans répit pour leur idéal. C'est le vœu que je forme pour la France.

(Déclaration au cercle républicain, 19 décembre 1965)

IV

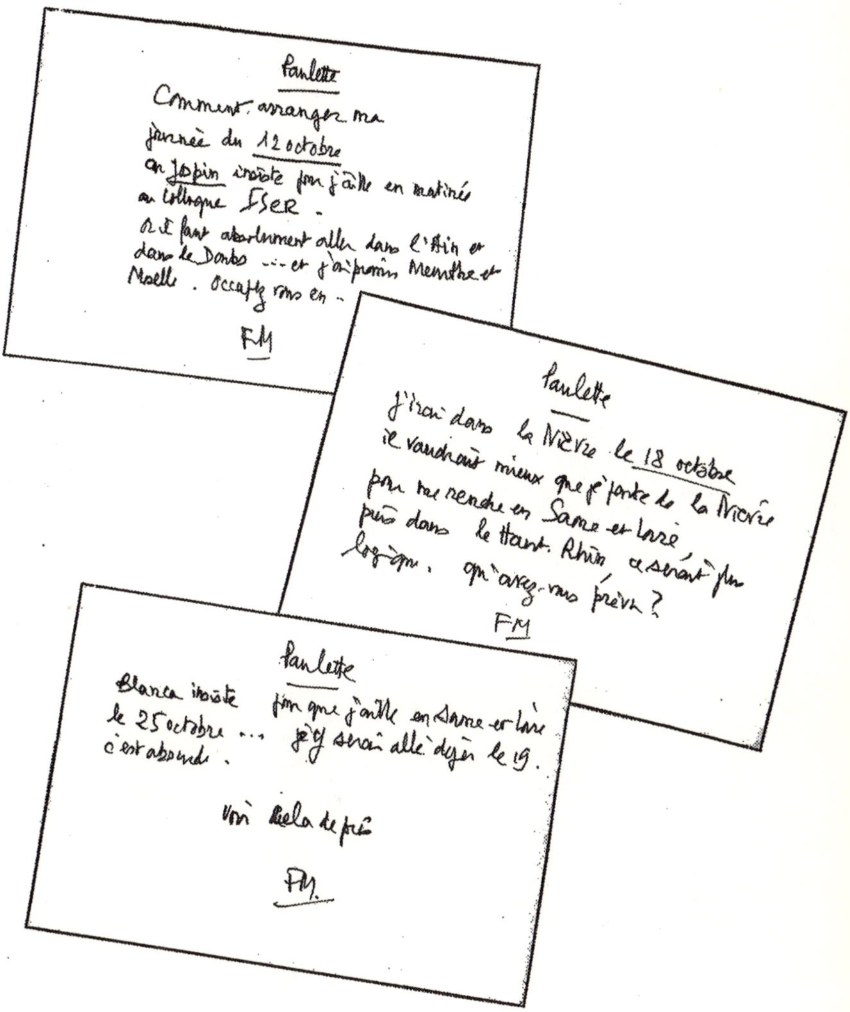

Paulette
Comment arranger ma journée du 12 octobre
Jospin insiste pour j'aille en matinée au colloque FSER.
Or il faut absolument aller dans l'Ain et dans le Doubs ... et j'ai promis Menthe et Noëlle. Occupez vous en.
FM

Paulette
J'irai dans la Nièvre le 18 octobre
il vaudrait mieux que je parte de la Nièvre pour me rendre en Saône-et-Loire, puis dans le Haut-Rhin, ce serait plus logique. qu'avez-vous prévu ?
FM

Paulette
Blanca insiste pour que j'aille en Saône-et-Loire le 25 octobre ... j'y serai allé déjà le 19. c'est absurde.
Voir cela de près
FM.

Trois des enveloppes sur lesquelles François Mitterrand avait coutume de griffonner ses directives à l'attention de sa secrétaire.

V

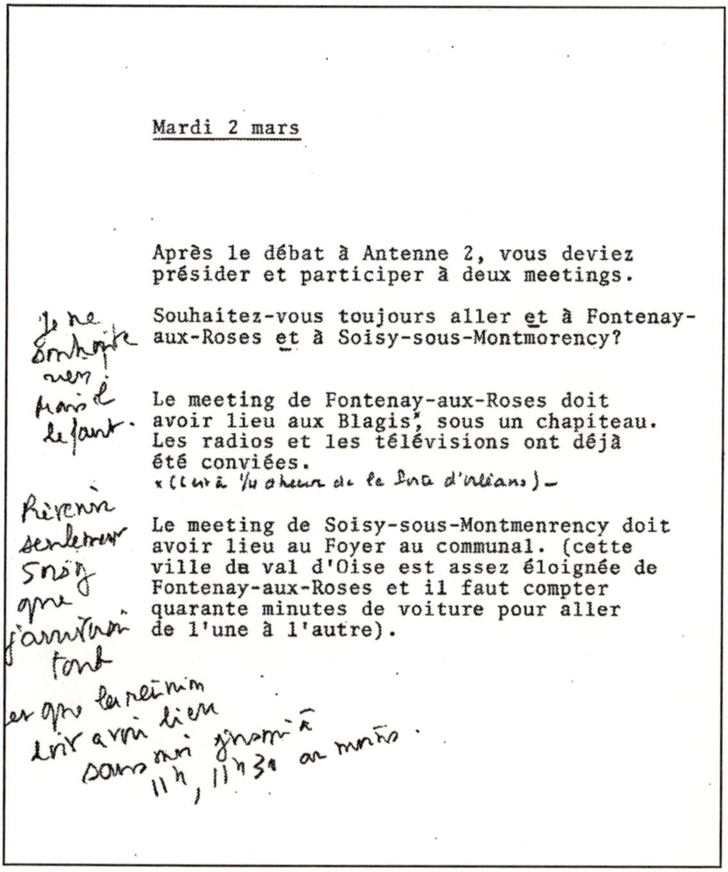

Mardi 2 mars

Après le débat à Antenne 2, vous deviez présider et participer à deux meetings.

Souhaitez-vous toujours aller et à Fontenay-aux-Roses et à Soisy-sous-Montmorency?

Je ne souhaite rien ! Mais il le faut.

Le meeting de Fontenay-aux-Roses doit avoir lieu aux Blagis*, sous un chapiteau. Les radios et les télévisions ont déjà été conviées.

* (Lieu à 1/4 d'heure de la Porte d'Orléans) —

Le meeting de Soisy-sous-Montmenrency doit avoir lieu au Foyer au communal. (cette ville da val d'Oise est assez éloignée de Fontenay-aux-Roses et il faut compter quarante minutes de voiture pour aller de l'une à l'autre).

Prévenir seulement Soisy que j'arriverai tard et que la réunion doit avoir lieu sans moi jusqu'à 11h, 11h30 au moins.

Une note de Paulette Decraene, annotée par François Mitterrand.
« Je ne souhaite rien ! Mais il le faut. »

VI

« La paix, jamais acquise... »

Comme vous le voyez, la France, de grand cœur, vous souhaite la bienvenue. Elle accueille en vous le souverain et le chef de l'Église catholique. Fortes et multiples sont les familles d'esprit qui dialoguent, qui se confrontent au sein de la nation française. Notre loi, notre devoir et notre volonté s'accordent à préserver comme un bien très précieux la liberté pour chacun de croire et de vivre sa foi ou de servir son idéal, dans le double respect de la communauté qu'ensemble nous formons et de l'État qui la rassemble. [...]

Saluer en votre personne l'institution qui a si profondément, si intimement marqué l'Histoire universelle et particulièrement l'Histoire de mon pays, et qui reste une source vive où tant des nôtres continuent de puiser leurs raisons d'espérer est pour moi la plus simple façon d'honorer celui qui la conduit et porte, au plus haut, son message. Mais la France accueille aussi, ici et en ce jour, l'homme qui se fait l'apôtre de grandes causes qui donnent à la vie son sens, la paix, la solidarité, la justice. La paix, jamais acquise, menacée de tous côtés, par la volonté de domination, par l'âpreté des intérêts et par l'intolérance, menacée par l'iniquité qui sépare de plus en plus les peuples riches des peuples pauvres, menacée par le gouvernement des plus puissants, a besoin d'être secourue, soutenue, défendue, au-delà du nécessaire et difficile équilibre des forces par la vigilance des peuples en péril.

Votre voix, Très Saint Père, va loin dans la conscience des hommes. Ce qu'elle dit est entendu et par ceux qui croient comme vous et par ceux qui ne croient pas, chaque fois qu'elle rappelle – et vous n'y manquez pas – qu'elle rappelle et qu'elle condamne l'injustice sociale, l'insolence des privilèges, la ruine des droits de l'homme dans un monde où l'on voit trop d'individus, de familles, de groupes sociaux, de races, de peuples et de nations livrés à la violence de l'oppression et de la haine.

(Allocution prononcée à l'occasion de la visite du pape Jean-Paul II à Lourdes, 14 août 1983)

VII

« Beaucoup de choses ont changé... »

Élie Wiesel : *Avez-vous des regrets ?*

François Mitterrand : Oui, de ne pas avoir fait tout ce que j'aurais dû faire. Par exemple, contre le chômage. Je sais bien que la maladie ne vient pas de la France, mais la France la supporte et j'en souffre. J'ai parfois mésestimé la lourdeur des sociétés, la lenteur de ses rouages, le poids de ses mœurs. On ne change pas la société par une décision législative. Mais beaucoup de choses ont changé en France de façon décisive depuis 1981. Sur le plan de la justice, des juridictions d'exception, du code pénal : concernant les femmes, leurs droits matrimoniaux, familiaux, financiers, la protection des enfants, la lutte contre la ségrégation... Je me flatte d'y avoir contribué.

(*Mémoire à deux voix,* © Odile Jacob, 1995)

VIII

« Il ne faut pas changer de cap... »

Je crois pour demain comme hier à la victoire de la gauche, à condition qu'elle reste elle-même. Qu'elle n'oublie pas que sa famille, c'est toute la gauche. Hors du grand rassemblement des forces populaires, il n'y a pas de salut. Il n'y a jamais eu, il n'y aura jamais de dynamique de la victoire.

Depuis 1965, par un simple effet mécanique, le candidat socialiste peut atteindre dans ses basses eaux 20 à 23 %, son niveau se situant à 25 % ; c'est là son socle, le socle quasiment incompressible qui est le sien depuis que je l'ai mené là. Ainsi, le candidat de la gauche, au second tour d'une élection présidentielle, doit tout aussi mécaniquement atteindre les 46 à 48 % de votants. Et même plus s'il se passe quelque chose, si par sa campagne et sa dimension personnelle le candidat de la gauche réussit à entraîner l'adhésion des votants.

Bien sûr, je reste lucide. Je suis conscient des rapports de force – et j'ai dit que la droite était politiquement majoritaire dans ce pays. Il y a en effet des moments, des circonstances où il faut élargir son assise en passant de nécessaires accords d'états-majors. Mais tout cela ne se fait qu'après qu'une stratégie de gauche a été dessinée, une dynamique impulsée. Il ne faut pas changer de cap : le rassemblement à gauche de toute la gauche.

(*Mémoires interrompus*, © Odile Jacob, 1996)

IX

« La force du courage »

Le Président François Mitterrand est mort ce matin. Les Français ont appris avec émotion la disparition de celui qui les a guidés pendant quatorze ans.

[...] Le Président Mitterrand [...] donne le sentiment d'avoir débordé sa propre vie. Il a épousé son siècle. [...] S'il débordait sa vie, c'est parce qu'il avait la passion de la vie, passion qui nourrissait et permettait son dialogue avec la mort. La vie sous toutes ses formes. [...]

Ma situation est singulière, car j'ai été l'adversaire du Président François Mitterrand. Mais j'ai été aussi son Premier ministre, et je suis, aujourd'hui, son successeur. Tout cela tisse un lien particulier, où il entre du respect pour l'homme d'État et de l'admiration pour l'homme privé qui s'est battu contre la maladie avec un courage remarquable, la toisant en quelque sorte, et ne cessant de remporter des victoires contre elle.

De cette relation avec lui, contrastée mais ancienne, je retiens la force du courage quand il est soutenu par une volonté, la nécessité de replacer l'homme au cœur de tout projet, le poids de l'expérience.

Seuls comptent, finalement, ce que l'on est dans sa vérité et ce que l'on peut faire pour la France. [...] À l'heure où François Mitterrand entre dans l'Histoire, je souhaite que nous méditions son message.

(Déclaration radiotélévisée de Jacques Chirac,
8 janvier 1996)

X

« Ouvrir, enfin, ses yeux sur l'Invisible... »

« Comment mourir ? Nous vivons dans un monde que la question effraie et qui s'en détourne. Ces civilisations, avant nous, regardaient la mort en face. Elles dessinaient pour la communauté et pour chacun le chemin du passage. Elles donnaient à l'achèvement de la destinée sa richesse et son sens. Jamais peut-être le rapport à la mort n'a été aussi pauvre qu'en ces temps de sécheresse spirituelle où les hommes, pressés d'exister, paraissent éluder le mystère. Ils ignorent qu'ils tarissent ainsi le goût de vivre d'une source essentielle. »

Ainsi commencent les dernières lignes publiées par le Président François Mitterrand. Celui qui nous parle a déposé l'autorité des fonctions qu'il a remplies et son rôle dans l'Histoire. C'est l'un de nos semblables qui s'adresse à nous, un mortel comme nous qui nous rappelle à l'essentiel de la vie. [...]

J'ai mêlé à mon propos des phrases de François Mitterrand, avec cependant la crainte de manquer de respect au mystère de son existence. J'emploie à dessein le mot de « mystère » pour désigner le lieu secret où se condense la vie d'un homme et d'où jaillissent les désirs et les ambitions les plus contradictoires. C'est nommer, non pas l'énigme que représente chaque personne aux yeux d'autrui, mais l'ineffaçable marque divine qui nous fait hommes, « créés à l'image et ressemblance de Dieu ». [...]

François Mitterrand a laissé entendre qu'il « croyait à la communion des saints ». Dans cette invisible communion, une foule innombrable partage l'Amour qui donne sens à la vie des hommes. Cet Amour, nous le savons et nous le croyons, est Dieu lui-même. Que François Mitterrand trouve en ce peuple des saints l'aide, le pardon et le courage pour ouvrir, enfin, ses yeux sur l'Invisible.

(Homélie du cardinal Jean-Marie Lustiger,
Notre-Dame de Paris, 11 janvier 1996)

XI

LE PROJET DU GRAND LOUVRE

[...] Les goûts personnels de François Mitterrand ont eu indiscutablement un impact sur notre conception, même s'il ne les a jamais exprimés comme un programme à l'usage de ses architectes, ses réactions et ses commentaires suffisaient. Ses goûts nous étaient clairs et par chance, correspondaient à notre conception de l'architecture.

La recherche de la simplicité apparente qui met en valeur la force de l'expression architecturale et le sens de la beauté du langage architectural, jusque dans les détails, émanaient de ses réactions spontanées. La liberté d'expression architecturale que nous a donnée le Président, et qu'Émile Biasini a jalousement préservée, était une marque de confiance, constamment renouvelée, dont Pei et moi-même lui avons toujours été reconnaissants car l'enjeu était d'envergure et les compromis, suggérés parfois par son entourage, le plus dangereux des pièges.

Au cœur du palais du Louvre, patrimoine emblématique s'il en est, pouvait-on construire dans un style contemporain ? La modernité du XXe siècle devait-elle apparaître pleine et entière, défiant par son architecture d'avant-garde le poids du passé historique du palais au cœur de Paris ? Les façades Renaissance de la cour Carrée, celles du classicisme triomphant, puis celles du XIXe siècle de Percier-Fontaine et Visconti-Lefuel, n'étaient-elles pas modernes à leur époque ? La rupture des styles fait partie de l'histoire de l'architecture.

Voilà l'enjeu qu'il accepta car il eût suffi qu'il refusât que la question soit posée en ces termes pour qu'un projet totalement souterrain, sans pyramide, soit inéluctable, réduisant de ce fait l'expression architecturale de notre époque dans les sous-sols. La grandeur de Mitterrand fut de laisser poser le débat par les architectes, laisser les critiques s'exprimer, écouter les avis, consulter en privé les amis en qui il avait confiance dans ce domaine, prendre le temps de gérer la crise, et finalement donner son accord et laisser se développer le projet jusqu'à sa réalisation complète dans son authenticité.

Pour nous architectes, la signification de cette décision, sa conséquence dans le débat architectural, était la réconciliation de la modernité avec l'histoire patrimoniale et la légitimité des styles de chaque époque, ceux qui se sont succédé dans le temps et dans l'espace depuis le Moyen Âge, jusqu'à nos jours. Cette grande aventure de l'affirmation de la modernité du XXe siècle en plein cœur de Paris a atteint, à mon sens, son point culminant avec la pyramide du Louvre et le projet du Grand Louvre. [...]

(Michel Macary, « La force d'une nécessité intérieure », *La Lettre de l'Institut François Mitterrand,* 14 avril 2006)

Table

PREMIÈRE PARTIE

DE MORLAND À MITTERRAND

DEUXIÈME PARTIE

VERS L'ÉLYSÉE ET AU-DELÀ

CHEZ LE MÊME ÉDITEUR

Stéphane Trano
MITTERRAND, UNE AFFAIRE D'AMITIÉ

François Mitterrand fut l'incarnation française du Prince de Machiavel. Son pouvoir ? L'amitié. De sa jeunesse à son agonie, l'homme en a usé jusqu'aux extrêmes. Au nom de l'enfance, il reste fidèle à un cagoulard. Exalté par les Croix-de-Feu, il défend un Juif inconnu qui devient son frère. Prisonnier, il adopte ses compagnons d'infortune. À Vichy, l'amitié le conduit à la Résistance. Soutenant certains collaborateurs jugés à la Libération, il vole au secours d'un camarade déporté à Dachau. Pourquoi Roland Dumas le défend-il ? Comment André Rousselet devient-il le protecteur de Mazarine ? Pourquoi Max Théret l'a-t-il financé ? Quel étrange rituel célébrait-on certains soirs chez le royaliste Ambroise Roux ? Que cachait le nom de Bousquet ?

Stéphane Trano retrace une équipée digne d'un roman d'espionnage. Les proches de l'ancien président, dont certains s'expriment pour la première – ou la dernière – fois, décrivent ici un homme dont le pouvoir aura suscité les plus grands dévouements et les pires vengeances.

Pour la première fois aussi, Mazarine Pingeot et Jean-Christophe Mitterrand conjuguent leur témoignage. Et accusent. Car, du quai Branly à la rue de Bièvre, François Mitterrand marchait sur un champ de mines. À la fin, le piège médiatique et judiciaire s'était refermé sur lui. Jusqu'à ce soir d'avril 1994 où le très secret François de Grossouvre choisit de se supprimer dans son bureau de l'Élysée. Jusqu'où peut-on aller par amitié ? Là réside peut-être la vraie « affaire » des années Mitterrand.

Stéphane Trano, 37 ans, a commencé sa carrière de journaliste au Nouvel Observateur *et à* VSD. *Journaliste à* Tribune juive *jusqu'en 1995, il s'est engagé pour le processus de paix israélo-palestinien en créant* La Lettre économique palestinienne *en 1996. Spécialiste d'Internet, il a été rédacteur en chef de l'agence de presse* Infonie *puis le directeur éditorial de* Tiscali. *Il est aujourd'hui auteur de blogs pour des personnalités et gère des sites politiques et communautaires.*

ISBN 978-2-84187-793-0 / H 50-4080-3 / 336 pages / 19,95 €

Cet ouvrage a été composé
par Atlant'Communication
aux Sables-d'Olonne (Vendée)

Impression réalisée sur CAMERON par

CPI
Brodard & Taupin

La Flèche (Sarthe)
en avril 2008
pour le compte des Éditions de l'Archipel
département éditorial
de la S.A.R.L. Écriture-Communication

Imprimé en France
N° d'impression : 47292
Dépôt légal : avril 2008